상식으로 꼭 알아야 할

세계의
전설 동양편

아침나무 지음
이창윤 그림

삼양미디어

머리말

'전설' 하면 우리네 기억에서 가장 먼저 떠오르는 것이 아마도 과거 TV에서 한동안 방영된 '전설의 ××'일 것이다. 어린 시절, 필자는 이게 뭐 그리 재밌다고 방송 시간만 되면 기대 반, 두려움 반으로 TV 앞에 앉았었다. 그리고 펼쳐지는 두근두근, 무시무시한 내용들. 무엇보다 요염한 처녀로 변신한 구미호가 등장할 때면 등골이 오싹해졌던 기억이 아직도 생생하다.

최근 '전설의 ××'이 재방영되어 옛 추억이 되살아났고, 또 다른 나라의 전설은 어떠한 것이 있는가 궁금하여 서점에 들렀다가 의외의 발견을 하였다. 생각보다 신화와 전설이 혼재된 책들이 많았고, 순수 전설과 관련된 책들은 많이 나와 있지 않았던 것이다. 그리고 세계의 전설을 모아놓은 책은 거의 전무한 상황이었다.

'수백만 권의 책이 산처럼 쌓여 있는데 이 중에 세계의 전설을 모아놓은 책 하나 없단 말인가?

이게 이 책을 기획하게 된 결정적인 이유다.

사람들은 신화와 전설을 거의 비슷한 것으로 생각하지만 이 둘 사이에는 분명 달리 풍기는 뉘앙스가 있다. 굳이 표현하자면, 신화가 삶의 철학을 이야기한다면 전설은 그 민족에 내재된 문화를 이야기한다. 신화가 자연의 이치를 이야기한다면 전설은 그 민족 고유의 가치관을 이야기한다. 물론 그 경계선상에 있어 구분이 애매모호한 것이 많다는 것도 인정하는 바이다.

인류의 역사가 시작된 이래 어느 나라나 민족을 불문하고 그 지역에서 자연적으로 생겨난 전설이 전해오고 있다. 이렇게 수천 년 동안 전해져 온 흥미진진한 이야기들 속에는 그 민족의 가치관과 사상이 담겨 있기에 그 민족의 역사와 문화의 근원을 알게 할 뿐만 아니라 현재를 사는 우리들에게 삶의 지혜를 일깨워 주는 등불이 되기도 한다.

무엇보다도 전설은 현실의 올가미에 매여 사는 현대인들에게 인간의 상상력이 제공하는 무한의 세계를 경험할 수 있게 해준다. 그 속에는 흥미와 재미는 물론 감동까지 있다. 그래서 상상력의 한계에 부닥친 현대 작가들을 자극하여 수많은 영화와 소설의 소재가 되기도 한다.

이 책은 세계의 전설 중 동양편을 담은 것으로 우리의 정서를 담고 있는 우리나라 전설부터 광활한 중국, 신비의 인도, 일본, 몽골, 동남아시아, 이집트·아라비아 전설은 물론, 저 미지의 아프리카 전설까지 모두 담고 있다. 이제 여러분들은 이 흥미진진한 전설 여행을 통해 마음껏 문화적 교양을 쌓는 시간을 경험할 수 있게 될 것이다.

아침나무

차 례 C O N T E N T S ··

머리말 _ 2

01 우리나라의 전설 여행

영웅 전설
명궁 거타지 _ 13
작제건, 왕건의 할아버지 _ 16
최치원, 천하의 대문장가 _ 21
강감찬, 여우가 낳은 영웅 _ 28

원귀(怨鬼) 전설
신립 장군과 탄금대 _ 32
아랑각(阿娘閣) _ 37

귀신에 얽힌 다른 전설들
귀신을 부리는 비형랑 _ 41
선덕여왕을 사랑한 지귀(志鬼) _ 45
탑삭골의 달걀귀신 _ 47

요수, 기괴한 동물에 관한 전설
외눈박이 _ 51
삼두구미 _ 54
불가사리는 불가살이 _ 59
용이 준 보물 _ 63
구미호와 삼족구 _ 67
열댓 발 되는 새 _ 70

02 중국의 전설 여행

지고지순한 사랑에 관한 전설
만리장성과 맹강녀 _ 77
양산백과 축영대의 사랑 _ 83

한이 서린 복수에 관한 전설
복수의 화신, 오자서 _ 86

고대 은나라에 관한 전설
왕해와 왕항 형제 _ 96
뽕나무 속에서 태어난 이윤 _ 106

서남쪽의 왕조, 촉나라에 관한 전설
두우가 소쩍새가 된 이야기 _ 111
오정역사와 다섯 미녀들 _ 115

후궁에 빠진 어리석은 왕에 관한 전설
주선왕에게 복수한 두백 _ 120
주나라를 망하게 한 포사 _ 124

03 인도의 전설 여행

영웅 전설
두샨타 왕과 사쿤탈라 _ 137
날라 왕과 다마얀티 _ 141
시련의 왕, 하리쉬찬드라 _ 147

무굴 제국의 전설, 악바르 황제 _ 157
샤 자한과 뭄타즈 마할 _ 164

귀신, 요괴, 괴물에 관한 전설
악마의 대표 선수, 라크샤사 _ 168
뱀들의 여신, 마나사 _ 173

민간에 전해 내려오는 전설
욕망에 관한 두 가지 이야기 _ 177
달 속에 토끼가 있는 이유 _ 183
생명의 열매, 죽음의 열매 _ 187

04 일본의 전설 여행

영웅 전설
쿠사나기의 검에 관한 전설 _ 193
전설의 주술가, 아베노 세이메이 _ 198

귀신, 요괴에 관한 전설
요괴 텐구를 이긴 노름꾼 _ 202
표주박 때문에 망한 요괴, 캇빠 _ 206
할머니 요괴, 야만바의 보물 _ 211

민간에 전해 내려오는 전설
자연의 말을 알아듣는 '소리두건' _ 217
진짜 용이 된 조각용 _ 222
은하수가 생긴 이야기 _ 226

05 몽골의 전설 여행

세상 모든 것의 기원에 관한 전설
사람과 동물에 관한 이야기 _ 237
사물의 기원에 관한 전설 _ 245

씨족의 기원에 관한 전설
오이홍 섬에 전해지는 이야기 _ 250
카자흐족의 기원 _ 253

선녀와 결혼하여 왕이 된 이야기
선녀와 젊은이 _ 256
막내 선녀와 결혼한 이야기 _ 262

06 동남아시아의 전설 여행

각 지역의 전설
말레이시아 전설 _ 275
미얀마 전설 _ 279
베트남 전설 _ 282
싱가포르 전설 _ 285
인도네시아 전설 _ 288
태국 전설 _ 292
필리핀 전설 _ 295

Legend of the world

이집트 · 아라비아의 전설 여행

이집트 영웅 전설
여왕 하트셉수트의 탄생 _ 303
바타의 변신 이야기 _ 306

이집트 정령에 관한 전설
마법의 섬에 사는 왕뱀 _ 315
죽음과 맞선 빛나는 눈동자 _ 319

아라비아 영웅 전설
카마랄자만 왕자와 바두라 공주 _ 324
신밧드의 모험 이야기 _ 331

아라비아 정령에 관한 전설
이프리트의 궁전으로 간 형제 _ 337
아흐마드와 마녀 누이동생 _ 343

08 아프리카의 전설 여행

동물에 얽힌 전설

거미 아난시 – 아샨티 부족 _353
독수리 – 요루바 부족 _360

민간에 전해져 오는 전설

먼 곳의 불 – 에티오피아 _366
귀신과 결혼한 소녀 – 케냐 _371

Legend of the world

ChaPter **01** 우리나라의 전설 여행

명궁 거타지 | 작제건, 왕건의 할아버지 | 최치원, 천하의 대문장가

강감찬, 여우가 낳은 영웅 | 신립 장군과 탄금대 | 아랑각(阿娘閣)

귀신을 부리는 비형랑 | 화귀(火鬼)의 유래 | 탑삭골의 달걀귀신

외눈박이 | 삼두구미 | 불가사리는 불가살이 | 용이 준 보물

구미호와 삼족구 | 열댓 발 되는 새

우리 전설은 다른 나라 전설과 질감이 사뭇 다르다. 서구 전설의 화려함과 긴장감도, 중국이나 일본 전설의 기괴함도 만나기 힘들다. 전설에 나오는 주인공들은 대부분 아주 소박하며 인간적이다.

하지만 이야기의 꺼풀을 하나 둘 들춰 보면, 들끓는 욕망과 잔인한 탐욕, 치열한 자유 의지와 추구를 읽어 낼 수 있다.

영웅 전설

명궁 거타지

거타지는 신라 진성 여왕 때 사람으로 대단한 명궁이었다. 『삼국유사』*에
실린 거타지 설화는 영웅이 괴물(악마)을 퇴치하는 유형의 설화로 후대에 많
은 영향을 주었다.

활을 잘 쏘는 사람만 섬에 남겨라

진성 여왕의 막내아들인 아찬 양패가 당나라에 사신으로 갈
때였다. 서해를 건너는데 곡도라는 섬 근처에서 난데없이 풍랑
을 만났다.

양패가 사람을 시켜 점을 치게 하니 "섬 안에 신령한 못이 있

국보 제306호 『삼국유사』
고려시대에 일연이 쓴 역사책으로
우리나라 고대 역사뿐 아니라 설화
까지도 풍부하게 담겨 있다.

으니 그 앞에서 제사를 지내라"는 점괘가 나왔다. 점괘대로 못을 찾아 제물을 차려 제사를 지내고 나니 못물이 하늘에 닿도록 치솟았다.

그날 밤 양패의 꿈에 한 노인이 나타나더니 이런 말을 했다.

"활을 가장 잘 쏘는 사람 하나만 섬에 남겨 두고 떠나라."

양패는 50명의 궁사 가운데 누구를 남겨 두고 가야 할지 난감하기 짝이 없었다. 그래서 나뭇조각 50개에 50명 궁사의 이름을 하나씩 적어 바닷물에 띄웠다. 하나같이 둥둥 떠다니는데, 오직 한 조각만이 물속으로 사라져 나타나지 않았다. 그 나뭇조각에 적혀 있는 이름은 바로 거타지였다. 양패는 거타지를 섬에 두고 떠나기로 했다.

요괴를 물리치고 용왕의 딸과 결혼하다

섬에 홀로 남은 거타지가 슬픔에 잠겨 있는데, 못 가운데에서 웬 노인이 나왔다.

"슬퍼하지 마오. 그대의 도움이 필요해 이렇게 남게 했소이다."

노인은 자기가 서해 용왕이라며 이야기를 시작했다. 언젠가부터 해가 뜰 때마다 하늘에서 한 중이 나타나 주문을 외며 못을 세 바퀴 돈다는 것이었다. 그러면 자기 가족과 자손들이 모두 못 위로 둥둥 뜨고, 중은 그 중 한 명을 골라 간을 빼먹는다고 했다. 그래서 이제는 딸과 아내만 남았다며 중을 없애 달라고 부탁했다.

거타지가 숨어서 기다리니 이튿날 아침에 정말 중이 나타났다. 중이 용왕을 잡아 먹으려는 순간, 거타지는 활을 쏘았다. 화살은 중의 명치를 정확히 뚫었다. 중은 캥캥대더니 여우가 되어 죽었다. 중의 정체는 바로 백

거타지가 활을 쏘아 백 년 묵은 여우가 둔갑한 중의 명치를 뚫는 모습

년 묵은 사악한 여우였던 것이다.

용왕은 보답으로 자기 딸을 거타지의 아내로 맞아들일 것을 청했다. 거타지가 기꺼이 승낙하자, 딸을 어여쁜 꽃으로 만들어 거타지의 품속에 넣어 주었다. 그리고 용 두 마리를 불러 거타지를 받들라 일렀다.

용들은 거타지를 태우고 날아 눈 깜짝할 사이에 양패의 배를 따라잡았다. 그리고 배를 호위하여 무사히 당나라에 도착하도록 하였다. 당나라 왕은 용이 신라의 배를 지킨다는 말을 듣고, 양패 일행을 극진히 대접하고 후한 선물을 주었다. 그 뒤, 신라로 돌아 온 거타지는 꽃을 다시 아내의 모습으로 되돌려 함께 행복하게 살았다고 한다.

작제건, 왕건의 할아버지

작제건 설화에는 고려 왕실의 혈통이 얼마나 비범하고 정당한 것인지에 관한 내용이 담겨 있다. 작제건이라는 영웅이 용을 괴롭히는 요괴를 퇴치하고 용왕의 딸과 결혼한다는 내용인데, 바로 앞에 소개한 거타지 설화에서 큰 영향을 받았음을 알 수 있다. 또한 활과 화살 부분에서는 주몽 신화의 영향을, '진의' 이야기에서는 김유신의 여동생 문희 이야기의 영향을 엿볼 수 있다.

진의, 언니의 꿈을 사고 작제건을 낳다

보육이라는 사람이 아내와 두 딸을 데리고 사는데, 하루는 점쟁이가 지나가다 뜬금없이 이런 말을 하였다.

"이곳에서 계속 살면 당나라 천자가 와서 사위가 될 것이다."

그리고 어느 날 큰딸이 꿈을 꾸었는데, 산꼭대기에 올라가 오줌을 누니 오줌이 흘러 흘러 온 천하를 뒤덮는 것이었다. 큰딸이 동생 진의한테 꿈이야기를 하자, 진의는 비단 치마를 내밀며 꿈을 팔라고 했다. 큰딸은 웃으며 동생의 치마로 꿈을 내주는 시늉을 하였다.

이때 당나라 숙종*이 천하를 유람하고 있었는데, 배를 타고 우리나라로 왔다가 대동강에 이르렀다. 숙종은 곡령으로 올라가 아래를 내려다 보며 "반드시 왕도가 될 곳이구나"라고 말했다. 그리고 산에서 내려와 보육의 집으로 가 며칠 묵기를 청했다.

숙종은 보육의 딸들을 보고 마음이 끌렸다. 일부러 찢어진 옷을 골라 보육에게 내밀며 기워 달라고 부탁했다. 보육이 숙종을 보니 중국의 귀인 같았기에 문득 예전에 점쟁이가 했던 말이 떠올라 큰딸을 불렀다. 그런데 큰딸이 문지방을 넘는 순간 코피가 흘러 작은딸 진의가 대신 나와 옷을 기우게 되었다. 이때 숙종과 진의 사이에 야릇한 마음이 오갔다.

결국 숙종은 진의를 맞아 꿈같은 나날을 보냈다. 어느덧 1년이 흘렀고 진의는 아이를 가졌다. 숙종은 활과 화살을 내밀며 말했다.

"아들은 낳으면 이것을 주시오. 내 아들이라는 징표요."

그러고는 당나라로 떠나 돌아오지 않았다.

얼마 뒤 진의가 아들을 낳았으니, 그가 바로 작제건이다.

숙종(肅宗, 711~762)
중국 당나라 제7대 황제로, 안녹산의 난 때 황제에 즉위하여 756~762년 동안 당나라를 다스렸다.

작제건, 아버지를 찾으러 가다가 용왕을 구하다

작제건
당나라 숙종과 진의 사이에서 태어났다.

다섯 살이 되자 작제건*은 진의에게 아버지가 누구냐고 물었다. 진의도 숙종의 이름을 모르므로 '당부(唐父)'라고만 일러 주었다.

작제건은 어려서부터 남달랐는데, 특히 글쓰기와 활쏘기에 능했다. 열여섯이 되어 비로소 아버지가 남긴 활과 화살을 받아서 쓰니, 활 쏘는 능력이 더욱 비범해져 신궁이라는 소리를 들었다.

작제건은 아버지를 찾으려고 중국으로 가는 상선(商船)을 탔다. 배가 서해 한가운데에 이르렀을 때 갑자기 구름이 몰려오고 안개가 자욱해서 한 치 앞을 볼 수가 없었다.

뱃사람이 점을 치자 "고려 사람을 내려놓고 가라"는 점괘가 나왔다. 고려 사람이라고는 작제건 한 명뿐. 작제건은 할 수 없이 배에서 뛰어내렸다. 그러자 구름과 안개가 감쪽같이 걷히고 순풍이 불어 배는 곧 떠날 수 있었다. 다행히 작제건은 가까운 곳에 바위가 있어 목숨을 건질 수 있었다.

작제건이 수심에 잠겨 있는데 한 노인이 나타나 절을 하였다.

"나는 서해 용왕이요. 저녁 때마다 늙은 여우가 부처의 모습으로 나타나

구름 속에 해와 달과 별을 늘어놓고 북을 치며 나팔을 불고 이 바위에서 주
문을 외니, 머리가 아파 도저히 살 수가 없소. 부디 그 여우를 죽여 주면 반
드시 은혜를 갚겠소."

작제건이 그러마 약속하고 기다리는데, 과연 서북쪽 하늘에서 음악 소리가
울리더니 부처가 나타났다. 그러나 작제건은 차마 부처를 활로 쏠 수가 없어
머뭇거렸다. 그러자 용왕이 나타나 어서 서두르라며 재촉했다. 작제건이 두
눈을 꾹 감고 활을 쏘니, 화살에 맞은 부처는 여우로 변해 죽고 말았다.

용왕의 딸과 결혼해 아들을 낳다

용왕은 몹시 기뻐하며 작제건을 용궁으로 데려갔다. 그리고 칠보(七寶, 일곱
가지 보배)를 줄 테니 중국으로 가지 말고 고향으로 돌아가 어머니를 모시고 살
라고 했다. 작제건이 그러겠다고 약속하자, 용왕은 아주 좋아하며 무슨 소원
이든 들어주겠다고 했다. 이때 뒤에 있던 할머니가 작제건에게 "딸을 달라
해. 딸을 아내로 삼겠다고 해"라고 귀띔을 했다. 작제건이 딸을 달라 하자,
용왕은 큰딸을 아내로 삼게 해주었다.

큰딸은 작제건에게 이런 말을 했다.

"아버지에게 칠보를 돌려드리세요. 대신 버드나무 지팡이와 금돼지를 달
라고 하세요. 칠보보다 훨씬 신통스런 물건들입니다."

하지만 용왕은 칠보를 돌려받지 않는 대신 금돼지만을 내주었다.

작제건은 아내를 데리고 옻칠을 한 배에 올랐다. 금돼지와 칠보를 싣자마자 배는 눈 깜짝할 사이에 창릉굴 앞 바닷가에 닿았다. 작제건은 이곳에 집을 짓고 살았다.

그런데 1년이 지나도 금돼지는 우리 안으로 들어가려 하지 않았다. 그래서 작제건이 말했다.

"이곳이 네가 살기에 맞지 않으면 네가 가는 곳으로 따라가 살겠으니 그렇게 하도록 해라."

그러자 이튿날 새벽, 금돼지는 개성 남쪽 기슭으로 가더니 편히 누웠다. 이에 작제건은 금돼지가 누운 곳으로 집을 옮겼다.

그러던 어느 날 작제건의 아내가 동북쪽 산기슭으로 가더니 은그릇으로 땅을 팠다. 그러자 아주 맑은 물이 솟아올랐는데 그게 바로 '개성대정*(開城大井)'이다.

그리고 아들을 낳으니 용건*(龍建)이라 이름을 지었다. 용건이 자라서 아들을 낳으니 그가 바로 왕건(王建), 고려의 태조이다.

개성대정(開城大井)
고려시대 태조의 할아버지 작제건(作帝建)의 아내 용녀(龍女)가 팠다는 큰 샘으로, 고려 3대 신정(神井) 중 하나로 손꼽힌다.

태조 왕건(太祖, 877~943)
고려를 세운 시조로 불교를 국교로 삼아 918~943년까지 재위하였으며, 후삼국을 통일하였다.

최치원, 천하의 대문장가

마산에 가면 '돝섬'이라는 섬이 있다. 돼지 섬이라는 뜻이다. 이 섬에는 최치원에 얽힌 전설이 있다.

최치원은 경주 최씨의 시조로, 고려 현종이 문창후(文昌侯)로 추대할 만큼 천하의 대문장가였다. 868년(경문왕 8년)에 당나라로 유학을 떠나 874년에 급제해 벼슬길에 올랐고, 879년(헌강왕 5년) 황소의 난 때는 『토황소격문(討黃巢檄文)』을 써서 문장가로서 이름을 떨쳤다. 885년 신라로 귀국하여 벼슬을 했으나, 국정이 문란함을 보고 난세임을 비관하며 관직을 버렸다. 전국을 떠돌며 살다가 가야산 해인사에서 생을 마감하나, 그가 남긴 글들은 지금까지 남아 있다. 여기에서는 최치원에 얽힌 돝섬의 전설을 소개하고자 한다.

금돼지가 최치원의 어머니를 잡아가다

최치원*의 아버지가 마산의 한 고을에 부사로 부임했을 때다. 사람들이 말하기를, 웬 잡귀가 부사의 부인들을 족족 잡아갔으니 조심하라는 것이었다.

최 부사는 명주실을 아내의 치마에 묶어 놓고 밤새 지켰다. 그런데 갑자기 바람이 심하게 불더니 촛불이 꺼지고 아내가 사라졌다. 최 부사가 명주실을 따라가니, 실은 어느 섬의 바위틈으로 사라졌다. 바위는 꿈쩍도 하지 않아 더 이상 갈 수 없었다.

최 부사는 몸을 숨기고 지켜보았다. 사흘째 되던 날 밤, 웬 금돼지가 나타나 주문을 외자 바위가 스르르 열렸다. 그리고 금돼지가 들어가자 다시 스르르 닫히는 것이었다.

최치원(崔致遠, 857~?)
신라시대의 학자로 문장가로서 이름을 떨쳤으며 주요 저서로 『계원필경(桂苑筆耕)』, 『법장화상전(法藏和尚傳)』 등이 있다.

최 부사는 금돼지가 하던 대로 주문을 외었다. 다행히 바위가 열려 최 부사도 안으로 들어갔는데, 놀랍게도 아주 큰 대궐이 나타났다. 금돼지는 업어가도 모를 만큼 깊이 잠이 들었고, 구석에 있는 방에서는 훌쩍거리는 소리가 들렸다. 최 부사가 가 보니 수십 명의 여자들이 갇혀 있었다. 모두 금돼지한테 잡혀 온 사람들이었는데, 최 부사의 아내도 그 속에 있었다.

아내는 눈물로 반기며 말했다.

"어서 돌아가세요. 금돼지는 한 번 잠이 들면 사흘 동안 자는데, 오늘이 마지막 날이랍니다."

금돼지를 죽이기 위해 금돼지와 자다

최 부사는 아내를 두고 절대 갈 수 없었다. 그래서 금돼지를 죽일 수 있는 방법을 물었다. 아내는 눈물을 글썽이며 보름 뒤에 다시 오라고 말했다.

남편이 돌아간 뒤, 최 부사의 아내는 금돼지한테 온갖 아양을 떨어 잠자리로 끌어들였다. 속으로는 울면서도 겉으로는 생글대며 금돼지에게 갖은 정성을 쏟았다.

남편과 약속한 날이 다가오자, 최 부사의 아내는 눈물을 글썽이며 금돼지를 껴안았다. 금돼지가 죽으면 혼자 어떻게 사느냐고 하소연을 했다. 금돼지는 껄껄 웃으며 대답했다.

"노루 가죽만 조심하면 돼. 노루 가죽을 삶아서 눈, 코, 귀에 부으면 난 죽게 되지. 하지만 이 사실을 너만 아는데 내가 죽겠느냐!"

최 부사의 아내는 마음이 놓이는 척하며 깔깔 맞장구를 쳤다.

약속한 날에 아내를 만나러 온 최 부사는 아내의 말을 듣고 돌아가 노루 가죽으로 된 칼집을 차고 왔다. 아내는 가죽을 삶아 금돼지가 잠든 틈을 타서 눈과 코와 귀에 부었다. 그러자 금돼지는 진짜 소리 없이 죽어 버렸다.

금돼지의 아들, 두루미가 보살피다

최 부사는 아내를 데리고 집으로 돌아왔다. 하지만 아내의 배 속에는 금돼지의 아이가 있었다. 최 부사는 아이가 태어나자마자 아무도 모르게 금돼지가 살던 섬에 내다 버렸다. 이 아이가 바로 최치원이며, 이런 까닭으로 마산 사람들은 이 섬을 '돝섬'이라 부른다.

그런데 어디선가 두루미가 나타나 버려진 최치원을 보살피기 시작했다. 치원을 품고 재우고, 먹이를 날라 주었으며, 사람의 말도 가르쳤다.

치원이 열한 살이 되자, 두루미는 어디론가 사라졌다. 치원은 홀로 살면서 틈만 나면 뭍을 보며 섬을 빠져나갈 궁리를 했다. 그러다가 드디어 지나가는 배를 얻어 타고 서울(경주)로 가게 되었다.

파경노(破鏡奴)

치원은 가까스로 서울에 들어섰으나 먹고살 길이 없었다. 생각다 못해 골목골목을 다니며 소리를 질렀다.

"거울 고치소. 거울 고치소. 어떤 거울이든 다 고칩니다!"

마침 소정승의 딸이 고장 난 거울을 고치려 치원을 불렀다. 하지만 거울은 치원의 손에 닿자마자 땅에 떨어져 깨지고 말았다. 소정승의 딸이 거울 값을 물어내라 했으나, 치원으로서는 갚을 도리가 없으니 차라리 종이 되어 일해서 갚겠다고 했다.

소정승의 딸이 치원에게 이름을 물었으나, 버려진 아이에게 이름 따위가 있겠는가. 소정승의 딸이 한심해 하며 이름을 지어 주었다.

"내 거울을 깨뜨렸으니 네 이름을 파경노(破鏡奴)라 하겠다."

그리고 꽃밭을 가꾸는 일을 시키니, 파경노가 꽃밭에 물을 주면 꽃은 좀처럼 시들지 않고 더욱더 활짝 피어났다. 소정승의 딸은 놀라 파경노를 다시 보았다. 구석구석 뜯어보니 인물이 제법 훤칠하고 행동이 예법에 맞았다. 그녀는 파경노에게 은근히 마음이 끌렸다.

중국에서 온 수수께끼

그러던 어느 날, 대궐에서 돌아온 소정승이 식음을 전폐하고 드러누웠다. 딸이 까닭을 알아보니 다음과 같았다. 중국에서 석함(石函)을 보냈는데, 함에 들은 것을 알아맞히면 조공을 없애 주지만 못 맞히면 조공을 더 내게 한다는 것이었다. 하필 소정승이 외교 일을 맡아 보기에, 무슨 수를 써서라도 수수께끼를 풀어야 하는데, 도저히 풀 방법이 없다는 것이었다.

소정승의 딸은 걱정을 하다가 문득 파경노가 떠올랐다. 예사 사람이 아닌 듯하니 수수께끼를 풀 수 있을지도 몰랐다. 아니나 다를까, 말을 다 듣자마자 파경노는 불쑥 이렇게 말했다.

"그것도 못 풀면서 어떻게 정승 자리에 있답니까!"

소정승의 딸은 뛸 듯이 기뻐하며 아버지한테 말을 전했다. 소정승은 당장 파경노를 불렀다. 파경노는 자신 있게 말했다.

"물론 수수께끼를 풀 방법이 있습니다. 하지만 저를 사위로 삼아 주십시오. 따님과 첫날밤을 치르면 답을 가르쳐 드리겠습니다."

소정승은 기가 막혔으나 우선 자기 목숨부터 구해야겠기에 임금을 찾아갔다. 이야기를 다 듣고 난 임금은 대번에 명을 내렸다.

"이건 나라의 운이 달린 일이오. 그러니 파경노에게 시랑(侍郞) 자리를 주어 대궐로 들어올 수 있게 하고, 대감의 사위로 삼으시오."

수수께끼를 풀다

파경노는 소정승의 딸과 첫날밤을 치른 뒤, 신짝만한 먹과 조선종이만한 벼루, 빗자루만한 붓을 구해 가지고 오라고 일렀다. 소정승의 딸이 세 가지를 모두 구해 오니 커다란 종이를 벽에 바르게 했다. 그리고는 붓을 왼발에 동여매더니 벽에 바른 종이에 글씨를 썼다.

탄탄석중물(坦坦石中物) / 탄탄한 이 돌 가운데 물건이

반옥반황금(半玉半黃金)이라 / 반은 옥이고 반은 황금이더라.

야야지시조(夜夜知時鳥) / 밤마다 때를 알리는 새인데,

함정미토정(含情未吐情)이라 / 석함 속에 공기가 없으니 울지 못하는구나.

이 글을 임금께 바치자 학자들이 모여 읽고 답을 알아내었다.

"원래 함에는 계란이 들었는데, 이게 병아리가 되었다."

답을 받은 중국 궁정에서는 한바탕 소란이 일어났다.

소정승과 소정승의 딸 앞에서 수수께끼를 풀고 있는 파경노

"반쪽이로고. 계란은 맞는데, 병아리는 대체 웬 말인고?"

그리고 혹시나 해서 석함을 열어 보니 죽은 병아리가 들어 있었다. 중국에서 신라로 와 머무는 틈에 계란이 병아리로 부화했는데 공기가 통하지 않아서 죽어 버린 것이었다.

중국 사람들은 신라 사람들이 아주 영특하다며 찬탄을 했다. 이리하여 파경노 최치원의 이름은 신라는 물론 중국에까지 널리 알려졌다.

후에 최치원은 중국으로 건너가서 공부했으며, 과거에 급제해 큰 벼슬자리에 올랐다.

강감찬, 여우가 낳은 영웅

강감찬(姜邯贊, 948~1031)
고려시대의 명장으로, 거란이 10만 대군을 이끌고
쳐들어 왔을 때 이를 귀주에서 크게 대파한 귀주
대첩으로 유명하다.

과천에서 사당 쪽으로 넘어가는 길에 고개가 하나
있다. 고려시대에는 '쉬네미'라고 불렀는데 여우 때문
에 붙여진 이름이다. 여우가 자주 나타나 사람을 홀리
니 혼자서는 고개를 못 건너고 쉰 명을 채워 함께 넘
었다는 것이다.

'쉬네미'고개에는 고려의 영웅 강감찬* 장군이 태
어난 터가 있다. 하필 왜 여우고개에서 태어났을까?
전설 속으로 들어가 보자.

죽은 이가 견디기만 하면 명당

'쉬네미' 마을에 강씨 집안이 있었는데, 어느 날 그 집 아버지가 죽었다. 풍수 보는 이가 와서 묏 자리를 잡아주며 "막내 상제(喪制 : 상 중에 있는 사람)가 이만하면 견디기는 하겠다"고 중얼거렸다. 그리고 세 아들에게 이렇게 말했다.

"죽은 이가 견디기만 하면 명당이요."

세 아들은 이상하다 생각하면서도 그 자리에 아버지의 묘를 썼다.

그런데 이튿날 밤, 맏아들의 방문 밖에서 아버지의 목소리가 들렸다. 편히 잘 수 없으니 이장을 해 달라는 것이었다. 세 아들이 모여 의논을 했으나 풍수 보는 이의 말이 생각나 이장을 하지 않았다.

다음날 밤, 둘째 아들의 방문 밖에서도 아버지의 목소리가 들렸다. 이번에도 그대로 두고 이장을 하지 않았더니, 사흘째 되는 날 밤에는 막내아들의 방문 밖에서도 아버지의 목소리가 들렸다.

"제발 너만이라도 나를 살려다오."

막내아들은 오일장을 정성껏 치렀기에 아버지가 편히 저승으로 갔을 거라 믿었다. 그래서 방문 밖의 목소리는 여우일지도 모른다고 생각했다. 아마도 아버지의 묘를 써서 살던 터를 빼앗긴 여우가 복수를 하려고 나타난 것이라 짐작한 것이다. 그래서 막내아들은 방으로 들어오라고 말했다. 목소리는 몹시 당황스러워하며 거절했다.

"이 흉한 모습을 어찌 네게 보이겠느냐?"

하지만 막내아들이 계속 애원을 하자, 문을 열지만 않으면 손이라도 들이

밀겠다고 했다. 막내아들이 알겠다고 하자 문틈으로 손이 하나 들어왔는데, 손톱이 아주 길고 누런 털이 수북하였다.

막내아들은 그 손을 붙잡은 뒤 하인들을 불렀다. 하인들이 달려와 보니 죽은 주인마님이 문 앞에서 꼼짝도 못하고 서서 살려 달라고 애원하고 있는 것이 아닌가! 하인들이 머뭇거리자 막내아들은 당장 몽둥이로 내려치라고 소리쳤다. 어쩔 수 없이 하인들이 몽둥이로 내려치자, 웬 여우 한 마리가 쓰러져 죽었다.

여우의 복수로 아들을 얻다

세월이 흘러 막내아들은 어사가 되어 팔도를 돌게 되었다. 집에 남게 된 아내는 여자를 조심하라며 몇 번이나 주의를 주었다.

막내아들이 어사 일을 다 보고 집으로 돌아올 때였다. '쉬네미' 고개를 넘어가는데 웬 여자가 나타나 길을 가로막았다. 넋이 빠지도록 어여쁘게 웃으며 쉬어 가라고 말했다. 막내아들이 피해 가도 계속 길을 막았다.

"영웅이 왜 이리 겁이 많습니까. 저랑 하룻밤을 묵으면 천하를 구할 수 있는 인연을 얻으실 겁니다. 부디 묵어가소서."

막내아들이 거듭 거절하자, 여인은 울면서 애걸하였다. 결국 막내아들은 여인과 하룻밤을 잤다.

이튿날 막내아들이 길을 떠나려는데, 여인이 이러는 것이었다.

"원통하게 죽은 아비의 복수를 하려 했는데, 그대의 상이 커서 차마 해칠 수가 없었소. 오히려 그대의 은혜로 영웅을 품게 되었으니 이루 말할 수 없이 기쁘오. 열 달 뒤에 이 바위굴로 와서 아들을 찾아가시오."

그리고는 여우로 변해 사라져 버렸다.

막내아들이 집에 도착하자, 아내는 퉁명스럽게 맞아들였다. 꿈에 어떤 여인이 나타나 남편하고 있었

낙성대에 있는 강감찬 장군의 동상

던 일을 말하더라는 것이었다. 귀한 인연으로 얻은 아들이니 찾아가서 기르라는 말도 했다는 것이다.

열 달이 흐른 뒤 막내아들 부부는 바위굴을 찾아갔다. 굴 안에는 정말 아이가 하나 있어 집으로 데려왔다. 여우가 낳은 아이였지만 부부는 누구보다 정성껏 길렀다.

이 아이가 커서 거란족의 침입을 막으니, 그가 바로 강감찬 장군이다.

신립 장군과 탄금대

탄금대는 야산인데, 우륵이 가야금을 타던 곳이라 해서 탄금대라 부르기 시작했다.

임진왜란 때에는 신립이 왜군과 치열한 격전을 벌인 곳이기도 하다. 신립은 탄금대 북쪽 절벽을 열두 번이나 오르내리며 군사들을 격려했지만, 결국 패하고 강에 몸을 던져 죽고 만다. 이 모든 것이 한 처녀의 원귀가 복수를 해서라고 한다.

외딴 집에 혼자 사는 처녀

신립*은 권율의 사위이다. 권율이 평양감사로 있을 때, 신립은 장인을 보고 싶어 평양으로 길을 떠났다.

어느 호젓한 산속을 지나는데 날이 저물어 신립은 묵을 집을 찾았다. 마침 커다란 기와집 한 채가 보여 주인을 불렀다. 그러나 주인은 코빼기도 내비치지 않고 웬 처녀의 목소리만 들려왔다. 신립이 하룻밤만 묵어가자고 부탁을 하자, 처녀는 한 끼 밥은 줄 수 있으나 재워 줄 수는 없다고 답하였다.

신립이 까닭을 묻자 처녀는 우물쭈물하다가 대답을 하였다.

"여기서 주무시다가는 몸이 성치 못하실 겁니다."

더욱 의아해진 신립은 다시 까닭을 물었다.

"부리던 종놈 하나가 저를 탐해서 식구들을 모두 죽였답니다. 이제 저 혼자 남았는데 오늘밤 반드시 저를 범할 것입니다. 그 끔찍한 일을 어찌 당하고만 있겠습니까. 그래서 놈이 오기 전에 목숨을 끊을 것인데, 여기 계셨다간 놈에게 화를 당하실 게 틀림없습니다. 그러니 다른 집을 찾아보세요."

신립은 자기가 종놈을 없애 주겠다고 말했다. 처녀는 반신반의하다가 결국 대문을 열어 주었다.

신립(申砬, 1546~1592)
조선 중기의 장군으로, 임진왜란 때 충주 탄금대에서 적군에 패한 후 자결함으로써 생을 마감했다.

종놈은 이무기가 죽이고

신립은 저녁을 배불리 먹고 안방에서 종놈을 기다렸다. 한밤중이 되자, 대문이 덜컥 열리더니 무시무시한 소리가 울렸다.

"벌써 자느냐?"

처녀는 아무 대꾸도 하지 않았다. 툴툴거리는 소리가 들리더니 안방 문이 벌컥 열렸다. 허리를 구부려야 할 만큼 큰 키에 시커멓게 생긴 놈이 방 안을 들여다보았다. 그리고 신립을 보자 대번에 달려들었다.

신립은 재빨리 활을 쏘았다. 화살은 놈의 눈을 파고들었다. 종놈이 비명을 지르며 달아나자 신립이 쫓아갔다. 그런데 놈의 흔적은 아무 데도 없었고, 웬 길다란 나무토막 하나가 담장 밑에 떨어져 있었다. 신립은 놈이 담장을 넘어 도망친 줄 알고 나무토막을 딛고 담을 뛰어넘었다. 그런데도 놈을 찾을 수가 없었다. 혹시나 해서 집으로 뛰어가니, 나무토막이 있던 자리에 커다란 이무기가 있는 게 아닌가! 이무기는 종놈을 친친 감고 있었다. 알고 보니 신립이 조급한 마음에 이무기를 나무토막으로 잘못 본 것이었다.

이무기는 기절한 종놈을 한입에 삼키고 담장 너머로 소리 없이 사라졌다.

스스로 타 죽은 처녀

신립은 처녀가 숨어 있던 방으로 들어갔다. 처녀는 까무라쳐 정신을 차리지 못하고 있었다. 신립이 약과 물을 먹이자 얼마 뒤에 눈을 떴다. 신립은 정성껏 미음을 끓여 처녀에게 먹였다. 사흘 동안 머물며 처녀를 보살폈다.

이윽고 신립이 다시 길을 떠나려 하자, 처녀가 애원을 하였다.

"이 깊은 산속에서 저 혼자 어찌 산답니까? 손님의 은혜로 죽을 목숨이 살아났으니 첩 노릇이라도 하여 은혜를 갚겠습니다."

그러나 신립은 마다했다.

"나는 이미 장가를 든 데다 부모를 모시고 있으니 그럴 수 없소."

처녀는 다시 간절하게 부탁했지만 신립은 거절했다.

"그대는 아직 꽃 같은 처녀인데 마땅한 데가 나타나면 시집을 가야 하지 않겠소."

처녀가 여러 번 간청했으나 신립은 거절하고 길을 떠났다.

동구 밖을 지나는데 뒤에서 처녀가 부르는 소리가 들렸다. 신립이 돌아보니 처녀의 집이 훨훨 타고 있었다. 처녀는 지붕 꼭대기에 앉은 채 불길 속으로 사라지고 있었다. 뛰어가 말릴 틈도 없었다.

원귀의 부름

얼마 후, 임진왜란이 일어났다. 신립은 대장이 되어 군사들을 이끌고 문경 새재(경상도와 충청도 사이의 고개 이름)에 진을 쳤다. 그런데 하늘에서 이상한 소리가 들렸다.

"신립아, 신립아, 탄금대로 가라!"

분명 여자 목소리인데 아무것도 보이지 않고 소리만 들렸다.

"여기서 진을 치고 있다가는 크게 패할 것이다. 그러니 탄금대로 가서 배

수진을 치고 싸워라. 반드시 이길 것이다.”

신립은 산신이 돕는 거라 생각하고는 탄금대로 진지를 옮겼다. 그런데 앞 뒤가 훤히 트여 왜군들이 쏘는 조총을 피할 수가 없었다. 겁먹고 도망치려는 군사들을 격려하느라 탄금대 절벽을 열두 번이나 오르내렸지만, 밀려드는 왜군을 막을 수는 없었다.

신립이 안간힘을 다하여 싸우는데 하늘에서 다시 소리가 들렸다.

“신립아, 신립아.”

신립은 고개를 번쩍 들었다. 웬 처녀가 이무기를 타고 신립에게 다가왔다. 가만히 보니 옛날에 살려 주었던 바로 그 처녀였다. 신립이 놀라 뭐라 말을 하려는데, 신립의 목이 그만 댕강 떨어지고 말았다.

이무기를 타고 신립의 목을 치고 있는 처녀의 모습

원귀(怨鬼) 전설

아랑각(阿娘閣)

경남 밀양에 가면 아랑각*이 라는 조선시대 누각이 있다. 아 랑사(阿娘祠)라고도 하는데, 조선 명종 때 밀양부사의 딸 윤동옥 의 억울한 죽음을 기리기 위해 지은 것이다. 과연 어떤 사연이 깃들어 있기에 후대 사람들이 사당까지 지어 제사를 지내고 있는 것일까?

아랑각(阿娘閣)
경상남도문화재자료 제26호로, 경남 밀양에 있는 조선시대 누각이다.

아랑이 없어지다

경남 밀양의 아랑각에 있는 아랑 영정의 모습

아랑*은 태어난 지 몇 개월 만에 어머니를 여의었다. 밀양부사였던 아버지는 젖도 못 뗀 아랑이 안쓰럽기만 했다. 그래서 젖이 좋고 아이를 잘 돌본다는 유모를 구해 아랑을 보살피도록 하였다. 유모를 별당에 머물게 하여 오로지 아랑을 돌보는 일에만 마음을 쓰도록 하였다.

아버지의 지극한 사랑 덕분에 아랑은 구김살 없이 자랐다. 인물과 자태가 뛰어난데다 재기까지 넘쳐 어디에서고 눈에 띄었다.

그러던 어느 날, 아랑은 달구경을 간다며 유모와 나가더니 돌아오지 않았다. 아버지가 사람들을 동원해 밀양을 구석구석 뒤졌지만 찾을 수가 없었다. 함께 갔던 유모조차 나타나지 않았다.

밀양부사는 죽는다?

아랑의 아버지는 속을 끓이다가 병을 얻어 죽었다. 그 뒤부터 밀양으로 오는 부사는 사흘을 못 넘기고 죽었다. 아무도 까닭을 알지 못했다. 그러니 밀양부사로 가려는 사람이 없었다.

할 수 없이 조정에서 희망자를 구했는데, 나이 60이 넘은 무사 한 사람이 지원을 했다. 아내가 가난에서 벗어나려고 남편을 떠민 것이다.

새로운 부사가 왔는데도 관속들은 환영은커녕 아주 귀찮아했다. 관아의 건물은 전혀 돌보지 않아 을씨년스러웠고, 뜰에는 잡초가 무성했다. 부사는 떠나고 싶었으나 아내는 덤덤하기만 했다.

밤이 되자, 아전이며 관노까지 모두 말도 없이 도망쳤다. 부사 아내는 겁먹은 남편을 안채로 들였다.

"제가 지킬 터이니 영감은 여기서 쉬도록 하세요."

그리고 남장을 한 채 촛불을 밝히고 홀로 관아를 지켰다.

한밤중이 되니 차가운 바람이 일었다. 촛불이 꺼질 듯 흔들리고 문이 저절로 스르르 열렸다. 알몸에 머리를 풀어 헤친 처녀가 피를 철철 흘리며 다가와서는 '주기(붉은색 쌍용을 그린 깃발)'를 보여 주었다. 부사 아내는 조금도 두려워하지 않고 말했다.

"보아하니 원통한 일이 있었구나. 내가 알아서 네 문제를 풀어 줄 터이니 물러가 다시는 나타나지 말거라."

그러자 처녀는 머리를 깊숙이 숙여 절을 하고는 사라졌다.

날이 밝자 관속들이 거적을 들고 나타나 난리를 쳤다. 그런데 부사가 관복을 반듯하게 입고 나타나자 그들은 "귀신이다!"라고 외치며 개미처럼 흩어졌다. 밤새 부사가 죽은 줄로만 알았던 것이다.

진실

부사 아내는 남편에게 모든 걸 이야기했다. 없어졌다던 전 부사의 딸 아랑이 귀신으로 나타난 게 틀림없으니, '주기'를 실마리로 해서 문제를 풀라고 하였다.

부사는 아내의 말대로 '주기'라는 이름을 가진 사람부터 찾았다. 관아의 장부를 뒤적이니 집사 가운데 '주기'라는 이름을 가진 자가 있었다. 부사는 냉큼 '주기'를 불러들여 형틀에 묶었다.

"돌아가신 부사의 딸이 어디 있는지 알렸다!"

엄하게 묻고 벌하자, '주기'는 겁에 잔뜩 질려 사실을 털어놓았다.

"부사 딸이 영남루에 놀러 왔는데, 소인이 보고 반했습니다. 유모한테 돈을 주고 일을 꾸며 달라 했습니다. 유모는 달구경을 가자고 속여 부사 딸을 대밭 근처 죽루(竹樓)로 데려왔습니다. 제가 덮치니까 부사 딸이 소리를 지르더라구요. 급한 김에 딸을 죽이고, 들통 날까봐 유모도 죽였습니다요. 시체는 뒷산에 묻었습니다요. 얼떨결에 한 짓이니 제발 목숨만은 살려 주십시요."

부사는 나라에 보고해 '주기'를 사형시키고, 아랑의 시체를 찾아냈다. 몇 년이 지났는데도 시체는 썩지 않고 깨끗했다. 부사는 시체에게 새 옷을 해 입히고 선산 곁에 묻어 주었다. 그리고 대밭과 죽루를 태우니, 그 뒤부터 부사가 죽는 일 따위는 일어나지 않았다.

그 후 부사는 명관으로 소문이 나서 크게 출세했다고 한다.

귀신을 부리는 비형랑

고대 신라의 진평대왕 시절에 비형랑이라는 아주 기이한 인물이 살고 있었다. 자유자재로 귀신을 부르고 부렸는데, 하늘이 아무에게나 그런 능력을 주겠는가. 비형랑은 태어남부터가 범상치 않았다.

도화녀와 진지대왕

신라 25대왕은 진지대왕*이다. 대왕은 나랏일에는 뜻이 없고 오로지 주색에 빠져 지냈다. 예쁜 여자라면 그냥 놔두는 법이 없었다.

이때 성 안에 도화녀라는 여자가 살았는데, 빼어나게 아름다

> **진지왕(眞智王, ?~579)**
> 신라 제25대왕으로 576~579년 동안 재위하였다. 성은 김(金)이고 이름은 사륜(舍輪) 혹은 금륜(金輪)이라 불린다. 진흥왕의 둘째 아들이면서도 진흥왕을 이어 왕위에 올랐으며, 무열왕계(武烈王系)의 시조가 되었다.

워 모르는 사람이 없었다. 소문을 듣자마자 대왕은 도화녀를 궁궐로 불러 시중을 들라 일렀다. 도화녀는 고개를 들고 당당히 대꾸했다.

"여자가 지킬 일은 두 남편을 섬기지 않는 것입니다. 설사 대왕이라 해도 여자의 정조를 함부로 취하지는 못할 것이옵니다."

"너를 죽인다면 어찌할 것이냐?"

"다른 마음을 가지느니 차라리 죽겠사옵니다."

여태 대왕의 부름을 거역한 여자는 없었다. 대왕은 비웃었다.

"네 남편이 없으면 되겠느냐?"

"그러면 될 수 있겠나이다."

대왕은 괘씸하였으나 도화녀의 정절이 기특하여 돌려보냈다.

다행히 곧 대왕은 죽었다.

귀신의 아들, 비형랑

2년 뒤에 도화녀의 남편도 세상을 떠났다. 어느 날 밤, 도화녀가 홀로 외로이 죽은 남편을 떠올리고 있는데, 갑자기 죽은 진지대왕이 방으로 들어섰다.

"네 남편이 죽었구나. 이제 내게 정조를 허락하겠느냐?"

하지만 도화녀는 허락하지 않았다. 대왕도 쉽게 물러나지 않았다. 도화녀는 부모를 찾아가 도움을 청했다. 하지만 부모는 이렇게 말했다.

"임금님의 명령을 어찌 거절하겠느냐?"

도화녀는 할 수 없이 대왕을 받아들였다. 그러자 아름다운 오색구름이 집을 감쌌으며 방 안에는 향기가 감돌았다. 그렇게 이레가 지나자 대왕은 어디론가 사라져 버렸다.

도화녀는 아기를 가졌다. 달이 차서 아이를 낳는데, 하늘과 땅이 울리고 오색구름이 방을 감싸며 은은한 향기가 감돌았다. 사내아이를 낳은 도화녀는 이름을 비형랑이라 지었다.

귀신을 부리는 비형랑

진지대왕의 뒤를 이은 진평대왕*이 비형랑의 출생에 관한 이야기를 듣고는 궁궐로 데려왔다. 친자식처럼 알뜰하게 보살피니, 비형랑은 무럭무럭 자랐다.

비형랑이 열다섯이 되자, 대왕은 비형랑에게 나랏일을 보게 했다. 하지만 비형랑은 나랏일에는 뜻이 없고, 밤마다 어디론가 사라졌다.

대왕이 궁금하여 용사들로 하여금 미행하게 했는데, 세상에나, 비형랑이 서쪽 황천 언덕에서 귀신을 데리고 노는 것이 아닌가! 그렇게 밤새도록 놀다가 절에서 새벽종이 울리면 그 소리를 듣고 헤어지는 것이었다.

대왕이 비형랑을 불러 물었다.

"네가 정녕 귀신을 데리고 노는 것이냐?"

> **진평왕(眞平王, ?~632)**
> 신라 제26대왕으로 579~632년 동안 재위하였다. 성은 김(金)이고 이름은 백정(白淨)이다. 작은 아버지인 진지왕이 폐위되면서 왕으로 즉위하였다.

"그렇사옵니다."

"그렇다면 귀신들을 시켜 신원사 북쪽 개천에 다리를 놓아라."

비형랑은 귀신 무리를 불러 하룻밤 만에 큰 다리를 놓았다.

진평대왕이 또 도움을 청했다.

"귀신들 가운데 사람과 함께 살며 나랏일을 도울 자가 있느냐?"

비형랑은 길달이라는 귀신을 데려왔다. 대왕이 집사 자리를 주니, 길달은 매우 충성스럽고 정직하게 일을 하였다.

하지만 귀신의 본성이 어찌 사라지겠는가? 길달은 갑갑함을 참지 못하여 밤마다 뛰쳐나가 여우로 변해 무리를 이루며 다녔다. 이에 비형랑이 귀신을 시켜 길달을 잡아 죽였다. 그러자 길달의 무리들도 비형랑이 두려워 달아났다. 이에 사람들은 이렇게 글을 지어 붙였다.

성제의 혼이 아들을 낳았구나.
여기는 비형랑의 집이다.
날고 뛰는 잡귀들아
이곳에는 머물지 말라.

선덕여왕을 사랑한 지귀(志鬼)

이룰 수 없어 더욱 뜨거워지는 사랑, 정념이 불길이 되었고 그것이 곧 화귀가 되었다는 전설이 있다.

화귀(火鬼)의 유래

지귀는 신라 사람이었다. 우연히 선덕여왕*을 보고는 그 아름다움에 반해 사랑에 빠졌다. 평범하기 짝이 없는 백성이 여왕을 사랑하다니, 시작부터가 괴로움이었다.

지귀는 여왕을 보고 싶다는 그리움과 해서는 안 될 사랑이라는 괴로움 때문에 먹지도 자지도 못했다. 그리움이 깊

선덕여왕(善德女王, ?~647)
신라 제27대 왕으로 632~647년 동안 재위하였다. 당나라와의 교류를 활발히 하였으며 첨성대를 세우는 업적을 남겼다.

어지면 소리 내어 우니 갈수록 말라 나중에는 뼈만 앙상하게 드러났다.

지귀의 이야기는 선덕여왕의 귀에도 들어갔다. 여왕은 지귀가 안쓰러워 사람을 보냈다. 부처에게 예배를 올리기 위해 영묘사로 갈 예정이니 그곳에서 기다리라고 한 것이다.

전갈을 받은 지귀는 뛸 듯이 기뻐하며 곧바로 영묘사로 달려갔다. 지귀는 탑 아래에서 여왕을 기다리다가 문득 잠이 들었다. 얼마나 깊이 잠들었는지 여왕이 와서 자기 가슴 위에 황금 팔찌를 놓고 가는 것도 알지 못했다.

잠에서 깨어난 지귀는 여왕이 다녀간 것을 알고 슬픔에 북받쳐 기절을 해 버렸다. 보지 못한 안타까움과 그리움, 더욱 뜨겁게 치솟는 사랑은 그대로 불길이 되어 지귀와 탑을 휘감아 버렸다.

선덕여왕이 이 이야기를 듣고 몹시 안타까워했다. 그래서 사람을 시켜 지귀의 혼을 달래도록 하니, 여기에서 화귀를 쫓는 주문이 생겼다.

지귀 마음속 불길이
자신을 태우고
불귀신이 되었구나.
멀리 바다 밖으로 가서
보이지도 말고
가까이 오지도 말아라.

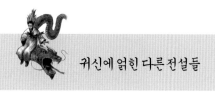

탑삭골의 달걀귀신

몽달귀신, 마마귀신, 처녀귀신, 아귀 등 우리 전설에는 귀신도 많다. 모두 곡절이 있어 귀신이 되었는데, 이름도 재미있는 달걀귀신은 과연 어떤 귀신일까? 얼굴에 눈·코·입이 없어 달걀처럼 밋밋하다 해서 달걀귀신이라는 이름이 붙었다는데, 이 귀신이 자주 나타난다는 공릉의 탑삭골로 가 보자.

귀신의 종류

- **몽달귀신** : 결혼하지 못하고 죽은 총각귀신에게 붙여진 이름
- **마마귀신** : 마마를 불러온다는 귀신
- **처녀귀신** : 결혼하지 못하고 죽은 처녀귀신에게 붙여진 이름으로, 한이 스려 있기 때문에 가장 말썽을 부린다고 하는 귀신
- **아귀** : 굶어죽은 귀신
- **달걀귀신** : 달걀로 분신을 숨긴 후 때가 되면 거기서 나와 행동을 하는 귀신

정체 모를 영감

옛날 공릉의 탑삭골에 웬 낯모를 영감이 홀로 들어와 살았다. 조그만 초막을 짓고 사는데, 마을 쪽으로는 눈길 한 번 주지 않았다. 마을 사람들은 그저 영감이 책 읽는 소리만 들을 수 있었다. 목소리가 어찌나 맑고 쩌렁쩌렁한지 온 마을에 울려 퍼졌다. 아무리 들어도 무슨 뜻인지 도무지 모를 소리였지만, 듣고 있으면 누구나 답답했던 가슴이 시원하게 뚫리곤 하였다. 그래서 사람들은 영감을 도사라 불렀다. 세상일에 마누라를 잃어 마음을 다치고 저렇게 홀로 사는 거라고 수군거렸다.

어느 날 아침, 도사는 어디론가 자취를 감추었다. 그 후 마을에 이상하기 짝이 없는 일이 벌어지기 시작했다. 도사가 사라진 날이 되면 맑던 하늘이 흐리고 컴컴해져서 탑삭골 숲이 몹시 으스스했다. 숲에 귀신이 나타난다는 소문이 떠돌기 시작했다.

신부가 사라졌다!

그러던 어느 해, 마을에 잔치가 벌어졌다. 조상 대대로 탑삭골에서 살던 부잣집 딸이 시집을 가게 된 것이다. 잔치가 끝나자 신랑과 신부는 신랑의 집으로 출발했다. 날이 워낙 어두워 신부는 가마 대신 말을 타야 했다.

탑삭골 숲이 보일 때쯤, 신랑은 잠깐 말에서 내렸다. 잔치 때 먹은 음식이 체해 설사병이 난 것이다. 용변을 마치고 돌아오는데 신랑의 눈이 휘둥그레졌다.

"신부가 없잖아! 어디로 간 거야?"

따라오던 사람들도 그제야 신부가 없어진 것을 알아챘다. 허겁지겁 부랴부랴 신부를 찾았으나, 신부는 어디에도 없었다. 날이 새도록 뒤지고 다녔으나 치맛자락 한 폭도 볼 수 없었다.

이윽고 동이 트고 신랑은 빈 말 한 필만 달랑 끌고 마을에 나타났다. 발은 퉁퉁 부었고 두 눈은 홀린 듯이 멍청했다.

"귀신이야! 얼굴 없는 귀신을 봤어. 숲속에 귀신이 있어!"

사람들은 탑삭골에 달걀귀신이 나타난다고 말하기 시작했다.

달걀귀신을 보면 죽는다

어느 해, 한 젊은이가 탑삭골 숲을 지나가고 있었다. 지게에 물건을 한 짐 지고 걷다 보니 걸음이 늦었다. 해는 지고 하늘엔 구름이 잔뜩 껴서 몹시 어두웠다. 숲속은 너무 조용해 등골이 오싹했다.

'달걀귀신이 산다더니…… 설마…… 빨리 가자.'

서둘러 걸으려 했지만 왠지 걷기가 점점 어려워졌다. 숲속에서 바람이 휘리리리 불다가 멈추고 다시 휘리리 불었다. 그러더니 점차 거세게 불었다. 나뭇가지들이 요동을 치고 나뭇잎들이 미친 듯이 휘날렸다. 젊은이는 무서워서 숨이 막힐 것 같았다.

그때 멀리 앞에서 웬 사람 둘이 괴나리봇짐을 지고 걸어왔다. 하얀 옷을 입었는데 허리들이 꼬부라져 있어 늙은이 같았다. 그런데 귀신이 산다는 숲 속으로 거침없이 들어가는 것이었다. 젊은이는 자신도 모르게 늙은이들을 불렀다.

"여보시오! 빨리 나오시오! 그곳에 들어가면 죽어요!"

몇 번이나 소리를 지르자, 두 늙은이는 돌아서서 젊은이 쪽으로 다가왔다. 젊은이도 반가워 달려갔다. 그런데 늙은이들은 말 한마디 없이 바람처럼 휙 스쳐갔다. 젊은이는 다시 불렀다. 늙은이들이 걸음을 멈추고 다시 뒤를 돌아보았다.

젊은이는 외마디를 지르며 털썩 주저앉았다. 하얀 베옷에 하얀 머리털, 하얀 얼굴, 눈·코·입이라고는 없는 얼굴, 바로 달걀귀신이 서 있었기 때문이었다. 달걀귀신들은 씨리릭 웃고는 사라졌다.

젊은이는 간신히 집으로 돌아왔으나 시름시름 앓기 시작했다. 그리고 한 달을 넘기지 못하고 그만 죽고 말았다.

외눈박이

제주도 앞 바다에는 외눈박이가 산다. 말 그대로 눈이 하나만 있는 요괴인데, 배가 지나가면 풍랑을 일으켜 배를 통째로 끌고 간다. 이를 막기 위해 제주도 사람들이 영등대왕에게 제를 올리니, 정성껏 치르면 한 해 동안 외눈박이가 일으키는 재앙을 물리칠 수 있다고 한다.

외눈박이의 반찬은 어부들

옛날 있는 것도 아니고 없는 것도 아닌 곳에서 한 대왕이 태어났는데, 성은 황이요 이름은 영등이라 했다. 영등대왕*은 용왕국을 다스리는 황제가 되어 바다를 다스렸다.

영등대왕
어부들의 목숨을 구해
준다는 봄바람의 신을
말한다. 영등대왕이 죽
은 후로 제주도에도 봄
이 생겼다고 한다.

하루는 대왕이 동경국 부인과 서경국 부인, 선녀들을 데리고 용왕국 뜰에서 꽃놀이를 하는데, 갑자기 바다에서 풍랑이 일었다. 풍랑은 고깃배들을 떠밀어 어디론가 데려갔다. 대왕이 보아하니 외눈박이 땅으로 끌려가는 것이 틀림없었다.

대왕은 커다란 바위에 올라앉아 주문을 외었다. 그러자 고깃배들은 방향을 바꾸어 대왕 쪽으로 오더니 바위 속으로 들어갔다.

곧 외눈박이들이 사나운 개와 풍랑을 이끌고 대왕에게로 왔다.

"맛좋은 반찬들이 오고 있었는데 보지 못했는가?"

"나도 그런 걸 주우려고 나와 있는 중이다."

외눈박이들은 다른 곳으로 가고, 대왕은 어부들에게 일렀다.

"관세음보살을 외우고 가면 내가 너희를 지켜 주리라."

세 토막이 난 외눈박이들

어부들은 대왕이 시킨 대로 '관세음보살' 을 외며 가다가 제 살던 곳이 보이자 그만 마음을 놓고는 외기를 중단하였다. 그러자 갑자기 바람이 불고 물결이 일더니 배가 미친 듯이 뒤로 밀려 갔다.

외눈박이 땅으로 끌려 들어가기 바로 전에 어부들은 영등대왕을 보았다. 살려달라고 빌자 대왕이 다시 말했다.

"아까 뭐라 했더냐? 어디를 가든 관세음보살을 외우라 하지 않았더냐! 하나 더, 앞으로 영등 초하루에는 꼭 나를 생각하여라."

어부들은 다시 '관세음보살, 관세음보살'을 외웠고, 무사히 집으로 돌아올 수 있었다.

외눈박이들이 이 사실을 알고는 사나운 개와 풍랑을 이끌고 용왕국을 덮쳤다. 영등대왕 때문에 좋은 반찬을 못 먹었다며 고래고래 소리를 질렀다.

영등대왕은 칼을 빼 들더니 외눈박이들을 세 토막 내어 바다로 던졌다. 그러자 머리통들은 소섬으로 기어오르고, 발들은 한수리 서쪽 우물로 기어오르고, 몸통들은 성산마을로 기어올랐다.

이후로 어부들은 영등대왕의 은혜를 갚기 위해 정월 그믐에는 소섬에서, 초하루에는 우물에서, 초닷새에는 성산에서 영등제*를 올린다.

태안군에서 영등제를 올리고 있는 장면

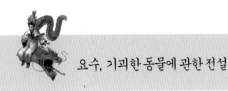
삼두구미

제주도에 가서 백발노인이 보이거든 자세히 살펴라. 처녀를 꼬드겨 데려가지 않는지, 머리 셋에 꼬리 아홉인 짐승으로 변하지는 않는지 말이다. 그렇다면 그건 바로 삼두구미라는 요괴이다.

내 다리를 먹어라

토주 나라 토주골에 사람도 귀신도 아닌 백발노인이 살았다. 이름은 삼두구미.

삼두구미는 아내가 죽자 후처를 들이려고 사람 사는 마을로 갔다. 가다가 나무꾼을 만났는데 몹시 가난해 보였다. 말을 들어 보니 입에 풀칠이라도 하려고 삭정이(나무에 붙은 말라 죽은 가지)를 줍는다는 것이었다.

삼두구미는 부잣집에 중매를 설 테니 딸을 팔라고 하였다. 나무꾼은 좋다며 돈을 받고 큰딸을 내주었다. 큰딸은 삼두구미를 따라 깊은 산중 고대광실(매우 크고 좋은 집) 높은 집으로 갔다.

이튿날 삼두구미는 두 다리를 뽑아서는 큰딸에게 주었다.

"마실을 다녀올 테니 그동안 이 다리를 먹어야 한다."

큰딸이 두려움에 떨며 울었으나 이미 엎질러진 물이었다. 생각다 못해 그녀는 마룻널을 들추고 두 다리를 숨겼다. 그리고 삼두구미한테는 다리를 먹었다고 속였다.

삼두구미는 참말인지 알아봐야 한다며 소리를 질렀다.

"내 다리야, 어디 있느냐?"

그러자 마룻널 밑에서 '예' 하고 대답하는 소리가 났다. 그 소리를 듣자마자 삼두구미는 머리 셋에 꼬리 아홉 달린 요괴로 변하더니 큰딸을 때려 죽이고 말았다.

영감은 뭘 싫어하우?

삼두구미는 다시 백발노인으로 몸을 바꾸어 나무꾼의 집으로 갔다. 나무꾼을 속여 둘째 딸을 데려왔으나, 둘째 딸 역시 두 다리를 먹지 못해 죽음을 당하였다.

삼두구미는 다시 나무꾼의 집으로 갔다. 며칠 뒤면 언니들이 친정 나들이를 올 터인데, 가져올 물건이 많아 셋째 딸이 가서 도와야 한다고 말했다. 셋째 딸은 아무 의심 없이 따라나섰다.

깊은 산속 고대광실 높은 집으로 들어가는데, 아무리 들어가도 사람 그림자 하나 볼 수 없자 셋째 딸은 문득 의심이 들었다.

"우리 언니들은 어디 있나요?"

삼두구미는 잔소리 말라며 죽일 듯이 야단을 쳤다. 두 다리를 뽑아 들이밀고는 이것을 먹어야 살 거라고 을렀다. 셋째 딸은 두려움을 꾹 참고 갖은 아양을 떨다가 넌지시 물었다.

"그런데 영감은 뭐가 가장 좋수?"

"이 다리를 먹는 사람이 가장 좋아."

"그럼, 뭐가 가장 싫으우?"

"날달걀이랑 동쪽으로 뻗은 버드나무 가지랑 무쇳덩어리."

"왜 싫으우?"

삼두구미는 별걸 다 알려 한다며 마실을 나갔다.

왜 싫어하우?

셋째 딸은 날이 새도록 궁리를 하다가 장작불을 지펴 다리를 태웠다. 남은 뼈는 천으로 둘둘 감아 배에 둘렀다. 그리고 날달걀과 버드나무 가지와 무쇳덩어리를 구해 숨겨 두었다.

열흘째 되는 날, 삼두구미가 돌아왔다. 다리를 먹었다는 셋째 딸의 말을 들자마자 "내 다리야, 어디 있느냐?"고 불렀다. 그러자 셋째 딸의 배에서 "예"하는 대답이 들렸다. 삼두구미는 흐뭇하게 웃으며 셋째 딸을 칭찬했다.

셋째 딸은 삼두구미의 어깨를 주무르며 물었다.

"날달걀이며 버드나무 가지를 왜 싫어하우?"

"가끔 천귀(千鬼)가 땅의 일을 묻는데, 날달걀은 눈·코·입이 없으니 모른다고 고개를 흔들면 그만이고, 동쪽으로 뻗은 버드나무 가지는 뻣뻣해서 한번 후려치면 팔다리가 저려서 꼼짝도 못하겠고, 무쇳덩어리는 불에 넣어도 타지 않으니 내가 조화를 부릴 수 없다."

"천하의 영감이 그깟 걸 이기지 못한다우? 난 못 믿겠소."

"그런 말 마라. 날달걀을 맞으면 얼굴이 까져서 앞을 못 보고, 무쇳덩어리를 맞으면 가슴이 답답해져 살 수가 없느니라."

이래서 무서워했군

삼두구미의 말이 끝나자마자 셋째 딸은 머리의 이를 잡아 주겠다며 다가갔다. 그러고는 슬그머니 날달걀과 버드나무 가지와 무쇳덩어리를 내놓았다.

삼두구미는 손을 내저으며 물러서더니 머리 셋에 꼬리 아홉인 요괴로 변하였다. 땀을 뻘뻘 흘리며 치우라고 소리를 치자 셋째 딸은 태연자약하게 대꾸했다.

"그게 무슨 말이우? 나도 영감 말이 참말인지 알아볼라우."

그리고는 버드나무 가지로 짝짝 때리니 삼두구미는 기겁을 하며 달아났다. 셋째 딸은 날달걀과 무쇳덩어리를 던졌다. 삼두구미는 발악을 하며 소리를 치더니 축 늘어져 죽어 버렸다.

셋째 딸은 달걀에 '천평지평(千平地平)'이라 써서 겨드랑이에 끼고는 언니들을 찾아 나섰다. 방방이 다 뒤져도 보이니 않으니 울면서 언니를 불렀다. 어디에선가 "이 방에 있다"하는 소리가 들렸다.

소리를 따라 가 보니 앙상한 뼈만 굴러다니고 있었다. 셋째 딸은 눈물을 철철 흘리며 치맛자락에 뼈들을 주워 담았다. 그리고 집으로 돌아가 아버지와 함께 고이고이 묻어 주었다.

날달걀, 버드나무 가지, 무쇳덩어리로 혼쭐이 나는 삼두구미

불가사리는 불가살이

불가사리*는 쇠란 쇠는 모두 먹어 치우는 괴물이다. 악귀와 사기를 물리치는 능력이 있다고 하여 굴뚝에 새기기도 한다.

곰의 몸에 코끼리의 코, 코뿔소의 눈에 쇠톱 같은 이빨, 호랑이의 발과 황소의 꼬리, 온몸에는 바늘 같은 털이 났다. 암컷에만 줄무늬가 있어 암수를 가릴 수 있다.

그런데 불가사리는 왜 이 세상에 나타났을까?

불가사리(Starfish)
바다 속에서 생활하는 편평한 별 모양의 극피동물을 이르는 말로 쇠를 먹어 치우는 괴물과는 다른 동물이다.

중을 잡아라

때는 삼국시대, 세 나라가 아주 치열하게 싸울 때였다. 무기를 만들어야 하니 나라마다 쇠를 구하느라 난리였다. 무기를 만들 수 있는 쇠란 쇠는 모두 거두어 무기를 만들었다.

그런데 한 중이 싸움을 그만두자는 말을 하고 다니니 역적이나 다름없었다. 당장 곳곳에 방이 붙었다.

'중을 잡아라! 잡으면 벼슬을 주겠다!'

한편 어떤 동네에 마음 착한 부부가 살고 있었는데 아주 가난했다. 이웃 사람이 딱해 하며 방에 붙은 중을 잡으면 가난을 면할 거라 일러 주었다. 아내는 남편에게 점심 도시락을 싸 주며 중을 잡아 오라 보냈다.

하지만 중이 어디 있는 줄 알고 잡는단 말인가. 남편은 하릴없이 점심만 까먹고는 해가 지면 돌아왔다. 아내가 중을 잡았느냐고 물으면 없어서 못 잡았다고 시치미를 떼곤 했다.

그러던 어느 날, 웬 중이 찾아왔다. 아내의 오빠였다. 더욱 놀라운 사실은 오빠가 바로 방에 붙은 중이라는 것이었다. 아내는 오빠를 다락에 숨겼다.

해가 지고 남편이 돌아오자 아내는 오빠가 왔는데 하필 방에 붙은 중이라며 울었다. 남편은 걱정 말라며 아내를 달랬다. 부부는 때마다 먹을 것을 나르며 오빠를 숨겨 주었다. 좁은 다락 속에서 꼼짝도 못하니 오빠는 몹시 답답하고 심심했다. 흘린 밥알을 주워 만지작거리며 시간을 때웠다. 밥알로 네 발을 만들고 꼬리도 만들었는데 꼭 생쥐 같았다.

밥풀 불가살이(不可殺伊)

몇 달이 지나고 드디어 중을 잡으라는 명을 푼다는 방이 붙었다. 부부는 기뻐하며 다락문을 열었다. 오빠는 급할 때 펴 보라며 부적 석 장을 써 주고는 어디론가 가버렸다.

그 뒤로, 부부가 밖에서 일을 하고 돌아오면 수저며 바늘이며 쇠로 만든 것은 모두 없어져 있었다. 부부는 참으로 이상한 일이라 생각하여 하루는 일을 하러 가지 않고 몰래 숨어서 방 안을 엿보았다.

그런데 이게 웬일인가! 다락에서 밥풀덩이가 굴러 내려오더니 수저며 가위며 쇠로 만든 것을 죄다 먹어 치우는 게 아닌가! 부부는 깜짝 놀라 밥풀덩이를 마당으로 내던지고 방문을 잠갔다.

그러자 밥풀덩이는 마당을 돌아다니며 호미며 쇠스랑을 우적우적 먹었다. 먹을 게 떨어지자 문 밖으로 나가 동네를 헤집고 다니며 쇠로 만든 것은 죄다 먹어 치웠다.

그것도 모자라 온 나라를 들쑤시고 다니며 쇠를 먹어 치우니 난리가 따로 없었다. 몽둥이로 때려도 안 죽고 꼬

밥풀로 만든 불가살이 모습. 꼬챙이로 찔러도 죽지 않는다.

챙이와 칼로 찔러도 안 죽고 불에 집어 넣어도 죽지 않으니 나라 곳곳에 또다시 방이 붙었다.

'불가살이(不可殺伊, 죽일 수 없다)를 없애는 자에게 벼슬을 준다.'

방을 본 남편이 그제야 부적을 뜯어 보았다. 과연 안에는 불가살이를 죽이는 방법이 있었다.

불로만 죽는 불가살이(火可殺伊)

남편은 당장 임금을 찾아갔다. 불가살이를 없앨 수 있다고 큰소리를 치니, 임금은 군사들을 시켜 불가살이를 잡아오게 했다.

남편은 기름에 담근 천을 둥글게 말아 불가살이의 입 속에 넣었다. 그리고 꼬투리에 불을 붙이니 불가살이는 바그르르 끓으며 타버렸다. 죽은 걸 보니 다름 아닌 밥풀덩이였다.

불로만 죽일 수 있었으니 '불가살이(火可殺伊)라는 이름이 어찌 마땅하지 않겠는가!

남편은 중 덕분에 벼슬아치가 되어 비로소 가난에서 벗어날 수 있었다.

용이 준 보물

용은 순우리말로 '미르'라고 하는데, 비늘을 가진 동물들의 조상으로 물속을 다스리는 왕으로 여겨졌다.

용은 아홉 가지 동물의 모습을 하고 있다. 얼굴은 낙타, 뿔은 사슴, 눈은 귀신, 몸통은 뱀, 머리털은 사자, 비늘은 물고기, 발은 매, 귀는 소와 닮았다. 입가에는 긴 수염이 났고, 구리판을 두드리는 듯한 소리를 낸다. 머리 한

고대 의복에 새겨진 용의 모습

가운데에는 척수라고 불리는 살이 있는데, 바로 이것의 힘으로 하늘을 날 수 있다.

용이 준 옥대

문무왕(文武王, 626~681)
태종무열왕의 맏아들로 태어나 신라 제30대 왕이
되었다. 661~681년 동안 재위하면서 삼국을 통일
하는 위업을 이루었다.

신라 제31대 신문왕(재위 681~692년)의 무덤

신문대왕*은 문무대왕*의 아들이다. 왕위에 오르자 아버지를 위해 동해에 감은사를 세웠다.

이듬해 5월 초하루, 신하 박숙청이 신문대왕을 찾아와 아뢰었다.

"동해에 있는 작은 산이 떠서 감은사로 오고 있사옵니다."

왕이 이상히 여겨 점을 치게 하니 이런 점괘가 나왔다.

"대왕의 아버님이 바다의 용이 되시어 삼한을 지키시고, 김유신* 공도 삼십삼천의 아들로서 천신이 되셨습니다. 두 성인이 덕을 같이 하여 성을 지키는 보물을 주려 하시니, 폐하께서 나가시면 반드시 큰 보물을 얻을 것입니다."

신문대왕이 기뻐하며 사자를 보내어 산을 살피게 하였다. 사자가 돌아와 이렇게 아뢰었다.

"산세는 거북이 머리 같은데 꼭대기에 한 그루의 대나무가 있어, 낮에는 둘이 되고 밤에는 합하여 하나가 됩니다."

왕이 곧바로 감은사에 가서 묵었다. 이튿날 대나무가 합하여 하나가 되자 천지가 진동하고 비바람이 일더니 온 세상이 컴컴해졌다. 이레가 지나서야 바람이 잦아들고 물결이 가라앉았다.

왕은 배를 타고 바다로 나가 산으로 들어갔다. 그러자 용이 나와 검은 옥 대를 바치며 인사를 했다.

용이 준 대나무와 용연

"이 산과 대나무가 갈라지고 합해지는 것이 무슨 까닭에서냐?"

왕이 묻자 용이 대답했다.

"대나무란 물건은 합쳐야만 소리가 나므로, 왕께서 소리로써 천하를 다스리게 될 상서로운 징조입니다. 왕께서 이 대나무로 피리를 만들어 분다면 천하가 태평해질 것입니다. 왕의 아버님과 김유신, 두 성인이 제게 맡기신 보물을 이제야 왕께 바치옵니다."

왕은 몹시 놀라고 기뻐하며 오색 비단과 금과 옥을 용에게 주었다. 그리고 사자를 시켜 대나무를 베게 한 다음 바다에서 나왔다. 돌아보니 산과 용은 사라져 보이지 않았다.

김유신(金庾信, 595~673)
신라 최고의 명장으로 당나라와 연합하여 백제를 멸망시키고 삼국통일의 기반을 닦는 위업을 달성하였다.

왕은 감은사를 떠났다. 기림사 서쪽 시냇가에 이르러 점심을 먹는데, 태자가 소식을 듣고 달려왔다. 태자는 용이 준 옥대를 천천히 살피더니 크게 놀라며 아뢰었다.

"이 옥대의 눈금이 모두 진짜 용입니다."

"네가 그걸 어찌 아느냐?"

태자는 옥대의 눈금을 하나 떼어서 시냇물에 넣었다. 그러자 눈금은 바로 용이 되어 하늘로 올라갔다. 그리고 시냇물은 못이 되었다. 후에 사람들은 이곳을 용이 날아간 못이라 하여 '용연' 이라 불렀다.

대금은 정악 대금(좌)과 산조 대금(우)이 있으며, 바로 이 대금을 통하여 만파식적의 전설이 전해졌다.

만파식적(萬波息笛)

왕은 대궐로 돌아오자마자 대나무로 피리를 만들었다. 그리고 월성의 천존고(天尊庫)에 고이 간직해 두었다.

피리는 아주 신비스러웠다. 전쟁이 날 때 불면 적병이 물러가고, 질병이 덮쳤을 때 불면 질병이 나았다. 가물 때는 비가 오고, 비가 올 때는 개이고, 바람이 가라앉고, 물결은 잔잔해졌다.

대왕은 피리를 '만파식적(萬波息笛)' 이라 부르니 만 가지의 파도를 잠재운다는 뜻이다.

만파식적은 한때 '만만파파식적' 으로 불리기도 했으나, 수많은 전란을 겪은 끝에 결국 영원히 사라지고 만다.

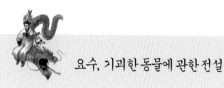

구미호와 삼족구

삼족구(三足狗)는 말 그대로 발이 셋 달린 개로, 악귀나 사기를 물리치는 능력이 있다. 우리 전설에는 삼족구가 천 년 묵은 구미호를 물리치는 이야기가 있다. 구미호는 알다시피 꼬리 아홉 달린 여우를 말한다.

꽃처럼 어여쁜 부부

옛날 어느 마을에 아주 젊고 예쁜 부부가 들어섰다. 부부는 한 집으로 들어가 하룻밤 쉬어 가게 해 달라고 부탁을 했다. 집주인이 보아하니 예의범절을 갖춘 사람들로 보여 부탁을 받아들였다. 방이 딱 두 개인지라, 사랑방에서는 남자들이 자고 안방에서는 여자들이 자기로 했다.

동이 트기도 전에 젊은 남편은 갈 길이 바쁘다며 일어났다. 집주인은 부인을 불러 손님을 깨우라고 일렀다. 그런데 부인은 손님이 어디로 갔는지 없다는 거였다.

집주인 부부가 이곳저곳을 찾아보았지만 젊은 아내는 보이지 않았다. 지켜보던 젊은 남편은 벌컥 화를 냈다.

"금방 찾을 사람을 왜 찾지 않고 없다고만 합니까?"

그러더니 안방으로 들어가 벽장문을 덜컥 열었다. 과연 젊은 아내가 그곳에 있었는데 목에 칼이 꽂힌 채 죽어 있었다. 젊은 남편은 아내의 시체를 끌어안고 엉엉 통곡을 했다.

삼족구를 찾아라

젊은 남편은 관아로 달려갔다. 집주인 남자가 자기 아내를 강간하려다 말을 듣지 않으니 죽였다며 고소를 했다. 당장 집주인 남자는 끌려 갔고, 집주인이 그런 짓을 하지 않았다고 말했지만 아무도 믿지 않았다.

집주인 남자는 옥에 갇혔다. 이 억울함을 어떻게 풀까 궁리하다가 문득 사주 책이 떠올랐다. 언젠가 한 점쟁이에게서 사주팔자를 보았는데, 목숨이 위험할 때 보라며 사주 책 한 권을 주고 간 것이었다.

집주인의 아들은 아버지의 말을 듣고 사주 책을 뒤져 보았다.

'삼족구만이 너를 살린다.'

아들은 삼족구를 찾으러 떠났다. 서울에 이르러 여기저기 떠도는데, 하늘이 도우려는지 다리 셋 달린 개가 어느 집으로 들어가고 있었다. 아들은 따라 들어가 개 주인을 찾았다. 개 값을 부르는 대로 다 주고 개를 집으로 데려왔다.

백여우 부부

한편 젊은 남자는 아내를 바로 집 앞에 묻어 놓고 날마다 가서 울고 있었다. 삼족구는 남자의 울음을 듣자마자 귀를 쫑긋하더니 번개처럼 달려가서 목을 물고 뒤흔들었다. 그러자 남자는 하얀 여우로 변해 죽어 버렸다. 삼족구는 코를 킁킁대며 무덤을 팠다. 역시 그 안에서도 하얀 여우가 자고 있었다. 그러니까 젊은 부부는 바로 여우, 그것도 구미호였던 것이다.

구미호를 잡는 발이 셋 달린 개, 삼족구가 남자 구미호를 물어뜯는 모습

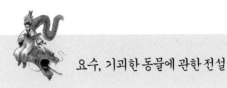

열댓 발 되는 새

주둥이 댓 발, 허리 댓 발, 꼬리 댓 발 해서 열댓 발 되는 새가 있다. 상상이 되는가? 어떤 새인지 이야기 속으로 들어가 보자.

엄마를 잡아갔다

옛날 한 아이가 혼자 집을 보고 있는데 열댓 발이나 되는 새가 나타나 왜 어린애 혼자 집을 보느냐고 물었다.

"엄마는 장에 가고 아빠는 논 갈러 가고 형은 서당 가고 누나는 빨래하러 갔으니, 내가 집을 봐야지요."

새는 지붕 위에 앉아 있더니 아이의 엄마가 나타나자 팔다리를 찢어 물고

열댓 발 되는 새가 아이의 엄마를 데리고 날아가는 모습

는 어디론가 데려가 버렸다.

　형이 돌아와 아이에게 자초지종을 듣고는 어머니의 원수를 갚겠다며 길을 떠났다. 한참을 가니 농부가 논을 갈고 있었다.

　"주둥이 댓 발, 허리 댓 발, 꼬리 댓 발, 합쳐서 열댓 발 되는 새를 봤소?"

　"이 논을 갈아 모를 심고 가을걷이까지 해주면 알려 주지."

　형이 다 해주자, 농부는 까마귀를 만나면 물어보라 알려 주었다.

　형이 한참 동안 가니 과연 까마귀가 칙간에서 구더기를 줍고 있었다.

　"주둥이 댓 발, 허리 댓 발, 꼬리 댓 발, 합쳐서 열댓 발 되는 새를 봤니?"

　"이 칙간의 구더기를 다 주워 아랫물에 씻고 윗물에 헹구어 내 입에 넣어 주면 알려 주지."

해달라는 대로 하자, 까마귀는 새 쫓는 아이한테 물어보라 했다.

형이 다시 한참을 가니 갈퀴로 새를 쫓는 아이가 나타났다.

"주둥이 댓 발, 허리 댓 발, 꼬리 댓 발, 합쳐서 열댓 발 되는 새를 봤니?"

아이는 갈퀴를 주면서 말했다.

"이 갈퀴가 구부러지는 대로 가세요. 그러면 새를 만날 겁니다."

형이 아이 말대로 갈퀴를 따라 가니 과연 열댓 발 되는 새가 있었다.

새는 엄마의 머리를 가루로 빻으며 노래를 부르고 있었다.

"이걸로 밥을 해서 먹을까, 죽을 쒀서 먹을까, 떡을 해서 먹을까?"

그러더니 칼이 없다며 칼을 빌리러 갔다. 그 틈에 형은 가루가 된 엄마를 주머니에 담았다. 새는 돌아와서 가루를 찾다가 그냥 잠들었다.

이튿날 새는 엄마의 팔다리를 가루로 빻으며 노래를 했다.

"이걸로 밥을 해서 먹을까, 죽을 쒀서 먹을까, 떡을 해서 먹을까?"

그러다가 바가지가 없다며 바가지를 빌리러 갔다. 그 틈에 형은 가루가 된 엄마를 주머니에 담았다. 새는 또 굶고 잤다.

다음날 새는 엄마의 몸통을 가루로 빻으며 흥얼거렸다.

"이걸로 밥을 해서 먹을까, 죽을 쒀서 먹을까, 떡을 해서 먹을까?"

그러다가 주걱이 없다며 주걱을 빌리러 갔다. 그 틈에 형은 가루가 된 엄마를 주머니에 담았다. 새는 사흘을 굶었으니 기운이 없어 그만 드러눕고 말았다. 그 틈에 형은 총으로 새를 쏴서 가마솥에 집어넣고는 불을 땠다. 새가 죽을 때까지 때고 또 땠다.

칼럼 우리나라 전설

『삼국유사』의 신비한 세계를 디지털콘텐츠로 개발

한국문화콘텐츠진흥원에서는 우리 문화의 원형을 문화콘텐츠로 만드는 일을 하고 있다. 우리 전통 문화에서 살아 숨쉬는 유·무형의 자산들을 '지금 여기'에 맞게 만들어 보급하고 있는 것이다.

설화를 다시 쓴다거나 설화 속 인물들을 새로운 이미지로 만들어 디지털 세계로 내보낸다든지 등의 여러 가지 활동들을 하고 있다.

한국문화콘텐츠진흥원에서는 이번에도 『삼국유사』에 담겨 있는 판타지 세계를 디지털콘텐츠로 개발해 내는 데 성공했다. 『삼국유사』 가운데 판타지적 내용을 뽑아내어 새로운 시놉시스와 시나리오를 개발해 내고, 원전을 바탕으로 고증을 하여 판타지 속 인물과 세상의 원형을 디지털 이미지로 복원해 낸 것이다. 게다가 이 원형을 시놉시스와 시나리오에 맞게끔 새롭게 만들기도 하였다.

뿐만 아니라 앞으로는 판타지 원형 DB를 구축하여, 이를 바탕으로 애니메이션과 모바일 게임을 만들고, 캐릭터 상품과 삼국유사테마파크를 만들 계획이란다.

디지털 시대로 접어들면서 우리 설화의 힘과 맛을 어떻게 이어갈 것인가 고민들이 많았는데, 이러한 문화콘텐츠 사업이 하나의 돌파구일 수도 있겠다는 생각이 든다.

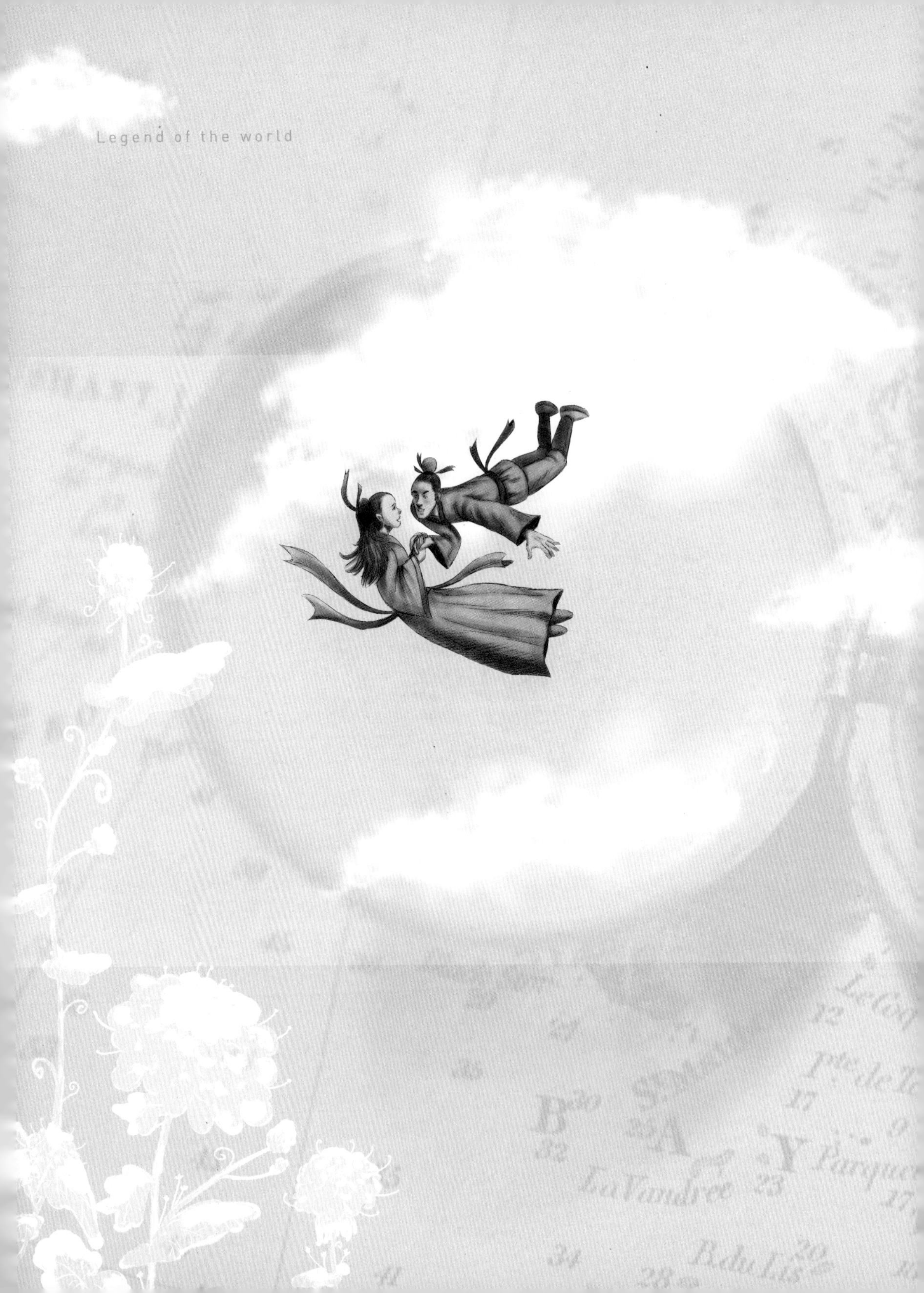

ChaPter **02** 중국의 전설 여행

만리장성과 맹강녀 ┃ 양산백과 축영대의 사랑

복수의 화신, 오자서 ┃ 왕해와 왕항 형제

뽕나무 속에서 태어난 이윤 ┃ 두우가 소쩍새가 된 이야기

오정역사와 다섯 미녀들 ┃ 주선왕에게 복수한 두백

주나라를 망하게 한 포사

드넓은 중국 대륙에 수천 년 동안 전해져 온 이야기들은 중국의 역사와 문화를 풍성하게 만들었다. 또한 서양 문명의 정신적 근원 속에 그리스 신화가 녹아 있듯이 동양 문명의 전반에 걸쳐 깊은 영향을 미쳐 왔다. 따라서 중국의 옛이야기를 통해 중국 민족의 문화와 역사의 근원을 알게 되는 것은 물론 동아시아와 우리나라 문화의 뿌리를 이해하는 데에도 많은 도움을 준다. 그런 의미에서 중국 전설은 바로 우리 곁에서 삶의 지혜를 일깨워 주는 등불인 셈이다.

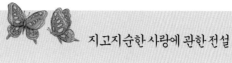
만리장성과 맹강녀

진시황의 만리장성을 쌓는 데 수천 명의 남자들이 강제 동원되었다. 여기서 희생된 사람의 수는 헤아릴 수 없을 정도였다. 이러한 만리장성에 얽힌 사랑 이야기가 전해져 와 여기 소개한다.

남편을 찾으러 길을 떠난 맹강녀

진시황(秦始皇, 뒤에 소개)이 만리장성을 짓느라 많은 남자들을 강제로 끌고 갈 때의 이야기이다. 맹강녀(孟姜女)라는 여인이 있었는데 아름답고 지혜로운 여인이었다. 그 남편은 만희량(萬喜良)이라는 사람이었는데, 그도 만리장성을 쌓는 강제 노역에 끌려갔다.

남편이 끌려간 지 반 년이 지났지만 아무런 소식도 들려오지 않았다. 봄이 가고 여름이 가고 가을마저 가려고 할 때였다. 북풍이 휘몰아치고 추위가 느껴지기 시작하던 어느 날 밤, 맹강녀는 꿈을 꾸었다. 그녀의 꿈속에 남편이 문을 두드리며 이렇게 말하는 것이었다.

"하느님, 추워서 얼어 죽겠습니다."

깜짝 놀라 잠이 깬 맹강녀는 남편이 고생할 것을 생각하니 가슴이 미어져 왔다. 그래서 남편에게 줄 겨울옷 등 몇 가지를 마련해 간단한 행장을 꾸려 우산 하나를 어깨에 메고 남편을 찾으러 길을 떠났다.

맹강녀가 길을 가는 동안 갖가지 어려움이 닥쳤지만 그때마다 하늘의 도움인지 기적처럼 이겨 내고 마침내 만리장성을 쌓는 곳에 도착했다.

무너진 만리장성

맹강녀가 고생 끝에 만리장성 아래쪽에 도착하기는 했지만 장성은 끝없이 이어진 산과 같았다. 도대체 어디로 가서 남편을 찾아야 할지 도무지 알 수가 없었다.

그곳에서 일을 하는 인부들의 모습을 보고 맹강녀는 놀랐다. 하나같이 남루하고 장작개비처럼 마른데다가 부황 뜬 얼굴에는 병색이 완연했기 때문이었다. 맹강녀는 인부들 사이를 헤집고 다니며 남편을 찾아 보았지만 그림자조차 찾을 수 없었다. 맹강녀는 공사 감독을 찾아 자신의 남편 이름을 대며

만리장성

진시황제를 비롯한 중국 역대 왕조들이 북방 민족의 침입을 막기 위해서 세운 방어용 성벽이다.

물어보았다.

"그 사람은 이미 죽었소. 장성 밑에 묻어 버렸소이다."

공사 감독의 말을 듣고 맹강녀는 정신을 잃고 말았다. 겨우 정신을 차린 맹강녀는 밀려오는 슬픔에 방성대곡을 하였다. 울면 울수록 가슴이 더 아파져 눈물이 샘처럼 솟아나왔다. 그녀의 울음소리에 세상 천지가 모두 가라앉은 듯했고, 그 구슬픈 울음소리를 들은 사람들은 누구나 함께 눈물을 흘렸다.

그런데 어디선가 갑자기 어마어마하게 큰 소리가 들려왔다.

"우르르르르르."

그녀의 울음소리에 장성이 40리쯤 무너져 내린 것이었다. 그리고 무너진

장성 더미 속에서 무수히 많은 백골들이 나타났다. 맹강녀는 그 속에서 남편의 유골을 찾기 시작했다.

맹강녀는 눈물을 씻고 유골 하나하나를 살펴보았으나 서로 비슷비슷해 어느 것이 남편의 유골인지 알 수가 없었다. 맹강녀는 안타깝고 망연한 심정으로 앉아 있었다. 그때 머릿속에 오래 전에 마을 사람들이 한 이야기가 떠올랐다.

"그리운 이의 백골은 그 사람의 피를 빨아들인다네."

"그래? 그거 참 신기하구만……."

이러한 이야기였다.

맹강녀는 손가락을 깨물어 일일이 백골 위에 핏방울을 떨어뜨려 보았다. 과연 그 중 유골 하나에 자신의 피가 스며들었다. 분명 남편의 유골이었다. 맹강녀는 그 유골을 안고 서럽게 울었다.

맹강녀에게 반한 진시황

그녀가 남편의 시신을 수습하여 고향으로 돌아가려던 참이었다. 갑자기 어디선가 요란한 북소리가 들렸다. 진시황*의 어가(御駕)가 도착한 것이었다. 진시황은 만리장성을 쌓는 작업이 어느 정도 되어 가고 있는지 보러 다니는 중이었는데 갑자기 장성이 40리나 무너졌다는 소식을 듣고 화가 머리끝까지 났다. 진시황은 당장 장성을 무너지게 한 여자를 잡아오라고 시켰다.

"네가 장성을 무너뜨렸다는 것이 사실이냐?"

"그렇습니다. 제가 울어서 무너뜨렸습니다."

진시황이 맹강녀를 자세히 보니 그 미모가 매우 뛰어난 것이 자신의 후궁들보다도 아름다웠다. 게다가 황제를 대하는 당당한 태도 또한 진시황의 마음에 들었다.

진시황은 장성을 무너뜨린 죄를 묻는 대신 맹강녀를 궁에 데려가 후궁으로 삼아야겠다고 생각했다.

"만리장성을 무너뜨린 죄를 묻지 않겠으니 대신 나를 따라 궁으로 들어가자."

시황제(始皇帝, BC 259~BC 210)
진(秦)나라를 세운 왕으로 전제 정치를 펼쳤으며, 만리장성을 축조한 것으로 알려져 있다.

맹강녀는 이 말을 듣고 마음속에 분노의 불길이 타올랐다. 자신이 그토록 사랑하는 남편과 수많은 죄 없는 사람들이 진시황의 장성을 쌓다가 죽어 갔기 때문이다. 하지만 맹강녀는 분노를 억누르며 말했다.

"좋습니다. 하지만 제 부탁 세 가지를 들어주셔야 합니다. 첫째, 장성 바깥쪽 강에 긴 다리를 놓아 주십시오. 둘째, 사방 십 리 안에 묘를 만들어 내 남편의 시신을 묻어 주십시오, 셋째, 황제께서 베옷을 입고 남편 무덤에 절을 해주십시오."

그 말을 들은 진시황은 매우 곤란해 했다. 어찌 황제가 일개 백성의 무덤에 절을 한단 말인가. 하지만 맹강녀가 고분고분 말을 잘 듣게 하려면 그 방법밖에 없었다.

다리 아래로 몸을 날린 맹강녀

진시황은 다리를 만들고 묘를 만든 다음 무덤에 가 절까지 하였다. 진시황이 서둘렀기 때문에 오랜 시간이 걸리지는 않았다.

"자, 네가 원하는 대로 다 해주었다. 이제 나와 궁으로 들어가자."

그 말을 들은 맹강녀는 갑자기 다리 끝을 향해 뛰기 시작했다. 그러더니 다리 끝 부분까지 가서 외치는 것이었다.

"이 어리석은 임금아, 너 때문에 땅속에 묻힌 영혼들이 너를 벌하리라. 너의 나라 또한 오래가지 못하리라."

분노에 찬 그녀의 외침에는 살기가 서려 있었다. 말을 마친 맹강녀는 비단 치마를 뒤집어쓰고 높디 높은 다리 위에서 몸을 날려 강물 속으로 뛰어들고 말았다.

진시황이 그녀의 시체를 찾아오라 시켰으나 아무도 찾지 못했다. 그래서일까? 맹강녀는 강물에 빠져 죽은 것이 아니라 용궁으로 들어가 용왕의 융숭한 대접을 받은 뒤 하늘로 올라가 선녀가 되었

중국 하북성에 있는 맹강녀의 동상

다는 전설이 전해지고 있다.

중국 하북성 산해관 쪽에 맹강녀의 묘가 있는 마을이 있다. 그곳에는 맹강녀의 동상도 함께 세워져 있는데 원망스러운 눈초리로 만리장성을 바라보는 모습이다.

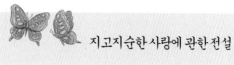

양산백과 축영대의 사랑

여기 이루지 못한 사랑을 죽어서 나비로 환생시킨 아름다운 연인이 있다.
이들의 이야기 속으로 들어가 보자.

남장 여인, 축영대

4세기경 동진*(東晉) 때의 이야기이다. 절강(折江)에 사는 축(祝)씨 가
문에 영대(英台)라는 외동딸이 있었다. 영대는 공부가 하고 싶었는데 그
당시 여자들은 서원에 다닐 수가 없었다. 그래서 부모를 졸라 남장을
하고 항주로 유학을 갔다.

유학을 간 축영대는 회계(會稽)에서 온 양산백(梁山伯)과 친구가 되었다. 양산

동진(東晉, 317~419)
진나라가 망하고 난 뒤
사마 예가 진 왕조를 재
건하여 세운 나라

백은 몰락한 가문의 소생으로 진실되고 착한 남자였다. 그는 축영대가 여자인지 꿈에도 모르고 그와 우정을 나누었다. 그러는 가운데 축영대를 향한 왠지 모를 감정에 휩싸이는 자신을 발견하고 고민하게 된다.

축영대 역시 마찬가지였다. 양산백을 사랑하게 된 축영대는 공부를 마치고 집으로 돌아가는 날, 차마 자신이 여자라는 고백은 하지 못하고 대신 자신의 여동생과 혼사를 주선할 터이니 양산백에게 자신의 집에 찾아오라고 이야기 하였다. 물론 그 여동생이란 바로 자신을 말하는 것이었다.

"내게 나와 똑같이 생긴 여동생이 있네. 자네가 내 동생과 혼인하면 어떻겠 는가?"

"자네를 꼭 닮은 여동생이 있다면 그것만큼 좋은 일이 있을까? 내 꼭 자네 집에 찾아가서 청혼하겠네."

이 말을 마치고 집으로 떠난 축영대. 양산백은 그녀가 떠나간 후 그녀가 여자라는 사실을 뒤늦게 알게 되었고 그녀의 마음도 알게 되었다.

이루지 못한 슬픈 사랑

그 후 양산백은 축영대의 집에 가서 청혼을 한다. 그러나 두 사람의 앞날에는 암울한 기운이 감돌고 있었다. 소문난 부자이자 세도가인 마씨 집안과 혼사를 맺을 계획을 세우고 있었던 축영대의 부모가 그를 내쫓아 버린 것이다.

양산백과 축영대의 애끓는 마음과는 상관없이 축영대의 혼례는 계획대로 추진되었고, 축영대가 그리워 병이 난 양산백은 시름시름 앓다 죽고 말았다.

"이생에서 못다한 사랑, 다음 생에서 이루고 싶습니다. 나를 축영대가 다니는 길목에 묻어 주십시오."

부모에 의해 집에 갇혀서 지내고 있던 축영대는 양산백이 죽었다는 소식에 절망에 빠졌다. 결국 혼례날이 되어 가마를 탄 축영대가 양산백의 묘 앞을 지나갈 때였다. 갑자기 광풍이 불어 가마가 앞으로 나아가질 못했다. 축영대가 가마 밖을 보니 무덤 하나가 눈에 띄었다.

"저 무덤은 누구의 것이냐?"

"네, 아가씨. 양산백의 무덤이라 하옵니다."

그리운 이의 무덤이라는 이야기에 슬픔에 젖은 축영대는 만류하는 것도 뿌리치고 가마에서 나와 무덤으로 향하였다. 그녀가 무덤으로 다가가자 이상한 일이 벌어졌다. 엄청난 소리와 함께 갑자기 무덤이 반으로 쪼개진 것이다. 축영대는 주저 없이 그 속으로 들어가 버리고 말았다. 그리고 잠시 후 두 마리 나비가 무덤 속에서 사이좋게 날아올랐는데 마치 한 쌍의 연인처럼 다정하고 행복해 보였다. 그래서 사람들은 그 나비 한 쌍이 양산백과 축영대가 죽어서 환생한 것이라 믿었다 한다.

쪼개진 무덤 속에서 나비 한 쌍이 나왔는데, 사람들은 이것이 양산백과 축영대가 죽어서 환생한 것이라 믿었다.

복수의 화신, 오자서

춘추시대(春秋時代)
BC 8세기에서 BC 5세기에 이르는 고대 중국의 혼란기로, 주왕조가 도읍을 옮긴 때부터 진나라가 분할되어 각각의 제후로 독립될 때까지의 시대를 말한다.

주나라가 기운이 쇠하고 여러 제후들이 세력을 키워 가던 춘추시대*. 춘추시대의 가장 걸출한 인물을 뽑으라면 많은 이들이 오자서*(伍子胥)를 꼽는다. 여기 그에 관한 재미있는 전설이 있다.

중국 춘추시대 오(吳)나라의 대부였던 오자서(伍子胥, ?~BC 484)

어리석은 초평왕과 간신 비무기

오자서는 원래 초(楚)나라 사람이었지만 초나라 평왕이 자신의 아버지와 형을 죽인 것에 대해 복수의 칼을 품고 오나라로 향하게 된다.

초평왕은 매우 한심한 인물이었다. 정사는 제대로 돌보지 않고 주색에 빠져 지내다 보니 아들의 혼기마저 놓친 것이다. 신하들이 나서서 태자의 결혼을 서두르자 왕은 부랴부랴 진나라 왕의 여동생과 태자인 건(建)을 혼인시키고자 하였다.

그때 비무기(費无忌)라는 간신이 나섰다.

"진나라에서 온 여인이 천하일색입니다. 태자와 결혼시킬 것이 아니라 왕께서 직접 취하시면 어떠시겠습니까? 태자에게는 다른 여자를 배필로 삼아 주시면 되지 않겠습니까?"

이에 초평왕은 태자의 신붓감을 가로채 후궁으로 삼고 태자는 변방으로 보내 버린다. 비무기는 이에 그치지 않고 계속 태자를 헐뜯었다.

"태자께서 진나라 여자의 일로 불만을 품고 있는 듯합니다. 게다가 제후들과 사귀면서 군대를 키운다고 하니 언제 반란을 일으킬지 모르겠습니다."

이 말을 들은 초평왕은 태자의 스승인 오자서의 아버지, 오사(伍奢)를 불러 그것이 사실인지를 물었다. 그러자 오사는 바른말을 하였다.

"폐하께서는 어찌 소인배의 말을 듣고 친자식을 멀리하십니까?"

그러나 비무기의 말을 들은 초평왕은 결국 오사를 감옥에 가둔다. 그리고 태자를 죽이러 사람을 보냈으나 태자는 송나라로 달아나 버렸다.

아버지와 형을 초나라 왕의 손에 잃고

오사를 감옥에 가두고 나니 비무기는 첫째 아들인 오상(伍尙)과 둘째 아들인 오원(伍員), 즉 오자서가 마음에 걸렸다. 모두 출중한 인물들이었기 때문에 가만히 둘 수 없었던 것이다. 그래서 오사로 하여금 두 아들에게 편지를 쓰게 하였다. 내용은 '너희가 오면 왕이 나를 풀어 주고 상을 내릴 것'이라는 이야기였다. 이는 두 아들까지 함께 죽이려고 한 비무기와 평왕의 뻔한 계략이었다.

이에 첫째 아들 오상은 궁으로 들어갈 준비를 한다. 그러나 오자서는 뻔한 계략이라며 형을 말렸다. 그러자 오상은 비장한 목소리로 말했다.

"아우여, 그것을 모르는 바가 아니다. 하지만 가지 않으면 아버지와 임금을 모두 거역하는 일이 되는구나. 나는 가서 아버지와 함께 죽어 효도를 할 테니, 아우는 복수를 해서 효도를 해 다오."

그 말을 듣고 오자서는 뜨거운 눈물을 흘렸다. 형제는 함께 눈물을 흘리며 절을 네 번하고 헤어졌다. 그 길로 오상은 궁으로 들어가 아버지와 함께 죽음을 당했다. 오자서는 초평왕과 비무기에 대한 복수를 맹세하며 태자 건이 피신해 있는 송(宋)나라로 건너갔다.

송에서 정(鄭)나라를 거쳐 진(晉)나라로 갔다가 다시 정나라에 머물던 와중에 태자 건은 정나라 왕에게 죽임을 당하고, 오자서는 가까스로 태자 건의 아들인 공자 승(勝)을 데리고 오나라로 향한다.

오자서, 소관을 지나다

이제 오자서는 초나라와 정나라, 두 나라의 자객에게 쫓기는 꼴이 되었다.

이때 오자서는 소관(昭關)이라는 곳을 지나가야 했는데 가는 곳마다 오자서의 얼굴에 현상금을 내건 방이 붙어 있었다.

오자서는 소관을 지나기 전 친구인 동고공(東皐公)의 집에 머물렀는데 소관을 어찌 통과할지 고민이 되어 잠을 이루지 못했다. 이리 뒤척 저리 뒤척하다가 날이 밝아 문을 열고 나가니 친구인 동고공이 그의 모습을 보고 깜짝 놀라는 것이었다.

"아니, 자네 이게 웬일인가? 하룻밤 사이에 갑자기 백발노인이 되었구려."

어제 저녁만 해도 서른 안팎의 젊은 남자였던 오자서가 하룻밤 사이에 머리털과 수염이 희끗희끗한 노인으로 변해 있었던 것이다. 소관에 걸린 오자서의 그림과는 딴판으로 변한 덕에 다음날 아침 오자서와 공자 승은 무사히 소관을 지날 수 있었다.

소관을 지나 길을 가고 있는데 누군가 그들을 쫓고 있는 것이 느껴졌다. 그러나 그들 앞에는 강물이 가로막고 있었다. 오자서의 앞을 막은 두 번째 난관이었다.

강을 건너도록 도와준 어부

오자서가 망연한 얼굴로 강을 바라보고 있는데 갑자기 어부 한 명이 배를 저어 다가오는 것이 아닌가.

"노인장, 저희를 도와주십시오. 건너가도록 태워 주십시오."

"지금은 곤란하오. 이따 해가 지고 달이 떠오를 때 오시오."

그리하여 오자서 일행은 갈대숲에 몸을 숨겼다가 황혼 무렵에 어부의 배를 타고 강을 건넜다. 강을 건너고 난 뒤 어부가 말했다.

"나무 밑에서 기다리고 계시오. 시장해 보이니 먹을 것 좀 구해 오리다."

이렇게 말하고 어부가 자리를 뜨자 오자서는 진짜로 먹을 것을 구하러 간 것인지, 혹시 자신들을 밀고하러 간 것은 아닌지 의심이 들면서 초조해졌다. 그래서 공자 승을 데리고 갈대숲 깊은 곳으로 들어가 숨었다. 잠시 후 어부가 돌아왔는데 손에는 보리밥과 국을 들고 있었다. 어부는 오자서가 보이지 않자 갈대숲에서 나오라는 노래를 불렀다.

그러자 오자서와 공자 승이 갈대숲에서 나왔다. 어부는 매우 기분 나쁜 표정으로 말했다.

어부의 정체가 두려워 갈대숲에 숨어 있는 오자서 일행

"당신들 얼굴에 배고픈 기색이 역력해 먹을 것을 가져왔는데 어찌하여 나를 의심하시오?"

오자서는 고개를 들어 하늘을 우러러보더니 길게 탄식했다.

"제 목숨은 본래 하늘에 달린 것이지만 이제는 어르신의 손 안에 있습니다."

그렇게 말하고는 오자서와 공자

승은 허겁지겁 주린 배를 채웠다. 밥을 먹은 후 오자서는 떠날 채비를 하며 자신의 허리춤에 차고 있던 보검을 꺼내어 어부에게 정중히 바치며 말했다.

"이 칼은 선왕께서 하사하신 것입니다. 이것을 어르신께 드려 저의 마음을 전하고자 합니다."

그러자 어부가 웃으며 말했다.

"이보게, 오자서."

오자서는 어부가 자신의 이름을 부르자 소스라치게 놀랐다. 어부는 자신에 대해 이미 알고 있었던 것이다. 어부는 말을 이었다.

"나는 이미 초나라 왕이 내린 포고령을 보았네. 오자서를 잡는 자에게 곡식 오만 섬을 주고 대부 벼슬을 준다고 했지. 그런 벼슬도 마다한 내가 보석 박힌 칼 따위를 탐내겠는가? 이 칼은 자네에게 필요하니 자네가 지니게."

"그렇다면 훗날 이 은혜를 갚도록 성함이라도 알려 주십시오."

"허 참, 도망자를 도와주는 사람의 이름은 알아서 뭐하려고? 앞으로 자네가 귀한 몸이 되면 나를 한 번쯤 생각해 주게나. 그거면 충분하네."

그 말을 듣고 오자서는 고개를 끄덕이며 작별 인사를 했다. 그리고 몇 발짝 발걸음을 옮기는데 영 마음이 놓이지 않는 것이었다. 그는 다시 고개를 돌려 어부에게 부탁했다.

"저희를 추격하는 자들이 와서 묻거든 절대 알려 주지 마십시오."

그 말을 들은 어부는 몹시 실망한 듯 한숨을 쉬며 말했다.

"내가 자네에게 덕을 베풀었는데 아직도 나를 의심한단 말인가? 만약 추격

자들이 강을 건너 자네들을 붙잡는다면 내가 어떻게 나의 결백을 증명하겠나? 차라리 내가 죽는다면 자네의 의심도 사라지겠지."

그러면서 타고 있던 배의 밧줄을 풀고 방향타를 빼 버리더니 노를 집어 던지는 것이었다. 그리고는 순식간에 배를 뒤집어서 스스로 물속에 빠져 죽었다.

오자서는 얼이 나간 사람처럼 그 광경을 지켜보았다. 어떻게 해 볼 도리도 없이 순식간에 일어난 일이었다. 오자서는 길게 탄식을 하고 길을 떠났다.

전제를 만나다

길을 떠난 오자서는 당읍(堂邑)이라는 곳에 이르렀다. 한 길가에 어떤 남자가 누군가와 싸움을 벌이고 있었다. 그 남자는 이마가 절굿공이처럼 튀어나왔고 눈은 움푹 들어갔으며, 곰처럼 생긴 등과 호랑이 같은 가슴팍을 지닌 자였다. 어찌나 싸우는 기세가 매섭던지 옆에서 구경하는 사람들 모두가 벌벌 떨었다. 그는 전제(專諸)라는 인물이었는데 오자서는 그가 분명 특별한 일을 해낼 인물이라 생각되어 그의 이름을 묻고 기억해 두었다.

합려(闔廬, BC 515~ BC 496)

오자서를 재상으로 삼고 손무(孫武)로 하여 군대를 조직하게 하여 초나라를 정벌하는 등의 공훈을 세웠다.

고생 끝에 오나라의 수도, 오시(吳市)에 도착한 오자서는 거지가 되어 구걸하며 하루하루를 이어 갔다. 그러다가 관상 보는 이가 오자서를 발견하였는데, 그의 비범한 관상을 보고 오나라의 왕인 료(僚)에게 데려갔다. 그리고 그곳에서 훗날 오왕 합려*(闔閭)가 되는 인물인 왕의 친형제, 공자 광(光)을 만나게 된다.

공자 광은 원래 왕이 되어야 할 위치에 있었는데 복잡한 왕위 계승 문제로 사촌인 료에게 왕위를 빼앗긴 상태였다. 그리하여 그는 왕위를 빼앗을 계획을 세우고 있었다. 이를 간파한 오자서는 초나라에 복수하기 위해 공자 광의 편에 서서 그를 왕으로 만들기로 마음먹는다.

"저는 초나라 왕에게 아버지와 형을 잃었습니다. 이제 공자께서 왕이 되도록 제 몸 아끼지 않을 테니 저의 원수를 갚도록 도와주십시오."

"오자서, 자네가 도와준다면 불가능한 것이 무엇이 있으리오. 내가 왕이 되면 제일 먼저 그대의 한을 풀어 주리다."

오왕 료의 죽음

오자서는 공자 광에게 앞서 만났던 전제를 소개하였다. 공자 광과 전제는 오왕 료를 죽일 계략을 짜게 되는데, 공자 광의 집에서 연회를 열어 오왕을 초대한 뒤 죽인다는 계획이었다.

그러나 언제나 암살의 위험에 대비하던 오왕 료는 호위 무사 50명을 이끌고 비단옷 속에 세 겹의 쇠그물 갑옷을 입고 왔다. 분위기가 무르익자 공자 광은 발이 아프다며 절룩절룩 걸어 밀실로 들어 갔다. 밀실에는 매복해 놓은 무장한 병사 수백 명이 숨어 있었다.

암살을 맡은 전제는 오왕 료가 특히 좋아하는 메뉴인 커다란 잉어구이를 들고 무릎걸음으로 왕에게로 다가갔다. 잉어구이의 배 속에는 어장검(漁腸劍:

암살을 맡은 전제는 어장검으로 오왕 료의 가슴을 찔러 죽였다.

오왕을 죽인 칼이라 해서 붙여진 이름)이라는 명검이 들어 있었다. 그는 손으로 생선의 배를 가르고 눈 깜짝할 사이에 칼을 꺼내어 오왕 료의 가슴을 찔렀다.

"으으윽!!"

그 순간, 곁에 있던 병사들이 창으로 전제의 양 어깨를 내리쳤다. 피가 흥건하게 흘렀지만 전제는 끝까지 칼을 놓지 않았다. 전제의 칼날은 오왕의 갑옷을 뚫고 등을 관통해, 뒤에 펼쳐져 있던 병풍에까지 닿았다. 오왕 료와 전제는 그 자리에서 죽었고 공자 광은 밀실에 숨어 있던 병사를 이끌고 나와 왕의 병사들을 한순간에 제압했다. 그리고 그는 오나라의 왕이 되었으니, 바로 합려이다.

오자서의 복수

합려가 왕이 된 후 오자서와 합려는 초나라를 칠 준비를 차근차근하였다. 그러나 오자서는 예기치 않은 소식을 접하게 된다. 복수의 대상인 초나라 평왕과 간신 비무기가 죽었다는 소식이었다.

그 소식을 듣고 오자서는 사흘 낮, 사흘 밤을 통곡했다. 그러나 그들이 죽었다고 해서 단념할 오자서가 아니었다.

"울고만 있을 수 없다. 무덤을 찾아 시체에라도 복수하겠다."

드디어 오나라는 초나라를 정벌하고, 오자서는 평왕의 무덤을 찾아 복수를 한다. 평왕은 오자서가 복수할까 두려워 자신의 무덤을 꽁꽁 숨겨 놓았는데, 오자서는 호수 밑에 있는 무덤을 찾아 호수의 물을 빼 버리고 평왕의 시체를 꺼냈다. 그리고 구리 채찍으로 300대나 내려쳤다. 왼발로는 그의 배를 밟고 오른손으로는 눈을 빼내면서 말했다.

"간신의 말만 듣고 나의 아버지와 형님을 죽이다니! 이런 꼴을 당해도 할 말이 없을 것이다."

오나라의 왕 합려가 죽은 후에 합려의 아들인 부차(夫差)가 왕이 되었다. 처음에는 오자서를 선왕의 신하로 대접해 주었으나 계속되는 오자서의 충언에 간신 백비가 모함을 하자 부차는 오자서로 하여금 자결하게 한다.

"내 무덤 위에 가래나무를 심어 왕의 관을 만들 수 있도록 하라. 그리고 나의 눈을 빼내 오나라 동문에 걸어 놓아 월나라 군사들이 들어오는 것을 보게 하라."

말을 마친 오자서는 부차가 내린 검으로 자결하고 말았다. 당시 월나라와 겨루고 있던 오나라는 결국 월나라에게 패하고 만다. 오자서의 예언이 들어맞았던 것이다.

04 :: Legend of the world

왕해와 왕항 형제

유역으로 간 왕해와 왕항

은(殷)나라

정식 명칭은 상(商)나라
이며 은나라라는 명칭은
훗날 주나라가 상나라 백
성들을 낮춰 부른 데서
유래된 말이라고 한다.
BC 1600~BC 1046년
사이에 존재했던 중국의
고대 국가이다.

아주 오랜 옛날부터 전해지는 이야기이다. 은나라*가 생겨나고 얼
마 되지 않았을 무렵, 왕해(王亥)라는 왕이 은나라를 다스리고 있었다.
당시 은 민족은 초원에서 유목 생활을 하고 있었는데 왕해는 동물을
기르는 데 탁월한 재주를 가지고 있었다. 당시는 동물을 기르는 일이
먹고 사는 일에 가장 중요한 일이었기에 백성들은 왕해를 믿고 따르
며 지도자로 추앙했다.

왕해에게는 왕항(王恒)이라는 동생이 있었다. 어질고 배포가 큰 왕해와는 달
리 왕항은 간교하고 욕심이 많았다.

은나라와 황허 강을 사이에 두고 유역(有易)이라는 나라가 있었는데 왕해는

이곳에 가서 은나라의 동물들과 유역의 물건들을 교역하면 어떨까 생각했다. 그래서 동생인 왕항에게 물었다.

"지금 은나라엔 가축이 넉넉하니 유역으로 가서 다른 물건들과 바꿔오면 어떨까? 지금 유역은 가축이 모자라서 어려움을 겪고 있다고 하는군."

"형님, 좋은 생각이십니다. 유역에는 곡식이 풍부하니 그것과 바꿔 오면 나라 살림에 보탬이 될 것입니다."

"그렇다면 하루 빨리 유역으로 출발하세."

은과 유역 사이에는 황허 강이 있어 수많은 가축들을 이끌고 그곳을 건너는 일이 쉽지는 않았지만, 물의 신 하백의 도움으로 일행은 무사히 황허 강을 건널 수 있었다.

왕비의 유혹과 왕항의 질투

유역은 은나라에 비하면 작고 힘 없는 나라였다. 유역의 왕인 면신(綿臣)은 강대한 은나라의 왕인 왕해와 왕항이 온다는 소식이 부담스러웠지만 어쩔 수 없이 대대적인 환영을 해주었다.

"황허 강을 건너 오시느라 얼마나 수고가 많으십니까? 두 분을 위하여 최고의 음식과 최고의 미녀들을 준비해 놓았습니다. 마음껏 즐기시며 여독을 푸십시오."

유역은 산속의 작은 나라였지만 맛있는 음식과 향기로운 술이 많고 아리따운 여인들이 많았다. 면신은 왕해와 왕항의 여독을 풀어 준다며 매일매일 진수성찬으로 대접하고 여인들의 춤과 노래로 흥을 돋구어 주었다.

"쩝쩝, 냠냠. 도대체 이건 뭘로 만든 것이기에 이렇게 혀에서 살살 녹느냐. 그래 이것도 한 번 먹어 보자. 유역의 맛난 음식들을 다 먹어 보아야겠다."

형인 왕해는 원래 대식가였다. 면신이 정성껏 준비해 놓은 진수성찬에 왕해는 정신을 못 차리고 먹어댔다.

왕해가 먹는 것에 탐닉했다면 동생인 왕항은 아름다운 여인들 때문에 정신을 못차렸다. 그 중에서도 유독 아름다운 여인이 왕항의 눈에 띄었다.

"저 여인은 누구요?"

"저분은 왕비님이십니다."

왕항은 왕비라는 대답에 깜짝 놀랐다. '하필 점찍은 여자가 왕의 아내란 말인가' 하고 잠시 실망했지만 '그렇다고 포기할 내가 아니지' 라며 호시탐탐 왕비를 유혹할 기회만 엿보았다.

왕비는 그다지 정숙한 여인은 아니었다. 왕항의 유혹에 넘어가는 데 오랜 시간이 걸리지 않았고, 또 금세 왕항에게 싫증을 느꼈다. 왕비는 왕해에게로 눈길을 돌렸다.

"형만한 동생 없다고 왕해는 몸집도 크고 성격도 호탕한 것이 동생보다 몇 배 낫네. 어머, 저 음식 먹는 모습 좀 봐. 참 남자답게도 먹네."

짙은 눈썹, 듬직한 체격. 왕비는 왕해의 호방하고 남자다운 모습에 끌려 적극적으로 유혹했다. 여자에게 관심이 없던 왕해도 아리따운 왕비의 노골적인 유혹에 그만 넘어가고 말았다.

한 번 유혹에 넘어가자 왕해는 걷잡을 수 없이 왕비와의 사랑에 빠져들었다. 고향에 돌아가야 한다는 것도 잊고 왕비와의 사랑놀음에 여념이 없었다. 이런 상황이 벌어지자 왕항은 형에 대한 질투로 가슴이 바짝바짝 타들어 갔다.

"아니, 내 여자를 형이 가로채다니! 분하고 분하다. 내가 가만히 있을 사람인가? 내 반드시 복수하여 왕비도 차지하고 은나라의 왕이 되리라."

그러나 왕항 혼자서 왕해에게 맞서는 것은 무리였다. 간교한 왕항은 겨우 마음을 다스리며 형을 죽일 기회를 엿보고 있었다.

왕비가 형인 왕해와 놀아나자 왕항은 질투에 빠져 가슴이 타들어 갔다.

왕해의 죽음

왕항이 형을 죽일 기회를 호시탐탐 노리고 있을 무렵, 왕항 대신 왕항의 소원을 이루어 줄 인물이 나타났다. 바로 유역 왕실의 근위대 청년으로 원래는 유역의 왕인 면신 몰래 왕비와 정을 통하고 있던 인물이었다. 그런데 난데없이 왕해와 왕항 형제가 나타나자 왕비는 청년을 멀리하고 거들떠보지도 않게 된 것이다.

청년은 질투에 눈이 멀어 복수의 칼을 갈고 있었다. 이 사실을 알게 된 동생 왕항은 이 청년을 이용해 형을 제거해야겠다는 생각을 한다.

'어? 요것 봐라. 네놈이 왕비에 대한 질투심으로 눈이 멀었구나. 덕분에 일이 쉽게 풀리겠는 걸. 나는 손 하나 안 대고 형을 제거하고 왕위와 유역의 왕비까지 모두 차지하는 거야.'

왕항은 청년에게 접근하여 왕해를 처치하기로 공모했다. 왕항은 형 왕해의 일거수일투족을 감시하며 허점을 노렸다. 그러던 어느 날 기회가 왔다. 사냥을 다녀 온 왕해가 고주망태가 되어 왕비를 찾아간 것이다.

왕항은 한달음에 청년에게 가서 그 사실을 알리고 왕비의 처소에 가서 대기하게 했다. 청년은 도끼 하나를 들고 왕비의 침실로 향했다. 마침 왕비는 면신이 불러 침실을 비운 상태였다. 고주망태가 된 왕해는 옷도 벗지 않고 신발을 신은 채로 왕비의 침대에 누워 드르렁거리며 곯아떨어져 있었다. 그 모습을 본 순간 청년의 눈에 불꽃이 일었다.

"더러운 이국 놈! 왕비를 더럽히고 이 나라를 욕보인 죄, 백 번 죽여도 시원치 않다!"

　청년은 침실에 들어가 자고 있는 왕해의 목을 도끼로 내리쳤다. 왕해의 목에서 한줄기 피가 솟구쳤고 청년은 미친 듯이 도끼를 휘둘렀다. 이 사건이 알려지자 궁에서는 한바탕 소동이 일어났다. 면신은 하얗게 질린 얼굴로 피비린내 나는 현장을 찾았다.

　"어찌된 연유인지 소상히 밝혀라!"

　면신은 청년의 설명을 듣고 당황스러웠다. 왕비가 왕해와 정을 통한 일도 충격이었지만, 그보다 왕해의 죽음을 어찌 수습해야 할지 난감했기 때문이다. 강대국의 왕을 자신의 부하가 죽였으니 그 어떤 변명을 해도 책임을 면할 수 없는 상황이었다. 면신은 왕항마저 죽이고 싶었으나 은나라의 추궁이 무서워 가축과 재산을 빼앗은 뒤 내쫓았다. 그리고 자신의 아내인 왕비 또한 엄한 벌로 다스리려 하였으나 왕비가 울며불며 매달리고 손이 발이 되도록 비는 바람에 그만 마음이 약해져 용서해 주고 말았다.

은나라로 돌아와 거짓말을 하는 왕항

　떠날 때는 떵떵거리고 떠났으나 돌아갈 때는 빈 몸으로 돌아가게 된 왕항. 그런 와중에도 왕항은 은나라로 돌아가 어떻게 이 상황을 모면할 것인가를 생각했다. 모든 일의 발단이 자신으로부터 시작했음에도 불구하고 그런 이야기들은 쏙 빼고 유역 사람들이 왕해를 죽였고 가축도 다 빼앗은 다음 자기를 내쫓았다고 둘러댔다.

"왕해 님이 돌아가시다니 믿을 수 없어. 감히 유역 놈들이 은나라 왕을 죽이다니!"

"이대로 있을 수 없소. 왕해 님의 복수를 합시다. 은나라를 얕본 죄가 얼마나 큰 것인지 그놈들에게 알려 줍시다."

은나라 사람들은 살아 돌아온 왕항을 왕으로 추대했다. 그리고 왕해의 복수를 위해 유역을 당장 치자고 아우성쳤다. 그러자 왕항은 겁이 덜컥 났다.

'지금 유역을 쳐들어갔다가는 그간 있었던 일들이 다 밝혀질 것이다. 그러면 나는 살아남기 힘들다.'

그래서 왕항은 신하들과 백성들을 설득했다.

"전쟁을 일으키면 저쪽만 피해가 있는 것이 아니라 우리에게도 피해가 있

은나라 사람들이 왕항에게 복수하자고 아우성치자 왕항은 비밀이 밝혀질까봐 당황한다.

소. 내가 먼저 가서 그들과 대화를 하고 빼앗긴 소와 양들을 찾아오겠소. 만약 그들이 응하지 않는다면 그때 가서 전쟁을 일으켜도 늦지 않을 것이오."

은나라의 신하와 백성들은 왕항의 의견이 탐탁치 않았으나 왕의 뜻이므로 따를 수밖에 없었다. 이에 왕항은 신하 몇 명을 이끌고 다시 유역으로 향하였다.

다시 유역으로

왕항이 유역으로 출발했다는 소식을 들은 유역의 왕, 면신은 깊은 고민에 빠졌다. 왕항을 죽이지 않고 살려 둔 것이 화근이었지만 이제 와서 후회하면 뭐할 것인가. 작고 힘 없는 나라이기에 강대국의 횡포에 휘둘릴 수밖에 없었다. 면신은 또 한 번 정성스레 준비해 왕항을 맞이하였다.

"일전에 내가 맡겨 둔 소와 양을 찾으러 왔소이다."

왕항은 뻔뻔한 얼굴로 면신에게 말했다. 면신 역시 눈썹 하나 찌푸리지 않고 응대했다.

"걱정마십시오. 저희가 잘 돌보고 있었으니 찾아가십시오."

왕항은 소와 양을 모두 되찾고 지난번에 두고 떠나왔던 신하와 목동들까지 모두 되돌려 받았다. 이제 보란듯이 은나라로 돌아가기만 하면 되는데 영 내키지가 않았다.

"은나라로 돌아가 봤자 따지기 좋아하는 신하들과 싸우기 좋아하는 백성,

모래바람과 소와 양뿐이다. 돌아가기 싫구나. 이곳 유역에서 맛 좋은 음식과 아리따운 여인들 속에 파묻혀 지내는 것이 훨씬 낫지."

왕항은 유역에 아예 주저앉아 버렸다. 그리고는 몇 년이 훌쩍 지나가 버렸다.

상갑미가 왕이 되어

왕항이 유역에 눌러앉아 버리자 은나라에서는 난리가 났다. 왕항마저 변고를 당한 것이 아닌가 하고 생각했기 때문이다. 은나라 사람들은 더 이상 기다릴 수 없다고 판단하고 유역으로 쳐들어 가기로 했다.

그런데 전쟁을 일으키려면 왕이 있어야 했다. 그래서 왕항의 아들인 상갑미(上甲微)를 왕으로 추대했다. 상갑미는 아버지인 왕항과는 달리 매우 지혜롭고 용감한 사람이었다. 그는 아버지가 유역으로 떠난 채 소식이 없자 매우 분개하였다.

'이렇게 오랫동안 소식이 없는 걸 보니 아버님께서 억울한 일을 당하신 것이 분명해. 내 반드시 아버님의 복수를 하고 말리라.'

분노에 찬 상갑미는 대군을 이끌고 유역으로 향했다. 상갑미가 은나라의 대군을 이끌고 온다는 소식을 들은 면신은 앞이 캄캄했다. 면신은 재빨리 상갑미에게 사신을 보냈다. 사신은 그간 있었던 일을 전부 이야기했다. 왕해가 죽음을 당한 이야기, 왕항이 유역에서 쫓겨난 이야기, 그리고 왕항이 다시 돌아와 유역에 머무르게 된 이야기 등을 빠짐없이 전했다.

이야기를 들은 상갑미는 혼란스러웠다. 그리고 자신의 아버지가 그런 일들을 저질렀다는 것이 믿기지 않았다. 그것이 사실이라 해도 다시 군대를 철수할 수는 없는 노릇이었다. 상갑미는 불같이 화를 내며 사신의 목을 치라고 명했다.

은나라의 왕이 된 상갑미가 불같이 화를 내며 유역에서 온 사신의 목을 치라 명한다.

"감히 어디서 거짓을 고하느냐? 그런 술수에 말려들 것 같더냐? 내 아버지를 찾아내고 큰아버지의 원수를 갚으리라!"

상갑미는 사신을 죽이고 그 길로 진격해 유역의 왕궁을 불태웠다. 면신 또한 죽음을 면치 못했다. 은나라 군사들은 복수라는 명목 아래 유역의 궁전을 불태우고 노략질을 했다. 닥치는 대로 죽이고 닥치는 대로 빼앗았다. 은나라에게 짓밟힌 유역은 폐허가 되고 말았다. 상갑미는 아버지인 왕항을 찾으려고 애썼으나 찾지 못했다. 그는 은나라로 돌아와 왕해와 왕항을 선왕으로 공경하며 민족의 위대한 영웅으로 미화하였다.

한편 상갑미가 왕위에 오른 이후 은나라는 점점 강해지며 탕왕 때에 이르러서는 중국 대륙의 패권을 쥐게 된다.

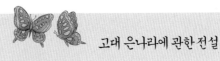
뽕나무 속에서 태어난 이윤

이윤(伊尹)

전설 상의 인물로, 은나라의 탕왕(湯王) 때 재상이 되어 하(夏)나라의 걸왕(桀王)을 무찌르고 은나라가 중국을 통일하는 데 크게 기여하였다.

이윤*(伊尹)은 은나라 탕왕 시절의 재상으로 은나라가 하나라를 멸망시키는 데 중요한 역할을 한 사람이다. 그는 원래 요리사였으나 뛰어난 식견과 지혜로 재상의 자리에 오르는데, 그의 탄생에 얽힌 신기한 이야기가 전해 오고 있다.

뽕나무 속의 아기

먼 옛날 동쪽에 신국(新國)이라는 나라가 있었다. 어느 날 그 나라의 처녀 하나가 뽕나무 숲에서 뽕을 따고 있는데 이상한 소리가 들려왔다.

"저게 무슨 소리지? 분명 나뭇가지가 바람에 흔들리는 소리는 아닌데? 아기 우는 소리 같기도 하고 동물의 울음소리 같기도 하고……."

처녀는 한 발짝 한 발짝 옮겨 소리가 나는 곳으로 향했다. 점점 소리는 크게 들려왔고 그 소리는 아기 우는 소리임이 확실했다. 처녀는 소리가 나는 뽕나무를 찾아냈고 이상하게 여겨 그 안을 들여다보았다. 뽕나무 안은 비어 있었고 그 속에는 아기가 들어 있었다.

"어머, 어떻게 뽕나무 속에 아기가 들어 있지? 도대체 어찌된 일일까? 이 불쌍한 아기를 마을로 데려가야겠다."

처녀는 아기를 안고 마을로 내려왔다. 마을 사람들은 처녀의 이야기를 듣고 이상한 아기를 왕에게로 데리고 갔다.

"뽕나무 속에 아기가 있었다니, 참 괴이한 일이로고. 이 아기는 우선 궁정 요리사가 맡아라. 그리고 사람을 보내 어찌된 일인지 그 숲을 조사하여라."

며칠 후 숲으로 들어갔던 사람들이 돌아왔다. 그들은 그 지역을 탐문한 끝에 뽕나무 속에 아기가 들어 있게 된 사연을 풀게 되었다.

뽕나무로 변한 여인

아기를 가진 한 여인이 있었다. 그런데 하루는 꿈을 꾸었는데 꿈속에 신이 나타나 여인에게 이야기하는 것이었다.

"절구에서 물이 나오거든 동쪽으로 가거라. 절대로 뒤를 돌아보아서는 안 된다. 돌아보면 재앙이 따르리라."

다음날 아침 꿈에서 깬 여인은 참 괴이한 꿈이라고 생각했다. 그런데 이게 웬일인가? 진짜로 절구에서 물이 나오기 시작한 것이다. 여인은 가족과 마을 사람들에게 그 이야기를 하며 빨리 동쪽으로 가자고 이야기했다.

"꿈이 보통 꿈이 아닌 것 같은데, 절구에서 물이 나오는 것도 이상하고······. 일단 동쪽으로 피신해 보세."

"무슨 소리야. 그깟 꿈 때문에 이리저리 허둥댄다는 말이야? 난 안 가네."

이렇게 여인의 꿈속에 나타난 신의 말을 믿은 사람들은 동쪽으로 피신하였고, 믿지 않은 사람들은 마을에 남았다. 여인 역시 동쪽으로 바삐 길을 떠났다.

마을을 떠나 동쪽으로 십 리 정도 가고 있을 때 여인은 문득 마을 쪽이 궁금했다. 꿈속에 나타나 돌아보지 말라고 신이 당부한 것을 깜빡 잊어버린 것이다. 여인이 고개를 돌려서 마을 쪽을 돌아보았을 때 끔찍한 광경이 눈에 들어왔다.

마을은 온통 물에 잠겨 있었다. 그리고 마을을 삼켜 버린 물줄기가 동쪽으로 향하고 있는 그들까지 삼켜 버릴 듯한 거센 기세로 밀려오고 있었다.

여인은 외마디 비명을 지르려 했지만 소리가 나오지 않았다. 왜냐하면 몸이 뽕나무로 변하고 있었기 때문이다. 여인은 아차 하고 뒤늦은 후회를 하였지만 소용없었다.

여인이 뽕나무로 변해 버티고 있으니 물줄기는 더 이상 사람들을 쫓아오지 않고 물러났다. 그런 일이 있고 나서 며칠 뒤 뽕나무 숲에서 아기를 발견한 것이다.

은의 재상이 된 이윤

왕은 그 이야기를 듣고 아기의 엄마가 이수(伊水)가에 살았다고 하므로 아기에게 이윤이라는 이름을 지어 주었다. 그리고 궁정 요리사에게 이윤을 키우도록 했다.

요리사 밑에서 자란 이윤은 요리를 잘했다. 그뿐 아니라 공부도 열심히 하여 궁중에서 선생이 되어 신국의 공주를 가르치게 되었다.

신국의 공주는 지혜롭고 아름답기로 평이 나 있었는데 은나라의 탕왕이 그 소식을 듣고 그녀와 결혼하고 싶어했

탕왕(湯王)
걸왕을 물리치고 중국의 고대 국가 중 하나인 상나라(은나라)를 세운 왕이다.

다. 신국의 왕 또한 탕왕*이 훌륭한 인물임을 알았으므로 그에게 공주를 시집 보내기로 했다.

이윤은 잉신(다른 나라로 딸을 시집보낼 때 함께 딸려 보내는 신하)으로 은나라에 가겠다고 청했다. 신국의 왕은 흔쾌히 허락했고 이윤은 은나라로 향하게 되었다.

이윤의 마음속에는 커다란 포부가 있었는데, 그것은 강대국의 재상이 되어 백성을 위한 정치를 펴는 것이었다. 그러나 그는 은나라에서 요리사의 신분을 뛰어넘지 못했다. 탕왕은 어진 임금이었지만 이윤이라는 인물에 대해 특별하게 생각하지는 않았던 것이다. 그리하여 그는 자신을 알아줄 군주를 만나기 위해 하나라로 간다. 그러나 그곳에서는 걸왕이 주색잡기에 빠져 백성을 핍박하고 있었고, 하나라는 쇠퇴의 길을 걷고 있었다. 이윤은 어느 날 길을 가다 노래 하나를 듣게 되었다.

하나라의 걸왕은 주색잡기에 빠져 있었다.

왜 박으로 가지 않는가?
왜 박으로 가지 않는가?
박은 크기만 한데.

노래 가사가 이상하다 여겨 귀 기울여 듣는데 이윤은 머리를 한 대 맞은 것만 같았다. 박은 바로 은나라의 수도였기 때문이다. 하나라를 버리고 은나라로 향하라는 노래가 하나라 거리거리에서 불려지고 있었던 것이다. 이윤은 마음을 추스리고 집에 돌아왔는데 또 하나의 노랫소리가 들리는 것이 아닌가?

깨어나라! 깨어나라!
나의 운명 정해졌네!
어둠을 버리고 빛으로 나아가리!
걱정과 근심 따위 어디 있으랴!

마치 자신에게 하는 이야기 같았다. 이윤은 자신이 탕왕을 떠나 걸왕에게로 온 것이 어리석은 짓임을 깨닫고 다시 하나라를 떠나 탕왕에게로 귀의하였다. 그리고 마침내 이윤의 지혜를 알아본 탕왕은 그를 재상으로 중용하게 된다.

두우가 소쩍새가 된 이야기

황허 강 유역에 은나라가 있던 시기, 중국의 서남쪽에는 촉나라*가 화려한 문명을 꽃피우고 있었다. 고대의 촉나라는 지금의 사천성(四川省)에 해당하는 지역으로 사방이 산악으로 둘러싸인 분지이다. 이런 지역적 특성 때문에 촉나라는 중국 대륙의 중심 지역과는 고립된 채 자신들만의 고유한 문화를 발전시켰다. 촉나라에는 강이 많아서 치수(治水)에 관련된 이야기가 많은데, 그 중 대표적인 것이 두우(杜宇)에 관한 것이다.

> **고대 촉나라**
> 유비가 세운 촉한 과는 구별되는 중국의 고대 국가로, 지금의 사천성에 존재했던 국가이다.

망제가 된 두우

두우는 어느 날 갑자기 하늘에서 내려왔다. 그런데 이상한 일은 그 즈음 강

하늘에서 두우가 내려오고 강에서 여자가 올라와 만나는 모습

가 우물 속에서 이(利)라는 여자가 솟아올라온 것이다.

"이렇게 신령스러운 일이 있을까? 한쪽은 하늘에서 내려온 남자이고, 한쪽은 땅에서 솟아오른 여자이니 두 사람은 천생배필이 분명하지 않은가?"

그리하여 두 사람은 결혼하여 부부가 되었고 두우는 촉나라의 4대 임금인 망제(望帝)가 되었다. 망제는 백성들이 잘 살 수 있도록 노력을 하는 왕이었다.

촉나라에는 강이 많아서 홍수가 자주 발생하였는데 망제의 주된 관심사 또한 이것이었다. 그는 항상 강물을 어찌 다스릴까 걱정했다.

강물을 거슬러 올라온 별령

어느 날이었다. 신하가 이상한 소식을 망제에게 아뢰었다.

"강의 물길을 거슬러서 어느 남자의 시체가 올라왔습니다."

"거슬러 오다니? 시체가 어떻게 물길을 거슬러 온다는 말이냐? 떠내려 온 것을 잘못 본 것이 아니냐?"

"아니옵니다. 저뿐만 아니라 여러 사람들이 그 장면을 목격했습니다. 분명 거슬러 올라왔습니다."

강을 거슬러 올라온 사람은 형(荊)지방 출신으로 별령(鱉靈)이라는 사람이었는데, 죽은 것이 아니라 잠시 기절한 것이었다. 그는 강가를 거닐다가 발을 헛디뎌 물에 빠져 기절했는데 이상하게도 촉나라까지 거슬러 오게 된 것이었다. 망제가 그를 불러다가 이야기를 나누다 보니 물의 흐름에 대해 매우 잘 알고 있었다. 그래서 그에게 강을 다스리는 일을 도와 달라고 청했다.

"그대만큼 물의 흐름에 대해 잘 아는 이가 촉나라에는 없다오. 그대가 물을 거슬러 올라온 것도 물의 흐름을 잘 알고 있어서 가능했던 것 아니겠소? 그러니 이곳에서 살면서 치수에 대해 나를 도와 주시오."

망제는 고향으로 돌아가려는 별령을 설득하여 촉의 재상으로 삼았고, 별령은 촉나라에서 물을 다스리는 일을 도맡아 하게 되었다. 별령이 재상이 되고 나서 얼마 지나지 않아 큰 홍수가 났다. 촉나라에는 옥산(玉山)이라는 큰 산이 있었는데, 이 산이 가로막고 있어 물이 흐르지 못하고 홍수가 난 것이었다.

이 홍수를 책임지기 위해 나선 인물이 별령이었다. 별령은 옥산을 뚫어 물길을 터야 홍수가 잡힌다고 판단하고 사람들을 불러 모아 물길을 텄다. 힘들고 고단한 작업이었지만 별령은 이 일을 성공적으로 끝내고 홍수를 다스릴 수 있었다.

왕위를 별령에게 내어준 망제

그런데 별령이 홍수를 다스리기 위해 험난한 옥산에서 땀을 흘리고 있을 무렵, 망제는 해서는 안 되는 행동을 하고 만다. 평소 마음에 두고 있던 별령의 아내를 유혹해 정을 통하게 된 것이다.

망제는 본래 양심적이고 선한 사람이었기에 자신의 그러한 행동을 부끄럽게 생각했다. 괴로워하던 망제는 별령이 공을 세우고 돌아왔을 때 별령에게 왕위를 내주게 된다.

'부끄럽구나. 별령은 백성들을 위해 저토록 큰일을 했는데 나는 그의 아내와 부끄러운 짓이나 하고 있었다니! 나는 왕위에 있을 자격이 없다. 백성을 위해 훌륭한 일을 한 별령이 왕이 되어야 한다.'

그리하여 별령에게 왕위를 내주고 자신은 서산(西山)에 들어가 숨어 살았다. 서산에 들어간 망제는 어느 날 두견새로 변했다고 한다. 부끄러움에 왕위를 내주고 만 인생에 회한(悔恨)이 남아서일까? 두견새의 울음소리는 망제의 한이 서린 듯 구슬퍼서 촉나라 사람들은 두견새의 울음소리를 들을 때마다 망제의 한 서린 삶을 생각하며 안타까워했다고 한다.

오정역사와 다섯 미녀들

황금 똥을 누는 석우

망제가 개명제, 즉 별령에게 선양*(禪讓)을 한 후, 개명제는 자기의 자손들에게 왕위를 물려주었다. 개명제 이후 12대에 이르렀을 때 촉(춘추전국시대의 촉과는 다른 나라임)나라와 국경을 접한 진나라가 한창 세력을 넓혀 가고 있었다. 진나라의 왕은 혜왕(惠王)이었는데 그는 진시황의 선조가 되는 인물이다.

촉이 위치해 있던 사천 지역은 험난한 지형으로 인해 밖에서 넘보기가 쉽지 않은 지역이었다. 진나라의 혜왕은 늘 촉나라를 노렸지만 산세가 너무 험하여 엄두를 내지 못하고 있었다.

이에 그는 계략을 세웠다. 먼저 거짓 소문을 퍼뜨리는 것부터 시작했다.

> **선양(禪讓)이란?**
> 고대 중국에서 임금의 자리를 세습하지 않고 덕이 있는 이에게 물려주는 일

진나라(秦, BC 221~
206)

시황제에 의해 세워
진 중국 역사상 최초
의 제국

"진나라* 혜왕의 궁전에는 돌로 만든 소가 있는데 그 소가 매일 아침 황금 똥을 눈다네."

"에이, 돌로 만든 소가 어디 있고, 황금 똥은 또 어찌 누나. 말도 안 되는 소리."

"참나, 이 사람. 직접 보고 온 사람이 이야기하는데 뭔 소리야?"

"진짜로 보았다고? 그럼 그게 정말이라는 말이야?"

혜왕은 진짜로 돌로 만든 소, 석우(石牛)를 만들어 놓고 황금 무더기를 매일 갖다 놓았다. 이 소식은 촉나라 왕의 귀에까지 들어갔다.

"진나라 궁전에 황금 똥을 누는 석우가 있다는데, 정말이더냐? 즉시 사람을 보내어 확인해 보아라."

촉나라 왕이 비밀리에 사람을 보내어 확인해 보니 진짜로 석우가 있고 황금 똥을 누는 것이었다. 진나라의 혜왕이 철저히 준비해 두었기 때문에 촉나라 왕은 감쪽같이 속을 수밖에 없었다.

촉나라 왕은 황금 똥을 누는 석우가 몹시 탐났다. 그래서 진나라 혜왕에게 사신을 보내어 그 소를 보고 싶다고 청했다. 혜왕은 속으로 '옳다구나' 하며 대신 한 가지를 해결해 달라고 했다.

"얼마든지 보내 드리고 싶으나 진나라에서 촉나라로 가는 마땅한 길이 없으니 어찌 돌로 된 소와 같이 무거운 물건을 옮기겠소?"

그 말을 들은 촉나라 왕은 곰곰이 생각했다.

'황금 똥을 누는 소라면 잠깐 갖다 놓아도 며칠이면 궁전 뜰 안이 황금으로

가득할 터인데. 그깟 길이야 내면 되지.'

그리하여 촉나라 왕은 진나라에서 자기 나라에 이르는 길을 닦기 시작했다. 험한 산에 길을 뚫는 일이 그 당시로서는 불가능한 일이었지만 촉나라가 자신 있는 이유가 있었다.

오정역사가 길을 만들고 석우를 나르다

그 당시 촉나라에는 오정역사(五丁力士)라 하여 힘이 센 장사 다섯 명이 있었다. 일반 사람들에게는 불가능한 일이겠지만 오정역사 다섯 명이 힘을 합하여 길을 만드니 얼마 지나지 않아 길이 뚫렸다.

그리하여 다섯 마리의 석우는 촉나라로 옮겨졌다. 촉나라 왕은 궁전 앞 뜰에 석우들을 세워 놓고 이제나저제나 황금 똥을 쌀까 하여 기다렸다. 그러나 아무리 목을 빼고 기다려도 석우들은 황금 똥을 누지 않았다. 화가 난 촉나라 왕은 석우들을 진나라로 돌려보냈다.

한편 촉나라로 가는 길을 뚫으려 했던 진나라의 계획은 성공한 셈이었다. 군대가 진격할 길이 마련되었기 때문이다. 그러나 혜왕은 서두르지 않았다. 촉나라에 오정역사가 있는 한 진나라가 촉나라를 공격해 이기는 것은 불가능했기 때문이다.

혜왕은 촉나라에 서신을 보냈다.

"지난번에 석우들이 촉나라 왕의 기대를 저버린 것을 유감으로 생각하니다. 이곳에서는 황금 똥을 잘 누던 소들이 왜 촉에서는 누지 않았는지 정말 이상할 따름입니다. 그래서 촉나라 왕의 섭섭함을 풀어드리고자 진나라 최고의 미인들을 바치고자 합니다."

진나라의 이런 계략 이면에는 촉나라 왕에 대한 파악이 있었다. 촉의 왕은 황금만 좋아한 것이 아니라 여자를 좋아하기로 소문나 있었던 것이다.

진나라 미인을 데려 오는 오정역사

촉나라 왕으로서는 미인을 준다는 데 마다할 이유가 없었다. 목을 빼고 미인들이 오기만을 기다렸다. 드디어 미인들이 출발한다는 소식이 들려오자 촉 왕은 오정역사를 불러 미인들을 데려 오게 한다.

다섯 명의 장사들이 미인들을 데리고 재동(梓童)이라는 곳에 이르렀을 무렵, 갑자기 거대한 뱀 한 마리가 동굴 속으로 들어가는 모습이 보였다. 장사 중 한 명이 뱀의 꼬리를 잡아당겼다. 그러나 힘이 모자라 동굴 안으로 딸려가는 것이 아닌가. 그 모습을 본 나머지 장사들이 한꺼번에 달려들어 뱀을 잡아당겼다. 다섯 명이 동시에 뱀을 잡아당기자 뱀이 딸려 나오는 듯하더니 갑자기 어마어마한 소리가 나면서 산이 무너져 내렸다. 그 바람에 오정역사와 진나라 미인 모두가 산에 깔려 죽고 말았다. 그리고 나서 그 장소에는 다섯 개의 봉우리가 생겼다.

이 소식을 들은 촉나라 왕은 오정역사가 죽은 것을 안타까워한 것이 아니고 미인들이 죽은 것을 아까워했다.

"진나라 미인들이 모두 죽었다는 말이냐? 아이구, 아깝도다."

그리하여 왕은 미인들을 기린다 하여 다섯 개의 봉우리를 오부총(五婦塚)이라 이름 지었다. 이 소식을 들은 백성들은 촉나라 왕의 어리석음을 한탄하며 다섯 명의 장사들을 기려 오정총(五丁塚)이라 이름 지어 불렀다고 한다.

오정역사마저 죽자 진나라 혜왕은 본격적인 침략 작업에 착수했다. 석우들을 운반하기 위해 만든 '금우도(金牛道)'를 통해 대군을 이끌고 촉나라로 쳐들어갔다. 촉나라 왕은 항전하였으나 진나라 군대 앞에 허물어지고 무양(武陽)이라는 곳까지 도망쳤으나 결국 그곳에서 죽고 만다.

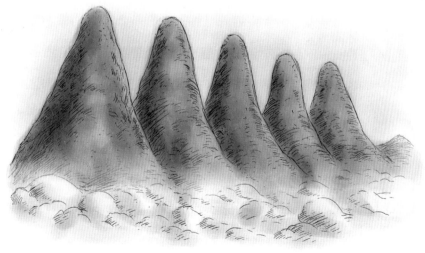

오부총
다섯 봉우리는 미인들을 기린다는 의미로 오부총이라 하기도 하고, 오정역사를 기리는 의미로 오정총이라 하기도 한다.

주선왕에게 복수한 두백

중국에 전설처럼 전해져 오는 세 개의 나라가 있으니 바로 하나라, 은나라, 주나라이다. 그 중 주나라의 선왕(宣王)은 원래 어진 임금이었는데 변방의 이민족을 다루는 데 실패하여 말년에는 쇠락의 길을 면치 못했다. 특히 그의 죽음에는 기이한 전설이 전해져 온다.

여항, 두백을 유혹하다

당시 주나라의 제후국인 두(杜)나라에 항(恒)이라는 제후가 있었다. 그는 두(杜)나라의 제후로 봉해졌기에 두백(杜伯)이라 불렸다.

주나라의 선왕에게는 여항이라는 비가 있었는데 선왕이 가장 아끼는 후궁이었다. 그녀는 젊고 잘생긴 두백에게 반해 그를 유혹하려고 하였다. 그러나 바른 성품을 지닌 두백은 여항의 유혹에 넘어가지 않았다. 그녀는 점점 더 노골적으로 두백을 유혹했으나 두백은 오히려 그녀가 무안할 정도로 거부했다. 이런 상황이 되다 보니 여항의 수치심은 분노로 변했고, 그녀는 두백을 죽이고 싶을 정도로 미워하게 되었다. 마침내 그녀는 주선왕*에게 두백을 모함하는 이야기를 했다.

"전하, 억울하고 수치스럽습니다. 두백이란 놈이 저를 벌건 대낮에 범하려고……."

"뭐라고? 그놈을 가만 두지 않으리라!"

자신의 애첩을 넘보았다는 소리에 주선왕은 대노하여 여항의 말이 사실인지 아닌지 확인도 하지 않고 두백을 잡아들였다. 그리고 신하들을 시켜 심문하고 초(焦) 땅에 가두었다. 두백이 아무리 결백을 주장해도 소용없었다.

주선왕(周宣王)

BC 827~BC 782년까지 재위했던 주나라의 제11대 왕으로, 아들인 유왕(幽王) 대에 이르러 주나라가 망하고 동주시대를 열게 되었다.

두백을 죽인 주선왕

이때 두백의 친구 중에 좌유(左儒)라는 이가 있었는데, 그는 조정에서 벼슬을 하고 있었다. 좌유는 억울한 누명을 쓴 친구가 안타깝게 생각되어 선왕을 찾아가 친구의 결백을 주장하였다. 그러나 이미 판단력을 상실한 선왕은 오히려 좌유를 꾸짖었다.

노한 선왕은 결국 두백을 죽였고, 이 소식을 들은 좌유는 비통한 울음을 삼키며 자결했다. 죽기 전에 두백은 한 맺힌 복수를 다짐했다.

"왕이 나를 죽이지만 나는 결백하다. 이 억울함을 그냥 묻어 두지 않으리라. 나의 이 비통한 한을 삼 년 안에 풀리라."

두백이 죽고 난 후 삼 년의 세월이 흘렀다. 선왕은 여느 때처럼 많은 제후들을 불러 모아 포전(圃田)이라는 곳으로 사냥을 갔다. 수백 대의 수레가 흙먼지를 날리며 달리고 수천 명의 시종이 그 행렬을 따라갔다.

해가 중천에 떠올랐을 때다. 갑자기 이상한 수레 한 대가 나타났다. 수레 전체가 하얗게 칠해진 특이한 모습의 수레였는데, 정오의 내리쬐는 햇빛 속에 더욱 눈부시게 빛났다. 그 안에는 붉은 옷을 입은 사람이 있었는데, 붉은 모자를 쓰고 붉은 활과 화살을 들고 있었다. 그는 다름 아닌 삼 년 전에 죽은 두백이었다.

두백의 복수

맹렬하게 달려가는 두백의 수레는 곧장 선왕이 타고 있는 수레로 향했다. 붉은 옷을 입은 두백의 얼굴에는 무시무시한 살기가 서려 있었다. 이상한 낌새를 눈치챈 선왕은 주변을 살피다가 두백이 수레를 타고 쫓아오는 광경을 목격했다.

하얀 수레를 타고 핏빛으로 휘감은 두백의 모습을 확인한 순간 선왕은 하얗게 질려 벌벌 떨기 시작했다. 그리고는 떨리는 손으로 활과 화살을 집어들어 두백을 향해 조준하고자 했다. 그러나 두백의 화살은 이미 활시위를 떠나 선왕의 심장에 정확히 꽂혔다.

심장을 명중당한 선왕은 앞으로 고꾸라지는 바람에 척추까지 다 부서졌다. 그러자 두백이 탄 수레는 홀연히 사라지고, 사방으로 혼비백산했던 제후들의 수레가 선왕의 수레로 모여들었지만 이미 선왕의 목숨은 끊어진 뒤였다.

두백이 겨눈 화살에 가슴을 명중당하는 주선왕의 모습

주나라를 망하게 한 포사

유왕(幽王, ?~BC 771?)
주(周)나라 제12대 왕으로 주색을 좋아하여 정사를 돌보지 않고 향락에 빠져 지냈으며, 특히 포사와 놀아나다 결국 비참한 최후를 맞이했다.

주유왕의 애첩, 포사

주선왕이 죽고 왕이 된 사람은 유왕*으로 주선왕의 아들이었다. 그는 무능한데다 여자와 잡기만 밝히는 못난 왕이었다. 그 당시 주나라는 세도가들의 횡포가 극에 달했고, 정치는 문란했으며, 민생은 엉망이었다. 그뿐만 아니라 물이 말라 버리고 사나운 짐승들이 날뛰는 등 나라가 망할 때 나타나는 징조들이 여기저기서 나타났다.

여기에 또 하나, 주나라 멸망의 원인이 있었으니 바로 포사*(褒似)였다. 포사는 주유왕의 애첩으로 하나라를 멸망시킨 말희, 은나라를 멸망시킨 달기처럼 왕조를 멸망시킨 요부로

구설수에 올랐던 여인이다.

　포사는 원래 집 없는 고아였다. 포(褒)나라의 귀족이 유왕에게 후궁으로 바친 노예였는데, 어느 날 유왕의 눈에 띄어 단번에 부귀영화를 누리게 되었다. 천한 노예의 신분에서 귀한 애첩의 신분이 되었으니 뛸 듯 기뻐해도 모자랄 판인데 포사는 이상하게도 웃지 않았다. 그녀의 표정은 늘 차갑고 우울했는데 다른 여인들의 교태어린 웃음에 싫증을 느끼던 유왕은 포사의 우수에 찬 표정에 더욱 매력을 느꼈다.

포사(褒似)
서주(西周)의 제12대 왕이었던 유왕(幽王)의 비이다.

　유왕에게는 원래 신후(申后)라는 왕후가 있었다. 그녀는 신후(申侯)라는 제후의 딸로 의구(宜臼)라는 아들을 두었다. 그러나 유왕은 포사가 백복(伯服)이라는 아들을 낳자 포사와 백복을 가장 높은 자리에 앉혀 주고 싶었다. 유왕은 이런저런 계책을 펴서 왕후인 신후와 태자인 의구를 내쫓고 그 자리에 포사와 백복을 앉히고 마는데, 여기서부터 주나라에 망국의 불씨가 지펴진다.

포사는 과연 요녀인가?

　주나라의 사관인 백양(伯陽)은 어느 날 사기를 훑어보다가 간책(簡册 : 옛날에 종이 대신 글씨를 쓰던 대쪽)의 한 부분에 기록된 전설을 발견하고 충격에 휩싸인다.

용 두 마리가 교접하는 모습

그 전설은 포사가 주나라에 재앙을 가져오는 요녀라는 내용을 담고 있었다. 대체 어떤 이야기일까?

아주 먼 옛날, 하나라 때의 일이다. 갑자기 하늘에서 암수 두 마리의 용이 내려오더니 하나라 왕의 궁전에서 교접하는 괴이한 일이 벌어졌다. 그러면서 용 두 마리는 궁전 안에서 떠나지를 않았다. 하나라의 왕과 신하들은 여간 곤혹스러운 것이 아니었다. 범상치않은 용 두 마리를 죽일 수도, 내쫓을 수도, 그냥 둘 수도 없는 노릇이었다. 어떻게 하면 좋을지 점을 쳐 보았지만 신통치 않았다. 그때 누군가가 나섰다.

"용의 정액을 보관하면 어떨까요?"

이 말을 듣고 점을 쳐 보니 이번에는 대길(大吉)이라는 점괘가 나왔다. 그래서 신하들은 여섯 가지 귀한 물건을 두 마리의 용 앞에 가져다 놓고 자신들의 의견을 간책에 써서 공손히 올렸다. 그랬더니 용 두 마리가 갑자기 사라지고 그들이 떠나간 자리에 용의 정액이 남아 있었다. 하나라 왕은 이를 상자에 담아 보관하였다. 이 상자가 궁궐의 비밀스러운 장소에 숨겨져 하나라에서 은나라로, 은나라에서 주나라로 바뀌는 동안 아무도 열어 보지 않은 채 은밀하게 보관되어 왔던 것이었다.

상자 속에서 빠져나온 용의 정액

그런데 주나라 여왕(厲王) 대에 이르러 이 상자에서 희미한 빛이 새어 나오는 것이었다. 이상하게 생각한 여왕은 이 상자를 열게 하였다. 그런데 그만 용의 정액이 궁전 바닥에 흘러내려 버렸다. 그 정액은 아무리 닦아도 없어지지 않았다.

무언가 불길하다고 생각한 여왕은 궁녀들을 모아 벌거벗은 채로 용의 정액을 향해 소리를 지르도록 하였다. 예로부터 중국에서는 불길한 것을 물리칠 때 여성들이 옷을 벗고 소리 지르게 했기 때문이다.

그런데 예상 밖의 일이 생겼다. 궁녀들이 소리를 지르자 용의 정액이 갑자기 한군데로 모이더니 커다란 검은색 도마뱀으로 변하여 후궁들을 향해 달려드는 것이었다. 궁녀들은 도마뱀을 보고 공포에 질려 도망치느라 아우성이었다. 그런데 그때 미처 도망치지 못한 일곱 살 난 어린 궁녀가 그 도마뱀과 부딪히고 말았다.

영문도 모르는 어린 궁녀는 나이를 먹어 성숙하자 저절로 임신이 되었는데 바로 도마뱀과 부딪힌 사건 때문이었다. 그리고 세월이 흘러 여왕은 죽고 선왕이 왕위에 있을 때였다. 도성의 거리에 아이들이 이상한 노래를 부르고 다녔다.

버려진 아기를 거둔 부부

산뽕(山桑)으로 만든 활

기초(箕草)로 만든 화살통

그것이 주나라를 망하게 할 거야.

이 노래는 선왕의 귀에까지 들어갔고 주나라를 망하게 한다는 내용에 놀란 선왕은 신하들을 시켜 노래의 내막을 알아보게 했다. 그런데 마침 궁중에서 이상한 일이 일어났다는 보고가 들어왔다.

"궁중에 괴이한 일이 생겨 아뢰옵니다."

"무슨 일이더냐?"

"다름 아니오라 선왕(先王) 때부터 있던 늙은 상궁이 나이가 오십여 세가 되는데 임신한 지 40여 년 만에 여자 아이를 낳았습니다."

그 늙은 상궁이 바로 도마뱀과 부딪혀 임신한 궁녀였다.

"괴이한 일이로고……. 그 여자 아이는 어떻게 했느냐?"

"불길하게 생각되어 거적에 싸 강에 버렸습니다."

"그렇다면 생사가 확실하지 않은 것이 아니냐? 그 아기의 행방을 찾아라!"

선왕이 이렇게 불호령을 내리고 있을 즈음, 도성에는 낯선 고장에서 온 부부가 막 도착했다. 그 부부는 뽕나무로 만든 활과 풀로 짠 화살통을 팔기 위해 온 것이었다.

"뽕나무로 만든 활이오, 풀로 짠 화살통이오!"

그들은 성 밖에 살았기 때문에 성 안의 사정에는 어두웠다. 그들이 활과 화살통을 팔려고 외치는 소리를 듣고 마침 누군가 부부에게 도성에서 일어난 일을 이야기해 주고 빨리 도망가라고 일러 줬다. 그러나 이미 병사들이 그들을 쫓기 시작한 후였다.

부부는 죽기 살기로 도망쳐 어느 강가에 이르렀다. 겨우 한숨을 돌리고 있는데 어디선가 아기 우는 소리가 들렸다. 부부는 자신들이 쫓기는 상황이었는데도 그 가여운 아기를 거두어 키우기로 결정했다. 그들은 그 후 서남쪽으로 가서 포국에 이르렀다. 그리고 그곳에서 포후라는 귀족의 노예로 들어갔다. 그들이 데리고 온 아기도 함께 노예가 되었는데, 주인의 성을 따라 포라는 성을 갖게 되었고 이름은 사(似)라 하였다.

거짓 봉화를 올리다

포사의 주인인 포후는 도성에 갔다가 어떤 예기치 않은 일 때문에 감옥에 갇히게 되었다. 이때 포후는 용모가 아름다운 포사를 왕에게 바치고 대신 자신은 풀려난다. 그리고 포사는 이내 왕의 눈에 들어 아들을 낳고 마침내 왕후의 자리에 오르게 된다. 노예의 처지에서 왕후의 자리에까지 오른 포사이지만, 그녀는 늘 웃지 않았다. 왕은 온갖 방법으로 그녀를 웃게 하려고 했지만 그녀는 결코 웃는 법이 없었다.

포사를 웃게 하는 데 갖은 머리를 쓰던 유왕은 다소 엉뚱한 생각을 하기에 이르렀다. 그것은 봉화대에 봉화를 올리는 것이었다. 봉화란 나라의 위급한 상황을 알리는 수단이었지만 포사에게 홀린 유왕은 어떤 일도 마다하지 않았다.

봉화대에 봉화가 올라가자 지방에 퍼져 있는 여러 봉화대에서도 봉화가 오르고 북소리가 울리기 시작했다. 각지의 제후들이 수레와 말과 군사를 이끌고 왕이 있는 도성으로 황급히 달려왔다. 그런데 막상 도착해 보니 도성에는 아무 일도 없었다. 도성 근처에는 각 지방에서 달려온 군사와 말, 수레들로 아수라장이 되었다.

"워어어어어. 아니, 이게 도대체 무슨 일이람. 아무 일도 없는데 그냥 봉화를 올렸단 말이야?"

"내 참, 기가 막혀서. 이런 바보 같은 짓이 어디 있단 말인가!"

그런데 이게 웬일인가? 혼비백산하여 뛰어온 사람들이 갈팡질팡하는 모습을 보며 포사가 깔깔깔 웃는 것이 아닌가. 유왕은 포사가 웃는 모습을 보고 더할 수 없이 기뻤다. 드디어 포사를 웃게 하는 방법을 알아낸 것이다.

"허허. 포사가 드디어 웃는구나. 어렵사리 방법을 알아냈으니 네 웃는 모습을 맘껏 즐겨야겠구나."

적의 공격에 속수무책인 주나라

그래서 유왕은 포사를 웃게 하고 싶을 때마다 봉화를 올리게 했다. 제후들

아수라장이 된 도성을 보고 드디어 웃음을 터뜨리는 포사의 모습

도 헛걸음치기를 수차례, 봉화를 올리는 횟수가 거듭될수록 모여든 제후와 군

사의 숫자는 줄어갔다. 그러던 어느 날 심각한 사태가 발생했다.

원래 유왕의 장인이었던 신후(申侯)가 군사를 일으켜 주나라에 쳐들

어온 것이다. 신후는 세력이 큰 제후로, 사위인 유왕이 아무 이유도

없이 자신의 딸을 폐하고 손자까지 죽이려는 것을 보고 증(繒), 서이(西

夷), 견융*(犬戎) 등 몇 개 민족과 손을 잡고 군사를 일으킨 것이다.

유왕은 황급히 봉화를 올리게 했다. 그러나 아무도 그를 도우러 오지 않았

다. 몇 차례 속임을 당한 제후들이 또 거짓 봉화려니 하고 모른 척한 것이다.

유왕은 포사를 데리고 도망을 쳤으나 얼마 못가 사로잡혀 목숨을 잃고, 포사

는 견융족에게 포로로 잡혀갔다. 그후 포사가 어떻게 되었는지는 전해지지 않

고 있다.

견융(犬戎)

중국 산시 지역에 거주했
던 민족으로 이들이 바로
흉노족의 조상이라는 설
이 전해오고 있다.

영화, 뮤지컬 등으로 재탄생하는 중국 4대 전설

중국의 4대 전설 오랜 세월 중국인들에게 사랑받는 전설로 중국의 4대 전설이라 불리우는 이야기들이 있다. 우리에게는 견우와 직녀로 친숙한 『우랑직녀(牛郞織女)』, 진시황 때 만리장성을 무너지게 했다는 『맹강녀(孟姜女)』 전설, 천년 묵은 백사와 인간의 이루어질 수 없는 사랑을 그린 『백사전(白蛇傳)』, 중국판 『로미오와 줄리엣』으로 불리우는 『양산백(梁山伯)과 축영대(祝英臺)』 전설이 그것이다.

『양산백과 축영대』 중국인들이 가장 좋아하는 러브 스토리이자 가장 활발하게 리메이크되는 전설이 『양산백과 축영대』이다. 양산백이 로미오라면 축영대는 줄리엣으로 두 사람의 아름답고도 슬픈 이야기는 천 년이 넘는 기간 동안 줄기차게 경극, 소설, 연극, 영화로 만들어지고 있다. 영화로는 서극 감독의 1995년 작 〈양축(梁祝)〉이 널리 알려져 있고, 〈양산백여축영대(梁山伯與祝英臺)〉라는 TV 드라마로 사랑받기도 했다. 최근에는 〈디에(蝶)〉라는 뮤지컬로도 만들어져 세계 각국의 무대에 올려졌다.

『백사전』 항저우를 배경으로 한 백사 전설을 1736년에 경극의 희곡으로 만든 것이다. 송나라 때 완성되고 청나라 때 유행하였는데 경극, 월극 등에서 가장 인기 있는 소재로 사용된다.

중국뿐만 아니라 일본, 한국 등지에서도 영화 소재로 각광받았는데 일본 최초의 장편 컬러 애니메이션 〈백사전〉, 서극 감독의 영화 〈청사(靑蛇)〉 등이 널리 알려졌다.

『백사전』 전설을 나타내는 그림

ChaPter 03 인도의 전설 여행

두샨타 왕과 사쿤탈라 | 날라 왕과 다마얀티

시련의 왕, 하리쉬찬드라 | 무굴 제국의 전설, 악바르 황제

샤 자한과 뭄타즈 마할 | 악마의 대표 선수, 라크샤사

뱀들의 여신, 마나사 | 욕망에 관한 두 가지 이야기

달 속에 토끼가 있는 이유 | 생명의 열매, 죽음의 열매

Legend of the world

명상의 나라 인도에는 사람들만큼 설화도 많다.
힌두교, 이슬람교, 불교, 자이나교 등 다양한 종
교가 혼재되어 인간의 내면적인 깨달음과 명상
을 다룬 이야기들이 많고 이런 설화들은 다른
나라에도 영향을 주었다.
실제로 아랍의 설화들은 인도 설화의 영향을 많
이 받았다. 여기에서는 인도에서 가장 잘 알려
진 서사시 『마하바라타』에 실린 영웅 전설과 악
마 전설, 인도인들 사이에서 잘 알려진 민간 전
설과 민담을 소개하고자 한다.

두샨타 왕과 사쿤탈라

두샨타 왕과 사쿤탈라의 아름다운 사랑 이야기는 인도의 대표적 서사시 『마하바라타*』에 실려 있다. 인도의 셰익스피어라 불리는 칼리다사가 그 이야기를 다듬어 『사쿤탈라』라는 7막의 희곡으로 완성하기도 했다.

마하바라타
산스크리트어로 된 고대 인도에 전해오는 대서사시로, 그 속에 많은 신화와 전설을 포함하고 있다.

사랑의 포로가 된 두 사람

사쿤탈라는 원래 숲속의 요정과 성자 사이에서 태어난 처녀였는데 어릴 때 부모를 잃고 한 성자의 집에서 키워졌다. 사냥을 좋아하는 두샨타 왕이 사슴을 쫓아 히말라야 골짜기를 헤매던 중 성자의 집에 들렀다가 아름다운 사쿤탈

카미유 클로델의 '사쿤탈라'

두샨타와 사쿤탈라 ◑
두샨타는 고대 인도 신화
에 등장하는 위대한 왕이
었으며 사쿤탈라는 그의
아내였다. 인도의 사학자
들은 이런 두샨타를 인도
아리안 종족 최초의 왕으
로 해석하기도 한다.

라를 보고 한눈에 사랑에 빠져 버렸다. 사쿤탈라 역시 두샨타
를 보고 이 사람이야말로 나의 남편이라는 운명적인 예감이
들었다. 그들은 두 사람만의 결혼식을 올리고 며칠 동안 꿈
같은 신혼을 즐겼다. 그리고 두샨타는 사쿤탈라에게 곧 데리
러 오겠다는 약속을 남기고 왕궁으로 돌아갔다. 사랑의 징표
로 그녀에게 에메랄드 반지를 끼워 주고 말이다.

두샨타가 돌아간 후 사쿤탈라는 반지만 바라보며 시간을 보
냈다. 어느 날 방랑하는 한 성자가 그녀에게 다가와 물과 음식을
청했는데, 사쿤탈라는 생각에 빠져 그 소리를 듣
지 못했다. 이제나저제나 대접받기를 기다리던
성자는 화나 머리끝까지 나서 사쿤탈라가 사랑하는 사람이 그녀를 잊
어버릴 거라는 무서운 저주를 내렸다. 깜짝 놀란 사쿤탈라는 성자의
발밑에 엎드려 울며 용서를 빌었다. 그러나 한 번 내뱉은 저주는 어쩔
수가 없었다.

어느 정도 화가 풀린 성자는 두샨타 왕에게 에메랄드 반지를 보여
주면 그 저주가 풀릴 것이라는 조건을 붙여 주었다.

사쿤탈라는 그 길로 왕궁으로 달려갔다. 문 앞에서 두샨타 왕을 만나게 해
달라고 사정했다. 그때 이미 사쿤탈라는 두샨타의 아기를 가져 배가 불러 있
었다. 문지기들은 웬 허름한 옷을 입은 배불뚝이 여인이 다짜고짜 왕을 만나
게 해 달라니 코웃음만 칠 뿐이었다.

사쿤탈라는 몇 날 며칠을 왕궁 근처에서 헤맨 끝에 드디어 두샨타 왕을 만날 수 있었다. 사쿤탈라는 남편에게 다가가 발밑에 엎드렸다.

"오! 내 사랑, 당신을 못 만날까 봐 두려웠어요. 나를 데리러 온다는 약속을 행여 잊은 건 아니겠죠? 우리의 사랑을 잊은 건 아니겠죠? 여기 우리의 결혼 징표가 있어요!"

사쿤탈라가 손을 번쩍 들어 올렸는데 거기에 당연히 끼어져 있어야 할 반지가 사라지고 없었다. 아마도 연못에서 세수할 때 빠져 버린 모양이었다. 두샨타 왕은 그렇게 사랑하던 사쿤탈라를 알아보지 못한 채 얼굴을 찡그리며 지나쳤다. 사쿤탈라는 저주가 사실임을 깨닫고 절망했다.

물고기 배 속에서 되찾은 반지, 되찾은 기억

어느 날 어부가 생선 배를 가르다가 크고 아름다운 반지 하나를 발견했다. 어부는 그것을 시장에 내다 팔려다가 왕족을 상징하는 반지라는 것을 알게 되었다. 착한 어부는 두샨타 왕에게 그 반지를 돌려주었다. 반지를 보는 순간 두샨타 왕은 잃었던 기억을 되찾았다. 너무 오랫동안 사쿤탈라를 버려두었음을 자책하며 그녀를 찾아 나섰지만 그녀는 이미 어디론가 사라진 후였다.

그때 하늘에서는 신들과 악마들 사이에 무시무시한 싸움이 벌어지고 있었다. 인드라 신이 두샨타 왕에게 도움을 청했다. 두샨타 왕은 인드라 신의 전차를 타고 신들의 전쟁터로 날아가 용감하게 싸웠다.

악마를 평정하고 왕궁으로 돌아오는 길, 갑자기 인드라*의 전차가 어느 숲속에 내려앉았다. 그 순간, 어디선가 아이의 웃음소리가 들렸다. 두샨타 왕은 자석에 끌리 듯 소리 나는 쪽으로 다가갔다. 거기에는 자신과 꼭 닮은 사내아이가 새끼 사자들과 놀고 있었다. 두샨타 왕은 다가가서 아이를 번쩍 들어 올렸다. 그 순간, 숲속에서 사쿤탈라가 나타났다. 아이는 바로 두샨타 왕의 아들이었던 것이다.

두 사람은 마침내 재회했고, 인드라 신께 감사의 기도를 드렸다.

인드라(Indra)
고대 인도 아리아인들이 섬겼던 천둥의 신이자 영웅 신이었다. 하지만 힌두교가 지배하면서 3주신의 지위는 차지하지 못하였다.

두샨타 왕이 인드라 신의 전차를 타고 신들의 전쟁터로 날아가는 모습

날라 왕과 다마얀티

날라 왕과 다마얀티 왕비 이야기는 『마하바라타』 전체 중에서 가장 아름다운 스토리로 꼽힌다. 도박에 빠져 왕위를 잃고 사라진 남편을 찾아 헤매다가 마침내 모든 것을 제자리로 돌려놓는 왕비의 일편단심은 인도의 가장 전형적인 아내의 모습이다.

신들의 질투를 이겨내다

니샤다 왕국의 날라 왕은 오래 전부터 이웃 나라 비마 왕국의 공주인 다마얀티를 흠모하고 있었다. 그러던 어느 날 비마 왕이 사위를 뽑는 연회를 연다는 소식이 들려왔다. 여러 지역의 왕자와 귀족들이 공주의 사위가 되기 위해 모여들었다. 일찍부터 아름다운 다마얀티 소문을 들어온 신들도 그녀의 남편이 되고 싶어 모여들었다.

인드라, 아그니, 바루나, 야마 네 신은 날라 왕을 찾아가 다마얀티에게 자신들의 얘기를 잘해 달라는 부탁을 한다. 날라는 여간 난처한 것이 아니었다. 자신도 오래 전부터 이날만을 기다려왔기 때문이다. 하지만 신들의 부탁을 거절했다가는 어떤 일이 벌어질지 몰랐다.

신들은 몰래 다마얀티의 침실로 날라를 들여보냈다. 다마얀티를 만난 날라는 자신의 속마음을 숨긴 채 네 신들의 사랑 고백을 전했다. 그러나 다마얀티 역시 오래 전부터 날라 왕을 짝사랑하고 있었던 터였다. 그날 밤 날라를 보고 나니 더더욱 마음이 그에게 기울어졌다.

그런 그녀의 마음을 읽고 네 신은 심술이 났다. 그들은 날라 왕과 똑같은 모습으로 변신해 연회에 참석하여 진짜 날라를 맞춰 보라고 요구했다. 영리한 다마얀티는 단 한 번에 진짜 날라를 알아맞혔다. 신들에게는 그림자가 없었던 것이다.

이렇게 해서 두 사람은 결혼에 성공했다. 연회에 참석했던 신들도 체념하고 두 사람의 사랑을 축복

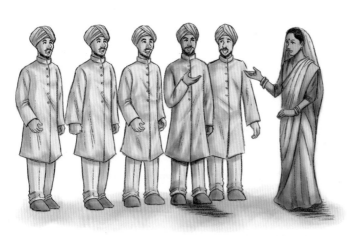

다마얀티가 날라 왕으로 변신한 네 명의 신 가운데 진짜 날라 왕을 알아맞히는 모습

해 주었다. 그러나 모든 신이 이들 부부를 축복해 준 것은 아니었다.

악마의 계략에 빠진 날라

악마 데몬은 두 사람의 행복을 질투하고 언젠가는 두 사람을 파멸시키겠다는 생각을 했다. 악마 데몬이 생각해 낸 것은 바로 도박이었다. 날라 왕은 원래 도박을 좋아했는데 데몬의 계략으로 점점 더 심하게 빠져들어 나랏일을 등한시하기에 이르렀다. 그런 형을 지켜보던 동생 푸슈카라가 형을 더 큰 도박판에 끌어들였다.

날라는 몇 달 동안 식음을 전폐하고 도박에 빠져 지냈다. 그러다 문득 정신을 차려 보니 왕국과 재산을 모두 날린 후였다. 악마 데몬의 사주를 받은 푸슈카라는 더 이상 걸 것이 없는 형에게 마지막 제안을 한다. 형수 다마얀티를 걸라는 것이었다. 하지만 날라는 그것만은 할 수 없었다.

결국 동생에게 왕궁을 넘겨주고 만 날라는 미안하기도 하고 속상하기도 하여 아내 다마얀티를 버려둔 채 혼자 사라져 버렸다. 다마얀티는 혼자 버려졌다는 것이 기가 막혔지만 자신을 버린 남편을 미워할 수는 없었다. 그의 영혼이 악마에게 지배당하고 있다는 것을 알았기 때문이다.

다마얀티는 남편을 찾겠다는 생각으로 여러 해 동안 여기저기를 헤매고 다녔다. 그러던 어느 날, 그녀는 체디 왕궁 모후의 도움을 받아 다른 공주들과 함께 지낼 수 있게 되었다.

다마얀티의 아버지는 자신의 딸이 체디 왕국에 있다는 말을 듣고 즉시 사람을 보냈다. 부모와 오랜만에 해후한 다마얀티는 그동안 있었던 이야기를 들려주며 날라를 찾아 달라고 부탁했다.

마부로 변신하고 숨어 지내다

한편 날라는 숲속을 헤매다가 불길에 휩싸인 뱀을 구해 주었다. 뱀은 고마워하며 데몬으로부터 날라를 구해 주겠다고 약속했다.

뱀은 날라를 난쟁이 마부로 변신시킨 후 아요다 왕국의 리투파르나 왕의 하인으로 들어가라고 조언했다. 리투파르나 왕은 도박의 귀재니 그에게 말 다루는 법을 가르쳐 주고 도박 기술을 배워 오라고 했다. 뱀은 언제든 원래의 모습으로 돌아오게 만들어 주는 마법의 외투를 날라에게 주고는 사라졌다. 날라는 뱀이 시킨 대로 리투파르나 왕의 마부로 들어갔고 말 다루는 솜씨가 좋아 얼마 안 있어 수석 마부가 되었다.

그 사이 다마얀티는 수소문 끝에 자신의 남편이 아요다 왕국의 마부가 되어 살고 있다는 것을 알아냈다. 남편이 자존심 때문에 자신 앞에 나타나지 못하는 것을 알고 꾀를 궁리해 냈다. 리투파르나 왕에게 편지를 보내 다마얀티의 재혼 상대를 뽑는 연회가 열리니 거기 참석하고 싶으면 내일까지 비마 왕국으로 오라고 한 것이다.

리투파르나 왕은 즉시 날라를 불러 떠날 준비를 시켰다. 날라는 다마얀티가 자신을 잊고 재혼하기로 했다는 걸 알고 큰 충격을 받았다. 자신의 아내와 재혼하기 위해 가는 리투파르나 왕. 그 왕을 태운 마차를 몰고 있는 자신의 신세가 한탄스러워 날라는 이를 악물고 채찍질을 했다.

도박의 비법으로 아내와 왕궁을 되찾다

날라의 심정을 모르는 리투파르나 왕은 자신도 날라처럼 멋지게 말을 부려보고 싶다는 생각이 들었다.

"날라, 나도 너처럼 말을 잘 다루고 싶어. 채찍을 휘두르며 스피드를 즐겨보고 싶어. 나한테 말 모는 방법을 가르쳐 주겠나?"

"왕이시여, 그 대신 저에게는 왕께서 알고 계신 도박의 비밀을 알려 주시겠습니까?"

"지금 여기서 말인가? 말도 안 돼! 난 지금 일 분 일 초가 급한 사람이라구! 그럴 시간이 어디 있어?"

"그럼 여기서부터는 혼자 가십시오."

날라가 그렇게 심통을 부리자 왕은 결국 도박의 비법을 전수해 주었다. 비법을 배우는 동안 엄청난 지혜가 날라의 머리를 채우기 시작했다. 그리고 마침내 날라의 혼을 지배하던 데몬을 몰아낼 수 있었다.

데몬을 완전히 물리친 날라는 서둘러 비마로 마차를 몰았다. 그리고 마침내 사랑하는 아내 다마얀티 앞에 섰다. 날라는 아내에게 정말 자신을 두고 재혼

할 생각이었냐고 물었다. 다마얀티는 수줍게 웃으며 말했다.

"당신을 돌아오게 하기 위한 방법이었을 뿐이에요. 나는 아내로서 순결을 지켰고 이렇게 당신 스스로 나에게 돌아왔으니 됐잖아요?"

날라는 현명하고 정숙한 아내에게 감동했다.

날라가 뱀이 준 외투를 입자 날라는 본래의 늠름하고 잘생긴 모습으로 바뀌었다. 두 사람은 포옹하고 재회의 기쁨을 만끽했다.

아내와 함께 나샤다로 돌아간 날라는 리투파르나 왕에게 전수받은 비법으로 푸슈카라에게 빼앗겼던 왕국과 재산을 모두 되찾았고, 이후로는 절대 도박에 빠져 지내는 일이 없었다고 한다.

다마얀티의 지혜로 다시 재회의 기쁨을 누리는 날라의 모습

시련의 왕, 하리쉬찬드라

네 아들을 희생 제물로 바쳐라

북인도 아요다 지방의 왕인 하리쉬찬드라*는 나라를 행복하고 평화롭게 잘 다스려서 백성들의 신뢰를 한 몸에 받고 있었다. 그런데 그와 아내 타라마티 사이에는 아이가 없는 게 큰 걱정이었다.

그는 바루나 신(뒤에 소개)에게 제를 올리면 아이를 낳을 수 있을 거라는 계시를 받고 정성 들여 제의를 행하였다. 그의 정성에 감동한 바루나 신이 그에게 나타나 말하였다.

"그대의 정성이 아들을 만들었다. 그러나 그 아이가 젖을 뗄 무렵이 되면 희생 제물로 바쳐야 한다. 약속을 지킬 수 있겠는가?"

아들을 주었다가 다시 희생 제물로 바치라니, 그렇다면 무슨 소용인가. 그

하리쉬찬드라
(Harishchandra)
『베다』와 『마하바라타』에 나오는 고대 인도 신화에 등장하는 왕의 이름

러나 하리쉬찬드라는 일단 아들을 바라는 마음에 그렇게 하겠다고 약속했다.

얼마 후 타라마티 왕비는 옥동자를 낳았다. 우윳빛 피부에 탐스러운 볼을 가진 아름다운 아기였다. 백성들은 왕자의 탄생을 진심으로 축하했다. 왕과 왕비는 아기 이름을 로히타로 짓고 지극 정성으로 돌보았다. 아기는 무럭무럭 자라 걸음마를 하고 어느덧 엄마 젖 대신 밥을 먹게 되었다. 그러자 바루나 신이 나타나 말했다.

"아이가 젖을 떼면 희생 제물로 바치겠다는 약속을 잊지는 않았겠지? 이제 때가 되었으니 나를 위한 희생 제의를 준비하라!"

곁에 있던 왕비가 바루나의 발밑에 쓰러져 울부짖었다.

"안 돼요. 제발 저에게서 아들을 뺏지 말아 주세요."

"바루나 신이시여, 로히타가 어금니가 날 때까지만 기다려 주십시오."

"좋다. 이번 한 번만 부탁을 들어주지."

몇 년이 지난 후 바루나 신이 다시 나타나 희생 제의를 준비하라고 말했다. 그러자 왕은 또다시 조금만 더 시간을 달라고 간청했다. 바루나는 이번이 정말 마지막이라며 몇 달 후에 자신이 나타나면 그때는 무슨 일이 있어도 희생 제의를 올려야 한다는 다짐을 받았다.

그런데 아들 로히타가 그 이야기를 듣고 말았다. 자신이 바루나의 희생 제물이 되어야 한다는 기막힌 사실을 알게 된 로히타는 두려워서 집을 나가고 말았다. 나라 안을 샅샅이 뒤지며 로히타를 찾았지만 작정하고 몸을 숨긴 왕자를 찾을 수는 없었다.

바루나 신의 저주를 받다

몇 달이 흐르고 마침내 바루나 신*이 약속한 날이 되었다. 왕의 아들이 사라졌다는 걸 알고 바루나 신은 무섭게 화를 냈다.

"내가 그대들을 위해 몇 번이나 제의를 미뤄 주었는데 끝내 아들을 잃어버렸다고? 이런 괘씸한 인간들 같으니라구. 그대는 지금 이 순간부터 무시무시한 육체적 고통을 받게 될 것이다!"

왕은 바루나의 저주를 받아 몸이 퉁퉁 붓고 잠을 잘 수 없을 정도로 심한 통증을 느끼는 병에 걸렸다. 치료 방법을 수소문했지만 아무도 그 병에 대해서 아는 사람이 없었다. 절망에 빠진 왕과 왕비는 성자 바시슈타를 찾아갔다. 바시슈타는 이렇게 조언했다.

"『베다』* 경전에 의하면 자기 자식을 희생 제물로 바치는 대신 브라만 계급의 소년을 사서 제물로 바치기도 했다는 내용이 있습니다."

이에 왕은 전국 방방곡곡에 사람을 보내 희생 제물로 아들을 내놓을 사람을 수소문했다. 그러던 어느 날, 한 브라만이 왕을 위해 자신의 아들 일곱 중 하나를 바치겠다고 말했다.

왕은 그 브라만의 희생 앞에서 감사의 눈물을 흘렸다. 내 자식만을 생각하며 신과의 약속을 저버리려 했던 자신의 이기적이고 어리석은 마음을 깊이 뉘우쳤다.

왕은 브라만의 아들을 향유로 목욕시키고 정갈한 옷으로 갈아입혔다. 마침내 제의가 시작된 것이다. 영문을 모르고 따라왔던 브라만의 아들은 그제야

바루나 신
우주의 질서는 물론이고 인간의 도덕적 질서까지 관장하고 있는 인도의 신

베다(Veda)
인도에서 가장 오래된 신화적 내용과 종교의식을 담은 종교 문헌이다.

자신이 희생 제물이 된 것을 알고 구슬프게 울었다. 그것을 보고 있던 왕과 성자들의 마음은 찢어지는 것 같았다.

비쉬바미트라 성자가 안타까운 마음에 어린 소년에게 말했다.

"그렇게 울지만 말고 바루나 신에게 네가 직접 기도해 보렴."

소년은 엎드려서 간절한 기도를 올렸다. 소년의 애끓는 마음이 마침내 마음 약한 바루나 신을 움직였다. 제사장이 도끼로 소년의 목을 내려치려는 순간, 바루나가 나타나 도끼를 잡았다.

"멈춰라! 이 죄 없는 소년의 애절한 기도가 왕을 살렸다. 왕에게 내린 고통의 저주도 풀릴 것이고 왕자를 제물로 바치라는 약속도 없었던 것으로 하겠다."

그 말이 끝나자마자 왕의 몸에서 통증이 사라졌다. 그리고 얼마 후 왕자도 돌아왔다. 하리쉬찬드라는 신께 감사드리며, 평생 진실만을 말할 것과 말한 것은 반드시 지키겠다는 두 가지 맹세를 했다. 하지만 그는 얼마 후 그 약속 때문에 또 다른 시련에 휩싸인다.

두 성자의 내기

바시슈타와 비쉬바미트라는 둘 다 존경받는 성자인데 만나기만 하면 논쟁하기를 즐겼다. 그날도 하리쉬찬드라가 얼마나 진실된 사람인가에 대해 얘기하고 있었다.

"하리쉬찬드라는 자기만 알고 거짓말하며 신과의 약속을 저버렸던 사람이네. 원래 인간이란 추악하고 이기적이야. 그도 별수 없는 사람인 거지."

비쉬바미트라가 이렇게 말하자, 바시슈타가 고개를 저었다.

"그는 절대 그런 사람이 아니야. 진실되고 약속을 잘 지켜."

"힘든 순간이 오면 누구나 자신에게 이로운 것을 먼저 생각하게 되는 법이지. 그도 마찬가지야."

"하리쉬찬드라는 죽으면 죽었지 절대 인간의 비열한 모습을 보이지 않을 것이라네."

두 성자는 내기를 하기로 했다. 비쉬바미트라가 왕에게 가서 자신의 아버지가 하늘에 제물을 바치기로 약속했는데 아직 돈을 모으지 못했다고 하소연했다. 그러자 하리쉬찬드라가 말했다.

"당신 아버지가 하늘에 바쳐야 할 돈이 얼마인가요? 내가 그 부족분을 모두 내주겠소."

"그것은 아주 많아야 합니다. 전하가 가지신 이 왕국을 통째로 바쳐야 할지도 모릅니다."

"그것이 필요하다면 그렇게 하지요. 지금 이 순간부터 내가 가진 모든 것이 다 당신 것입니다. 나는 아들과 아내를 데리고 바라나시로 순례를 떠나겠소."

그리고 하리쉬찬드라는 타라마티 왕비에게 사실대로 말했다. 고생이라고는 모르고 자란 아내에게 형편이 나아질 때까지 당분간 아들을 데리고 친정에 가 있으라고 했다. 그러나 왕비는 고개를 저었다.

"제가 당신과 헤어져 편하게 살아가는 게 무슨 의미가 있겠습니까? 고생스럽더라도 당신을 따라가겠어요."

다음 날 아침, 날이 밝자 왕과 왕비 그리고 아들 로히타는 바라나시를 향해 길을 떠났다. 그런데 비쉬바미트라가 그 뒤를 쫓아왔다.

"당신은 나에게 줘야 할 것을 다 주지 않고 도망치듯 왔소. 만약 닥쉬나를 주지 않으면 당신은 나에게 애초부터 아무것도 줄 마음이 없었던 것이고, 나와의 약속을 지키지 않은 것이오."

아요다에서는 브라만에게 선물을 하거나 제의를 부탁할 때 현금을 함께 줘야 하는 풍습이 있는데 이것을 '닥쉬나'라고 한다. 비쉬바미트라는 닥쉬나로 금화 5만 냥을 달라고 요구했다. 하지만 비쉬바미트라에게 모든 것을 주고 빈털터리로 나온 하리쉬찬드라에게 돈이 있을 리 없었다. 그는 며칠 시간을 주면 마련해 주겠다고 했다.

아내와 아들을 노예로 팔다

하리쉬찬드라는 부지런히 일거리를 찾았지만 돌아오는 일이라고는 청소 같은 허드렛일밖에 없었다. 그나마 가리지 않고 해 봤자 세 식구 입에 풀칠하기도 바빴다. 약속 날짜가 다가오자 절망에 빠진 하리쉬찬드라는 괴로워했다. 그런 남편을 보고 있는 타라마티는 가슴이 찢어지는 것 같았다.

"부디 나를 팔아서 그 돈을 마련하세요."

"그건 안 될 말이오. 더 이상 당신을 힘들게 할 수는 없어."

"만약 닥쉬나를 마련하지 못하면 당신은 약속을 지키지 않는 파렴치한 사람이 되는 걸요. 당신이 평생 지켜 온 신념이 땅에 떨어지는 걸 보고 있을 수만은 없어요."

하리쉬찬드라는 결국 아내의 말을 따르기로 했다. 눈물을 삼키며 시장 귀퉁이에 서서 지나가는 사람들에게 아내와 아들을 사 가라고 소리쳤다. 사람들은 비록 행색은 초라하나 어딘지 기품이 흐르는 여자와 아이를 보고 수군거렸다. 그러더니 마침내 한 귀족이 금화 2만 5천 냥에 둘을 사겠다고 했다.

아내와 아들을 보내고 돈을 건네받은 하리쉬찬드라는 피눈물을 흘렸다. 그

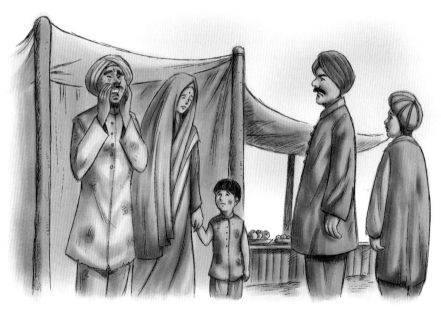

하리쉬찬드라가 아내와 아들을 사 가라고 소리치는 모습

러나 나머지 돈을 마련하려면 힘을 내야 했다. 이번에는 자신을 사 가라고 소리치기 시작했다.

화장터에서 일하게 된 하리쉬찬드라

하리쉬찬드라는 화장터 일꾼으로 팔려 갔다. 화장터에서 시신을 태우는 일은 가장 천한 사람들이 하는 일이었다. 그러나 그는 이것저것 가릴 처지가 아니었다. 그렇게 마련한 금화 5만 냥을 비쉬바미트라에게 건네자 그는 고맙다는 말도 없이 가지고 가 버렸다.

하리쉬찬드라는 시신이 장작더미 위에서 잘 타도록 지켜 주고 유족들에게 수고비를 받았다. 슬퍼하는 유족들에게 수고비를 요구하는 일이 치욕스러웠지만 그 고통을 이겨 내야 했다. 가족들을 팔아넘긴 자신에게는 그런 감정조차 사치라고 생각했다.

한편 귀족에게 팔려 간 타라마티는 새벽부터 밤중까지 한시도 쉬지 않고 일해야 했다. 예쁘고 기품이 느껴지는 노예에게 반감을 가진 주인 마님 때문에 삶은 더욱 고단했다. 아들 로히타를 돌볼 시간조차 주지 않아 로히타는 늘 혼자 지내야 했다.

어느 날 부엌에서 허드렛일을 하고 있는 타라마티에게 아들 로히타가 뱀에 물렸다는 소식이 전해졌다. 놀라서 달려가 보니 로히타는 이미 온몸에 독이 퍼져 숨을 거두고 말았다. 그녀는 차가운 아들을 부둥켜안고 통곡했다.

아들의 시신을 흥정한 아비의 절규

타라마티는 한밤중에 아들의 시신을 안고 화장터로 왔다. 시신을 안고 구슬프게 울고 있는데 검은 그림자가 나타나 호령했다. 화장터지기였다. 아무에게도 자신의 애끓는 심정을 얘기할 수 없었던 타라마티는 어둠 속에서 화장터지기에게 자신의 어린 아들이 뱀에 물려 죽었다고 하소연했다. 화장터지기는 퉁명스럽게 말했다.

"그런 사연일랑 하루에도 수십 번씩 들어 귀가 따갑수. 시체를 태우려면 먼저 돈부터 내슈."

"저는 가진 돈이 한 푼도 없어요."

"돈이 없으면 다른 거라도 내놔야지. 이 옷이라도 벗으슈."

화장터지기였던 하리쉬찬드라가 여인의 옷을 틀어쥐는 순간, 구름에 가렸던 달이 드러나면서 어둠 속의 여자 얼굴을 비췄다. 하리쉬찬드라와 타라마티는 한동안 얼굴을 마주한 채 얼어붙은 듯 움직이지 못했다. 시체를 태우러 온 가난한 여인이 아내라는 것과,

아들의 시신을 안고 울부짖는 하리쉬찬드라

그 팔에 안겨 있는 시신이 아들이라는 걸 깨닫고 하리쉬찬드라는 절망으로 무너져 내렸다.

"이렇게 살아서 무엇하겠소. 우리 이 삶을 그만 끝냅시다."

세 사람을 태울 만큼의 장작을 쌓아 올린 후 로히타의 시신을 가운데 두고 둘은 나란히 누웠다. 그리고 장작에 막 불을 붙이려는 순간, 하늘에서 마른번개가 번쩍 치더니 인드라 신이 나타났다.

"멈춰라. 그대들의 고귀한 마음을 알았으니 일어나 신들의 축복을 받으라."

비쉬바미트라 성자도 나타나 진심으로 사과했다.

"내가 그대를 시험에 들게 했소. 바시슈타와 내기를 했던 것이오. 내가 졌다고 바시슈타에게 전해 주시겠소?"

때를 맞춰, 죽었던 로히타가 잠에서 깨어나듯 기지개를 켜며 일어났다. 하리쉬찬드라와 타라마티는 아들을 얼싸안았다. 세 사람은 백성들의 환호 속에 아요다 왕국으로 돌아갔다.

인도의 바라나시에는 하리쉬찬드라의 이름을 딴 화장터가 있는데, 그곳에는 신과의 약속을 지키기 위해 화장터지기까지 했던 왕의 이야기가 전해 내려오고 있다.

무굴 제국의 전설, 악바르 황제

성군과 폭군, 두 얼굴을 가진 황제

인도의 악바르 황제는 16세기 초 이슬람 세력이 세운 무굴 제국의 세 번째 왕이다. 아버지 후마윤이 즉위한 지 6개월 만에 계단에서 미끌어져 갑자기 세상을 뜨는 바람에 악바르는 15세의 어린 나이에 왕위를 물려받게 된다.

무굴 제국을 세운 사람이 바부르 황제였다면 대제국의 위치를 확실하게 만든 사람은 악바르다. 동서로는 아프가니스탄에서 벵갈만까지, 남북으로는 고다바리 강에서 히말라야에 이르는 영토 확장으로 무굴 제

인도 무굴 제국의 악바르 대제(1542~1605)
인도 무굴 제국의 제3대 황제로, 40여 년 동안 다스리며 대제국을 건설하였다.

국의 전성기를 주도했다.

그는 이슬람을 기반으로 한 제국을 이끌었지만 여러 종교에 열린 생각을 가지고 있었고, 특히 힌두교와의 연합에 힘을 기울였다. 크고 작은 왕국들을 통합하기 위해 당근과 채찍을 적절하게 이용했는데, 자신에게 호의적인 왕에게는 결혼 동맹을 맺으며 부와 권력을 약속했지만 끝까지 저항하는 왕에게는 철저하게 보복했다. 자신에게 끝까지 저항한 치토르 성을 마침내 함락시켰을 때 악바르가 성에 남아 있는 백성들을 한 명도 빠짐없이 학살한 일은 그의 잔인한 면모를 보여 주는 일화이다.

이처럼 폭군과도 같은 면모를 지녔지만 한편으로는 과학, 문화, 예술 등의 발전에 힘쓰고 다른 종교를 인정해 인재를 골고루 등용하는 등의 합리적인 통치 이념을 펼쳐 아소카 왕 시대에 이어 인도 최고의 전성기를 이룬다. 그래서 '대제(大帝)'라는 칭호로 불리고 때로는 '인도의 세종대왕'으로 일컬어지기도 한다.

조다 왕비와의 사랑

악바르 대제와 조다 왕비의 사랑을 그린 인도 영화 〈조다 악바르〉. 악바르 대제는 힌두교와의 융합을 위해 여러 종족과의 정략결혼을 밥 먹듯이 했는데, 그 중에서도 암베르(지금의 자이푸르) 왕의 딸인 조다 공주와의 사랑 이야기는 거친 악바르도 따뜻한 가슴을 가진 남자였음을 보여 준다. 이들의 이야기는

2007년 〈Jodhaa Akbar〉라는 제목으로 영화화되기도 했다.

처음에 악바르가 힌두교도인 조다 공주와 결혼한 것은 순전히 암베르를 정치적으로 묶어 두기 위한 수단일 뿐이었다. 그러니 조다 공주 역시 이슬람교도인 악바르와의 결혼이 마음에 들 리 없었다.

결혼 첫날밤, 신부 조다는 악바르에게 자신은 크리슈나 신을 끝까지 섬길 거라고 당당하게 말했다. 이에 악바르는 자신의 신앙에 그토록 신념을 가지고 있는 공주에게 흥미를 느끼기 시작했다.

조다 왕비는 매일 아그라 성 안에서 크리슈나 신

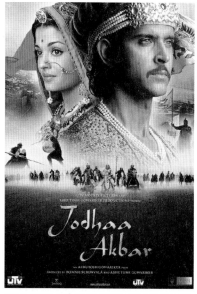

악바르 대제와 조다 왕비의 사랑을 그린 인도 영화 〈조다 악바르(Jodhaa Akbar)〉의 포스터

에게 기도를 드렸고, 조다 왕비를 찾아온 악바르는 왕비가 신에게 기도하는 동안 바깥에서 기다려 주었다. 그 모습을 본 조다 역시 조금씩 악바르에게 마음의 문을 연다.

"힌두교에서는 한 번 결혼한 부부는 일곱 번 다시 태어날 때까지 부부의 인연을 맺습니다."

"이슬람교에서는 남편이 '타락'이라고 세 번 외치면 그 자리에서 이혼이 가능하오."

두 사람은 결혼에 대해 이렇게 말하며 서로의 종교에 대해, 그리고 서로에 대해 알아가려고 노력하였다.

서로에게 호감을 느끼고 있을 즈음, 그들의 사랑을 방해하는 무리들이 생겼다. 그들은 조다 왕비가 그 오빠인 수자말 왕자가 바람을 피운 것처럼 꾸며 악바르가 오해하게 만들었다. 질투심에 판단력을 잃은 악바르는 조다 왕비를 친정인 암베르로 쫓아 버렸다. 하지만 그것이 오해였다는 걸 알고 다시 조다를 데리고 오려 하지만 조다는 완강히 버티며 암베르에 남겠다고 한다.

"당신은 정복할 줄은 알아도 다스리지는 못하는 왕이에요."

조다의 뼈 있는 한 마디는 악바르를 생전 처음 잠 못 이루게 만들었다. 이후로 악바르는 백성들의 이야기를 듣기 위해 밖으로 나가고 거기서 들은 얘기들을 정책에 적극 반영하면서 나라를 제대로 다스리기 시작했다.

한편 악바르에게 심한 소리를 했지만 이미 마음 깊이 그를 사랑하고 있던 조다는 다시 아그라 성*으로 돌아왔고 두 사람은 마침내 서로의 사랑을 확인하게 된다.

아그라는 타지마할과 함께 힌두 출신 왕비 조다 바이의 궁으로 유명하다. 이교도인 힌두 왕비의 궁을 다른 무슬림 왕비들보다도 크게 만들어 주었다는 사실에서 악바르의 사랑을 느낄 수 있다.

아그라 성
악바르 대제가 축조를 시작하여 샤 자한 시대에 더욱 발전시켜 완성한 인도의 대표적인 건축물이다.

'환상의 커플' 악바르와 비르발

악바르는 제국의 통합을 위해 결혼 동맹 외에도 힌두의 재상과 무사들을 골고루 등용하는 정책을 폈다. 특히 악바르는 비르발*이라는 지혜로운 힌두 재상의 얘기를 귀담아 듣곤 했다. 인도 민담에는 존경받는 황제 악바르와 슬기로운 재상 비르발에 대한 이야기가 많이 전해 내려온다. 그 중 하나는 무고한 신하를 죽일 뻔한 악바르에게 비르발이 일침을 가한 이야기이다.

악바르의 궁전에 굴샨이라는 시종이 있었는데 이 사람은 어찌된 일인지 다른 사람들로부터 '재수 없는 놈'이라는 말을 듣고 살았다. 주방에서 음식이 썩어도 굴샨 탓, 빵이 타도 굴샨 탓, 잔치가 있는 날에 비가 와도 굴샨 탓이라고 욕했다.

어느 날 악바르는 굴샨이 자신의 시중을 들게 되자 찜찜해 했다. 아니나 다를까. 식사를 하고 있는데 경호대장이 뛰어 들어왔다.

"폐하, 북쪽에서 백성들의 반란이 일어났습니다. 세금을 낮추고 먹을 걸 나눠 달랍니다."

악바르는 당장 가서 진압하라고 명령했다.

경호대장이 나가기 무섭게 이번에는 마굿간을 지키는 신하가 달려왔다.

"폐하께서 가장 아끼시는 말이 오늘 갑자기 다리를 접니다."

그때, 두 사람 사이를 제치고 왕비가 달려와서 말했다.

"폐하, 우리 맏아들이 넘어져서 팔이 부러졌어요."

비르발

무굴 제국 시대에 악바르 황제가 길거리에서 발탁한 재상으로, 아첨하지 않으면서도 재치 있게 옳은 말을 하였던 것으로 유명하다.

악바르는 머리를 감싸 쥐고 소리를 질렀다.

"으악! 이게 모두 그 재수 없는 놈 탓이야. 당장 굴샨을 데려다 목을 쳐라!"

가엾은 굴샨은 순식간에 옥에 갇혀 사형을 기다리는 신세가 되었다.

누가 더 재수 없는 놈?

그때 비르발 대신이 감옥에서 굴샨을 데리고 악바르 앞에 섰다.

악바르는 굴샨을 보더니 마구 화를 냈다.

"그 재수 없는 놈을 왜 또 내 앞에 데리고 왔는가? 오늘 아침 그 녀석의 시중을 받은 직후부터 되는 일이 하나도 없어!"

비르발은 굴샨을 보고 물었다.

"굴샨, 오늘 아침에 일어났을 때 다른 날과 다른 점이 없었나?"

굴샨이 말했다.

"다른 날과 다른 점이라고는 전하를 모시게 된 것뿐이었죠. 가문의 영광이라고 생각했는데 하루가 가기도 전에 저는 죽을 처지가 되어버렸습니다요."

"자네에게 정말 재수 없는 날이군! 그런데 오늘 아침 자네가 제일 먼저 본 얼굴이 누구였지?"

굴샨은 얼굴이 시뻘개져서 우물쭈물하다가 작은 소리로 말했다.

"그야, 화……황제 폐하였습니다."

비르발이 악바르에게 말하였다.

"폐하께서는 오늘 아침 굴샨을 본 이후부터 재수가 없다고 하십니다. 하지만 굴샨은 오늘 아침 황제의 얼굴을 본 후 목이 달아날 처지에 놓이게 됐습니다. 대체 누가 더 재수 없는 사람인 걸까요?"

악바르는 얼굴이 붉어져서 한동안 말이 없더니 푸하하 호탕하게 웃었다.

"비르발, 자네는 정말 대단한 나의 친구야. 그래. 자네가 아니었으면 내가 저 사람을 억울하게 죽일 뻔했군. 굴샨, 일어나서 나가라. 너는 자유다."

황제에게 바른말을 거침없이 하는 비르발과 그런 신하의 말을 귀담아 들은 황제 악바르는 역사에서 보기 드문 찰떡궁합이었다.

흉폭한 악바르도 논리적으로 말하는 비르발 앞에서는 쩔쩔매며 그의 말을 받아들이고 만다.

샤 자한과 뭄타즈 마할

뭄타즈 왕비와의 애틋한 사랑

인도 아그라 남쪽에는 무굴 제국의 제5대 황제였던 샤 자한이 왕비 뭄타즈 마할을 추모하여 건축한 타지마할이 있다. 타지마할*은 '마할의 왕관'이라는 뜻으로 기능공 2만 명을 동원하여 22년에 걸쳐 지었다고 한다. 진주 빛 대리석에 정교한 벽면의 부조, 건물 입구의 수로와 정원의 완벽한 조화, 보석으로 장식된 화려한 궁전 내부 등은 세계 문화유산으로 꼽힐 만하다.

샤 자한에게는 세 명의 왕비가 있었는데 타지마할의 주인 뭄타즈 마할은 그 중 두 번째 왕비였다. 그녀가 다른 왕비들에 비해 특별히 미모가 뛰어나거나 특출한 면이 있는 것은 아니었다. 오히려 작고 까무잡잡한 피부를 가진 볼품없는 여인이었다. 하지만 그녀에게는 샤 자한의 마음을 읽을 수 있는 능력이 있었다.

'마할의 왕관' 이라는 뜻의 타지마할 궁전의 아름다운 모습

    어느 날 밤, 샤 자한이 국정에 대한 근심과 피로 때문에 잠을 이루지 못하고 있었다. 시원한 물 한 잔만 마셨으면 좋겠다는 생각으로 몸을 반쯤 일으켰을 때 누군가 황금 물잔을 그의 입 가까이에 대 주었다. 바로 뭄타즈 왕비였다.

    '내가 목마른 것을 어찌 알았을까?

    샤 자한은 이상하게 생각했다. 하지만 곧 고개를 끄덕였다.

    '그래, 뭄타즈는 한시도 내 곁을 떠난 적이 없지. 언제나 내 생각 안에 있구 말구.'

    샤 자한은 자신에 대한 걱정으로 밤을 지새는 왕비의 마음을 알고 있었다. 그것은 바로 왕을 향한 세심한 배려와 관심이었다. 그 마음을 알고 있기에 뭄 타즈 마할을 더욱 사랑할 수밖에 없었다.

    그녀는 누구에게나 맑은 목소리와 넘치는 애교로 다가갔다. 꾸밈없는 밝은 성격으로 궁궐의 모든 사람들을 대했고 왕비의 품위를 지키면서도 사치스럽거나 건방지게 굴지 않았다. 그러니 왕은 물론이고 궁궐의 모든 사람들도 그녀를 좋아했다.

샤 자한은 뭄타즈 마할을 너무도 사랑한 나머지 어디를 가나 무슨 일이 있거나 언제나 그녀를 동반했다. 심지어 전쟁터에 나갈 때도 뭄타즈를 데리고 가고 싶어 했는데 그때마다 그녀는 두 말 없이 따라나섰다.

타지마할의 슬픈 전설

어느 해 임신한 뭄타즈가 몸져눕게 되었다. 발그레했던 뺨은 생기를 잃었고 맑고 낭랑했던 목소리는 메말랐고 몸은 야위어 갔다. 다시 살아날 수 없을 거라는 예감을 했던 것일까? 샤 자한은 뭄타즈를 위해서 무엇이든 해주고 싶었다.

"바라는 것이 있으면 말해 보시오. 내 사랑. 그대의 소원이라면 무엇이든 들어주리다."

"나를 위해 아름다운 무덤 하나 만들어 주세요. 나는 죽어서 거기 깃들어 당신을 지켜 드리겠어요."

샤 자한은 세상에서 최고로 아름다운 무덤을 만들어 줄 것을 약속했고, 뭄타즈는 그렇게 남편의 손을 잡고 숨을 거두었다.

타지마할을 완성한 샤 자한은 그 맞은편에 검은 대리석으로 자신의 무덤을 만들어 그 사이를 구름다리로 연결할 생각이었다. 그러나 샤 자한의 동화 같은 계획은 셋째 아들의 쿠데타로 물거품이 되었다. 최고의 대리석, 섬세한 세공, 어마어마한 양의 보석, 최고의 장인들이 동원된 이 건축물 때문에 국가의 재정이 심각하게 흔들렸고, 이때를 틈타 쿠데타가 일어난 것이다. 아들에게 쫓겨나 탑에 갇힌 샤 자한은 탑에서 타지마할을 바라보며 여생을 보냈다. 샤 자한은 죽어서 뭄타즈 왕비 곁에 함께 묻힘으로써 사랑을 완성했다.

그런데 샤 자한은 타지마할을 지었던 최고의 장인들이 두 번 다시 같은 건축물을 지을 수 없도록 하기 위해 눈을 뽑고, 손을 자르고, 심지어 죽이기까지 했다고 한다. 황제가 꿈꾸던 사랑의 완성을 위해 무고한 장인들의 희생 위에 세워진 타지마할에는, 그래서 아름다운 전설 아래 슬픈 한숨의 전설 또한 숨겨져 있다.

아들의 쿠데타로 탑에 갇힌 채 타지마할을 보고 있는 샤 자한의 모습

악마의 대표 선수, 라크샤사

브라흐마의 발에서 태어난 라크샤사는 힌두교와 불교 신화에서 악마, 사악한 영혼으로 일컬어진다. 라크샤사의 우두머리는 여러 모습으로 변신하기를 좋아하는데 그 중에서 가장 잘 알려진 것은 라바나* 화신이다.

라크샤사의 화신, 라바나

악의 세력을 대표하는 라크샤사의 우두머리가 라바나로 변신해 신들의 세계에 나타났다. 라바나는 10개의 머리와 20개의 팔, 구릿빛 눈과 초승달 모양의 이빨로 하늘의 신들을 위협하기 시작했다. 하늘의 질서와 율법을 파괴하여 신들의 무기를 빼앗고 심지어는 비슈누, 시바 같은 신들을 노예로 만들기까지 했다. 물론 신들은 금방 그 위험천만한 상황에서 벗어나기는 했지만 이대로 두었다가는 안 되겠다는 생각에 대책을 논의하기 시작했다.

악의 화신, 라바나

그러나 신들의 보복을 가만히 앉아서 당할 라바나가 아니었다. 그는 신들이 건드리지 못하도록 자기 스스로가 불사의 존재가 되어야겠다고 마음 먹고 카일라스 산으로 들어가 혹독한 고행을 하기 시작했다. 그는 불 한가운데 서서 10개의 머리 중 하나로 물구나무서기를 했다. 그렇게 1천 년의 시간이 흐르자 그는 물구나무서기했던 머리를 댕강 잘라 버렸다. 그리고 또 다른 머리로 불 속에서 물구나무서기를 했다. 다시 1천 년이 지나자 물구나무서기했던 머리를 잘라 버리고 또 새로운 머리로 물구나무서기를 했다. 이런 식으로 10개의 머리를 모두 고행의 증거로 잘라 버리려고 했다. 그가 마지막 머리를 자르려는 찰나, 시바가 나타나서 제발 그만두라고 말렸다.

"라바나, 네 몸에서 나오는 힘 때문에 산이 뿌리째 뽑히고 세상이 다 타버릴 지경이야. 제발 그만하고 원하는 게 뭔지 그냥 말하렴."

고행으로 세 가지 선물을 얻다

그러자 라바나는 사악하게 웃으며 말했다.

"시바 신이시여, 나는 단지 세 가지 소원만을 바랄 뿐이라오. 절대로 죽지 않는 불사의 몸이 되는 것과 당신의 아내 파르바티만큼 예쁜 아내를 갖는 것, 그리고 당신을 경배하는 우리 어머니에게 갖다 줄 진짜 남근상을 갖는 것이오."

"나한테 해를 끼치지 않는다고 약속하면 그 소원을 들어주마."

"내 약속하리다."

"너는 이제 불사의 몸이 되었다. 그리고 여기 진짜 남근상이 있다. 이 남근상은 집에 도착할 때까지 절대 땅에 내려놓아서는 안 된다. 그리고 마지막 소원은 말인데, 세상 어디에도 내 아내 파르바티만큼 예쁜 여자는 없거든?"

그러자 라바나는 다시 고행을 시작하겠다고 길길이 날뛰었다. 시바는 결국

머리끝까지 화가 난 라바나가 카일라스 산 꼭대기를 들어 던지는 모습

자신의 아내 파르바티를 내줄 수밖에 없었다.

라바나가 신이 나서 자신의 왕국인 랑카로 돌아가려는데 나라다라는 성자가 와서 사실 시바는 불사를 허락할 힘이 없고 그가 속임수를 쓴 것이라고 일러 주었다. 그 말을 곧이곧대로 믿고 화가 머리끝까지 난 라바나는 카일라스 산의 꼭대기를 뜯어서 멀리 던져 버렸다. 그 바람에 꼭대기에 있던 시바의 오두막이 함께 날아가 버렸다. 시바에게 해를 끼치지 않겠다는 조건을 위반한 것이다. 시바는 이때다 하고 당장 라바나의 불사를 취소해 버렸다.

파르바티가 늙은 마녀로 보이다

라바나는 불사를 날렸지만 아직 남근상과 파르바티를 가지고 있으니 밑지는 장사는 아니라고 생각했다. 파르바티를 어깨에 태우고 자신의 왕국인 랑카로 가는데 또 다른 성자가 나타나서 이상하게 쳐다보며 말했다.

"아니 그렇게 늙은 마녀를 어깨에 태우고 어딜 가십니까?"

"늙은 마녀라니? 이 여인은 세상에서 가장 아름다운 파르바티라구!"

"당신 어깨에 앉은 여인은 늙은 마녀가 틀림없습니다. 당신 눈으로 확인해 보면 알 것 아니오?"

순간 눈치 빠른 파르바티가 자신의 모습을 쪼글쪼글하고 흉측하게 생긴 마녀의 얼굴로 바꾸었다. 라바나가 어깨를 올려다보자 정말 성자의 말대로 늙고 못생긴 마녀가 올라앉아 있는 게 아닌가!

라바나는 그 자리에서 파르바티를 내팽개치고는 남근상만을 가지고 길을 재촉했다. 그 성자는 비슈누의 변신이었는데 그 덕분에 파르바티는 남편 시바에게로 무사히 돌아갈 수 있었다.

사필귀정, 보물을 모두 잃은 라바나

시바 신의 상징, 링가(남근상)

라바나가 무거운 남근상을 계속 짊어지고 가는 것은 여간 고역이 아니었다. 잠시도 내려놓으면 안 된다는 시바의 경고를 생각하며 남근상을 들어 줄 사람을 찾았다. 마침 여자 목동이 다가오자 라바나는 그녀에게 남근상을 건네주면서 한 시간 안으로 돌아오겠으니 절대 땅에 내려놓지 말고 들고 있으라고 부탁했다.

하지만 휴식을 취하고 있던 라바나는 한 시간이 지나도 돌아가지 않았다. 여자 목동은 원래 가네샤(지혜와 행운의 신)의 변신이었다. 가네샤가 남근상을 땅에 내려놓자 남근상이 갑자기 암소로 변하더니 땅속으로 쑥 가라앉았다. 라바나가 뛰어와 꺼내 보려고 했지만 소용없었다.

결국 라바나는 고행으로 얻어 낸 세 가지 소원을 모두 잃고 말았다. 암소는 두 귀만 남기고 모두 가라앉아 버렸는데 인도 서부 해안가에 가면 이 암소의 두 귀를 확인할 수 있다고 한다.

뱀들의 여신, 마나사

마나사는 뱀에게 물리는 것을 예방하거나 치료해 주고 다산, 번영을 가져다 주는 뱀들의 여신으로, 인도 벵골 지방과 동북부에서 주로 숭배된다. 반은 인간이고 반은 코브라의 형상을 한 나가 종족과 친인척 관계다.

찬드와 마나사의 대결

뱀의 여신 마나사는 찬드라고 하는 부유한 상인이 자신에게 경배하지 않자 몹시 불쾌했다. 당장 자신에게 절하라고 여러 차례 경고했지만 찬드는 시바 신만을 숭배하며 마나사의 말을 계속 무시했다. 몹시 화가 난 마나사는 찬드의 정원으로 들어가 잘 가꾸어진 꽃과 나무들을 마구 꺾어 놓았다.

찬드는 마법의 힘으로 정원을 복원시키려고 했다. 그런데 그 순간 마나사가 아름다운 여인으로 변신해서 찬드의 혼을 쏙 빼놓았다.

"당신이 가진 마법의 힘을 내게 넘겨준다면 결혼하겠어요."

그녀가 마나사라는 걸 모르는 찬드는 시바 신에게 받은 마법의 힘을 얼른 넘겨줬다. 마법의 힘을 넘겨받자마자 마나사는 본색을 드러내고 찬드에게 자신을 경배할 것을 다시 한 번 요구했다.

배신감을 느낀 찬드는 마나사를 더욱 무시했고

캄보디아에 있는 나가 뱀 상
마나사는 나가의 또 다른 형상인 세사의 여동생이다.

화가 난 마나사는 이번에는 찬드의 여섯 아들을 차례로 물어 죽였다. 또 그의 전 재산이 실려 있는 배를 침몰시키고 그가 바다에서 표류하게 만들기도 했다.

찬드는 아들도 배도 잃고 완전히 알거지가 되어 집으로 돌아왔다. 그러면서도 마나사에게는 절대 굴복하지 않았다. 슬픔을 딛고 보란 듯이 새롭게 일을 시작해 재산을 모았다.

마나사의 분풀이는 거기서 끝나지 않았다. 라크슈민드라가 베훌라라는 처녀와 결혼하게 되었을 때 첫날밤에 뱀에 물려 죽을 것이라는 저주를 내린 것이다. 찬드는 고민 끝에 개미 한 마리도 들어갈 수 없는 금속 집을 지어 아들에게 거기서 살라고 했다.

아들의 시신 앞에서 무너진 찬드

드디어 결혼식 날 밤, 여러 개의 자물쇠도 철통같은 경비도 소용없이 마나사의 뱀들은 신랑, 신부의 침실로 기어 들어왔다. 자지 않고 깨어 있던 신부 베훌라는 수십 마리의 뱀들이 방 안으로 들어오는 것을 보고 옷을 풀어헤쳐 가슴을 드러냈다. 뱀들이 가슴을 물며 매달리자 그녀는 뱀들을 잡아 기둥에 묶어 버렸다. 마침내 뱀을 모두 처치했다고 생각한 베훌라는 신랑 곁에 누워 깜빡 잠이 들었다. 그런데 그 사이 또 다른 뱀 한 마리가 들어와 라크슈민드라를 물어 죽이고 말았다.

인도에서는 뱀에게 물려 죽으면 얼마간은 숨이 끊어지지 않고 몸 안에 영혼이 머무른다고 믿고 있었다. 라크슈민드라가 다시 살아날지도 모른다는 생각에 베훌라는 남편의 시체를 뗏목에 싣고 강으로 나갔다. 썩어 가는 남편과 함께 여섯 달이나 그 뗏목에 머물렀다.

정처 없이 떠다니던 어느 날, 베훌라는 빨래를 하며 생계를 잇는 한 여자가 죽은 자신의 아들을 살려 내는 장면을 목격했다. 베훌라는 그녀에게 매달려 제발 자신의 남편도 좀 살려 달라고 애원했다. 그러자 빨래하는 여자는 베훌라를 마나사에게 데리고 갔다.

"마나사님, 제발 뱀에게 물려 죽은 제 남편을 살려 주세요."

"베훌라, 네 정성이 정말 갸륵하구나. 하지만 네 시아버지의 희생 없이 남편을 살리는 일은 불가능하단다. 네 시아버지에게 가서 아들을 살리고 싶거든 당장 내 앞에 무릎을 꿇고 경배하라고 말하렴."

베훌라는 남편의 시체를 안고 시아버지를 찾아갔다.

"아버님, 남편을 살릴 사람은 아버님뿐입니다."

베훌라는 찬드에게 울며 매달렸다.

뗏목에서 생활하느라 꼴이 말이 아닌 며느리와, 다 썩어서 냄새가 나는 아들의 시신 앞에서 찬드는 피눈물을 흘렸다. 자신을 향한 불행 앞에서 절대 굴복하지 않았던 그는 아들과 며느리의 불행 앞에서 무너지고 말았다. 마침내 찬드는 마나사를 경배했고 라크슈민드라는 되살아났다.

그 후로 마나사는 마나사데비라는 여신으로 지위가 상승되어 정기적으로 그녀를 위한 제식이 행해지게 되었다.

뱀들의 여신, 마나사는 다산과 번영을 가져다 주는 신으로 숭배된다.

욕망에 관한 두 가지 이야기

지나친 소유욕 때문에 오히려 갖고 있던 모든 것을 잃고 한을 품은 채 죽은 개나리 공주의 전설과, 자신에게 있는 것을 나눠 줌으로써 오히려 정말 갖고 싶은 것을 손에 넣은 소년의 이야기를 통해 욕망을 다스리는 법을 배울 수 있다.

새를 기다리는 개나리 공주

옛날 인도에 새를 유난히 좋아하는 공주가 살았다. 공주는 새를 어찌나 좋아하는지 예쁘다고 이름난 새는 반드시 손에 넣어야 직성이 풀렸다. 공주의 새들은 수천 마리에 이르렀고 새를 돌보고 모이를 주는 사람만도 수십 명이었다. 궁궐 안은 온통 새들이 지저귀는 소리와 새똥 때문에 몸살을 앓았다.

그런데 공주에게는 비어 있는 아름다운 황금 새장 하나가 있었다. 이 새장에는 세상에서 가장 아름다운 새를 넣을 생각이었다. 그러나 아직 그 새장에 넣어 두고 싶을 만큼 아름다운 새를 갖지 못했다. 그것이 공주를 초조하게 만들었다. 그녀는 세상에서 가장 아름다운 새를 구해 오는 사람에게 많은 상금과 높은 벼슬을 주겠다고 했다.

어느 날 한 노인이 공주를 만나고 싶다고 찾아왔다. 그 노인의 손에는 비단으로 감싼 새장이 들려 있었다. 공주는 새를 가져왔다는 소식에 얼른 뛰어나왔다. 비단을 거두니 거기에는 이제까지 한 번도 본 적 없는 아름다운 새가 들어 있었다.

깃털은 오색으로 빛나고 부리는 고운 흰색이었는데 어찌나 귀티가 나는지 저절로 감탄사가 흘러나왔다. 공주는 얼른 그 새를 황금 새장에 넣어 두고 노인에게 말했다.

"이렇게 귀한 새를 가져왔으니 약속대로 상금과 벼슬을 주겠소."

그러나 노인은 빙그레 웃으며 말했다.

"공주님, 저는 살 만큼 산 늙은이입니다. 그런 제게 돈이 무슨 소용이며, 벼슬이 무슨 소용이겠습니까? 대신 제 소원을 하나 들어주시렵니까? 궁궐 안에 있는 다른 새들을 모두 풀어 주십시오."

공주는 조금도 망설임 없이 그렇게 하겠다고 했다. 세상에서 가장 아름다운 새를 가졌으니 다른 새들에게 흥미를 잃은 것이다. 잠시 후 수천 마리의 새들이 왕궁의 하늘 위로 일제히 날아올랐다.

공주는 그날부터 새장 앞에서 살았다. 그런데 참 이상한 일이었다. 그렇게 지극 정성으로 돌보는데도 아름답게 빛나던 깃털이 하루하루 시간이 갈수록 탁하게 바래고 지저분해지는 것이었다.

공주는 목욕을 시키면 나아질까 싶어서 시녀에게 목욕물을 준비하라고 명령했다. 그러나 새를 목욕통에 넣는 순간, 공주는 기절했다. 그 곱던 색들이 모두 지워지고 흉측한 검은 깃털이 드러난 것이다. 새는 흔하디 흔한 까마귀였던 것이다.

공주는 너무 화가 나서 궁궐 여기저기를 미친 듯이 뛰어다녔다. 감쪽같이 속은 것이 분하고 억울했다. 날려 보낸 수천 마리의 새가 아까워서 병이 났다. 마침내 울화병으로 공주는 죽고 말았다.

얼마 후, 공주가 묻힌 자리에 나무가 자라더니 노란 꽃이 피었다. 나뭇가지는 축축 늘어져 새장 같고 노란 꽃잎은 새의 부리를 닮은 그 꽃은 바로 개나리였다. 새에 미련이 남은 공주가 죽어서 황금빛 새장으로 변한 것이라고들 했다. 공주는 지금도 세상에서 가장 아름다운 새를 기다리고 있는 것일까?

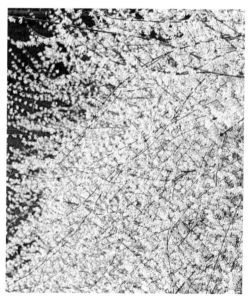

새에 대한 욕망을 억제하지 못했던 공주는 죽어서 개나리가 되었다.

나뭇가지 하나로 북을 얻은 소년

옛날 인도 작은 마을에 홀어머니와 외아들이 살고 있었다.

소년에게는 남모르는 소원 하나가 있었다. 언젠가 북으로 연주를 하는 사람들을 본 적 있는데, 그때부터 북을 갖고 싶다는 욕망을 갖게 된 것이다. 어머니는 소년의 소원을 눈치채고 있었다. 하지만 형편이 어려워 북을 산다는 것은 엄두도 낼 수 없었다.

어느 날 장에 다녀오던 어머니는 아들 생각에 새삼 가슴이 저려왔다. 곡식을 좋은 값에 팔면 큰맘 먹고 북을 사다 줄 생각이었는데, 가격을 잘 받지 못하는 바람에 그냥 돌아오는 중이었던 것이다. 그래서 힘없이 터벅터벅 걷고 있는데 길에 떨어진 나무토막 하나가 발에 채였다.

"혹시 쓸 데가 있을지 모르지. 아들에게 이거라도 갖다 주자."

어머니가 나무토막을 가져와 소년에게 건네주자 아들은 고맙다고 인사하며 받았다.

어느 날 소년이 길을 가는데 할머니 한 분이 화덕 앞에서 눈이 빨갛게 되어 울고 있었다.

"할머니, 왜 우세요?"

"불이 잘 안 붙어서 연기 때문에 그런단다."

"불 피우는 데 이게 도움이 될 것 같네요."

소년은 나뭇가지를 내밀었다. 할머니는 얼른 불을 피워 차파티 빵을 구워 소년에게 주었다. 빵을 들고 조금 가다 보니 옹기장이 아내가 우는 아기를 달래느라 진땀을 빼고 있었다.

"아주머니, 아기가 왜 우나요?"

"배가 고파서 그런단다."

"아기를 달래는 데 이게 도움이
될 거 같네요."

소년은 얼른 차파티*를 내밀었다.
옹기장이 아내는 고마워하며 커다
란 항아리 한 개를 주었다. 소년이

화덕에서 차파티 빵을 만드는 모습

항아리를 이고 조금 가다 보니 아저씨와 아주머니가 큰소리로 싸우고 있었다.

"아저씨, 왜 싸우시나요?"

"우리는 빨래를 해서 먹고사는데 방금 저 여편네가 빨래 삶는 그릇을 깨 버
렸단다. 어떻게 먹고살지 막막해서 싸운다."

"그렇다면 이게 도움이 될 거 같네요."

소년은 이고 있던 항아리를 얼른 건네주었다. 아저씨는 고맙다며 외투 한
벌을 주었다. 소년이 외투를 들고 가는데 물에 젖어 덜덜 떨면서 말을 끌고 가
는 사람을 만났다.

"아저씨, 왜 이렇게 젖으셨나요?"

"친척 결혼식에 가는 길에 강도를 만났지 뭐냐. 내 옷과 돈을 빼앗고 나를
강물에 빠뜨렸단다."

"그렇다면 아저씨에게 이게 도움이 될 거 같네요."

소년은 외투를 선뜻 건네주었다.

"고맙다. 대신 이 말을 가져라. 강도가 버리고 갔는데 말을 못 타는 나한테는 필요 없단다."

말을 끌고 가는데 결혼식을 치르려고 모여 있는 무리를 만났다. 그런데 신랑 얼굴에 근심이 가득했다. 소년이 신랑에게 물었다.

"왜 그렇게 근심스런 얼굴인가요?"

"신랑이 타고 갈 말이 도착하지 않아서 늦을까 봐 걱정이란다."

"신랑에게 이 말이 도움이 될 거 같네요."

소년은 말고삐를 선뜻 내주었다.

"네 덕분에 늦지 않게 결혼식에 갈 수 있겠다! 자, 받으렴. 고마워서 주는 거란다."

그러면서 신랑이 내민 것은 바로 북이었다! 신랑은 조상 대대로 북을 만드는 장인 집안 사람이었던 것이다.

소년은 북을 받아 들고 한달음에 집으로 뛰어갔다.

신랑에게서 북을 받고 기뻐하며 뛰어가는 소년의 모습

달 속에 토끼가 있는 이유

서양에서는 달이 사람 얼굴을 닮았다고 이야기하지만 동양에서는 달 속에 토끼가 살고 있다고 믿었다. 이 설화는 달 속에 토끼가 살게 된 이유를 전해 준다.

달 보고 맹세하다

토끼와 수달과 자칼과 원숭이가 달구경을 하고 있었다. 쟁반같이 둥글고 환한 보름달을 보며 모두들 감탄했다. 토끼가 말했다.

"사람들은 보름달이 뜨는 날을 특별한 날로 지낸대. 그날은 아무것도 먹지 않고 배고픈 이웃들에게 먹을 것을 나눠 준대. 우리도 그렇게 하면 어떨까?"

동양에서는 달에 토끼가 살고 있다고 믿었다.

"그래 그래, 나보다 배고픈 친구들에게 먹을 것을 나눠 줄 수 있다면 한 끼 굶는 것쯤이야."

"나도 먹을 것을 구하면 거지에게 나눠 주고, 나는 해질 때까지 아무것도 안 먹을 테야."

모두들 찬성했다.

다음날, 수달은 강에서 맛있는 물고기를 잡았다.

"잘 남겨 둬야지. 배고픈 거지를 만나면 줘야 하니까."

원숭이는 잘 익은 망고를 한 아름 땄다.

"잘 남겨 둬야지. 배고픈 거지를 만나면 줘야 하니까."

자칼은 쓰레기통을 뒤지다가 먹음직스런 고깃덩이를 발견했다.

"잘 남겨 둬야지. 배고픈 거지를 만나면 줘야 하니까."

다른 친구들처럼 토끼도 먹을 것을 찾아다녔다. 맛있는 풀을 수북히 뜯어 놓던 토끼는 이마를 탁 쳤다.

"참, 사람들은 풀을 먹지 않잖아. 난 줄 게 없네."

곰곰이 생각하던 토끼는 좋은 생각이 난 듯 고개를 끄덕였다.

"그래, 풀은 안 먹지만 토끼는 먹잖아. 배고픈 거지를 만나면 내 몸을 줘야지."

인드라 신의 테스트

하늘에서 인드라 신이 이 장면을 바라보고 있었다. 인드라는 누더기를 입은 거지로 변신해 토끼 앞을 지나갔다.

"배고픈 늙은이에게 먹을 것을 좀 나눠 주시오."

토끼는 기다렸다는 듯 깡충깡충 뛰었다.

"배고프시면 어서 저를 구워 드세요."

"정말이오? 살이 통통하게 오른 게 정말 먹음직스럽긴 하지만 보름달이 뜬 날에 살생을 할 순 없소."

"그렇다면 저에게 좋은 생각이 있어요. 불을 피워 주시면 제가 불 속으로 뛰어들게요."

거지로 변한 인드라는 불을 피웠다. 불이 활활 타오르자 토끼는 조금의 망설임도 없이 기쁘게 불 속으로 뛰어들었다. 그런데 참 이상한 일이었다. 뜨거운 불꽃이 이글거리는데도 토끼는 조금도 뜨겁지가 않았다. 거지가 손짓을 하자 불꽃이 서서히 사그라들었다.

"나는 인드라 신이다. 이 불은 내가 마법으로 만들어 낸 것일 뿐 진짜가 아니다. 토끼야, 나는 배고픈 거지를 위해 네 목숨을 내놓겠다는 말을 의심했다. 그것은 엄청난 희생이니까."

토끼는 얼굴을 붉혔다.

"네 착한 마음씨와 약속을 지킬 줄 아는 용기를 모든 사람들에게 알려 줘야 겠다."

인드라 신은 진흙 한 덩이를 가져다 동그란 진흙 판을 만든 뒤 거기에 토끼를 그려 넣었다. 그 진흙 판을 하늘을 향해 던지자 어느 순간 사라져 버렸다. 인드라 신이 토끼에게 말했다.

"오늘부터 보름달에는 너를 닮은 토끼가 새겨져 있을 것이다. 사람들은 보름달을 볼 때마다 네 생각을 하면서 가난한 사람과 음식을 나누어야겠다고 생각하게 될 것이다."

그날 밤 토끼와 수달, 자칼, 원숭이는 동산에 모여 보름달을 기다렸다. 마침내 보름달이 떠올랐고, 정말 거기 토끼의 모습이 선명하게 새겨져 있었다. 친구들은 환호성을 올리며 기뻐했다.

보름달에 비친 토끼의 모습을 보고 환호하는 토끼와 수달, 자칼, 원숭이의 모습

생명의 열매, 죽음의 열매

생명과 죽음의 열매가 열리는 나무

어느 마을에 황금빛 열매가 탐스럽게 달려 있는 나무 한 그루가 있었다. 이 나무는 두 개의 큰 가지로 나뉘어져 있었는데 한 가지에는 죽음의 열매가, 다른 한 가지에는 생명의 열매가 열린다고 했다. 하지만 어느 누구도 아직 그 열매를 따 본 적은 없었다. 어느 가지에 달린 것이 생명의 열매인지 몰라 그 먹음직스러운 열매를 쉽사리 따 먹지 못하고 그냥 바라만 보았던 것이다.

그 마을에는 몇 년 동안 가뭄이 계속되면서 모

생명의 나무
수많은 생명의 열매를 맺는 나무를 표현한 작품이다.

든 곡식과 초목들이 말라죽어 가기 시작했는데, 이상하게도 그 나무만은 싱싱하게 자라 황금빛 열매를 주렁주렁 매달고 있었다. 사람들은 너무 배고프고 목이 말라 열매를 따 먹고 싶었지만 누가 먼저 선뜻 나서는 사람이 없었다.

그러던 어느 날, 한 남자가 나무 밑으로 성큼성큼 다가가더니 열매 하나를 따서 눈을 꼭 감고 깨물어 먹었다. 그에게는 굶어 죽어 가는 어린 아들이 있었다. 아들에게 생명의 열매를 주기 위해 자신이 먼저 먹어 본 것이다.

사람들은 그 남자가 죽는 게 아닌가 지켜보았다. 그러나 오랜 시간이 지나도 남자는 끄덕없었다. 사람들은 남자가 따 먹었던 오른쪽 가지에 달려들어 열매를 따 먹기 시작했다.

신기하게도 열매를 따 먹으면 그 자리에 다시 황금빛 열매가 열렸다. 사람들은 아무리 따 먹어도 줄지 않는 열매 덕분에 배고픔과 갈증을 잊을 수 있었다.

이제 오른쪽 가지가 안전하다는 걸 알게 된 사람들은 왼쪽 가지를 베어 버리고 싶어졌다. 왼쪽 가지를 잘라 버리면 생명의 가지가 더 튼실하게 자랄 것이라고 생각했다. 사람들은 달려들어 왼쪽 가지를 분질러 버렸다. 그러자 이상한 일이 벌어졌다. 오른쪽 가지에 남아 있던 황금빛 생명 열매들이 하나둘 떨어지기 시작한 것이다. 결국 오른쪽 가지 전체가 검게 변하기 시작하더니 마침내 나무는 완전히 죽어 버렸다.

생명과 죽음은 나무의 두 가지처럼 언제나 한 몸이다. 우리가 생명을 바란다면 죽음이라는 피할 수 없는 삶의 조건도 받아들여야 하는 것이다.

칼럼 인도 전설

인도의 전설에 등장하는 동물들

나가 인도 전설에서 악의 역을 맡는 것은 주로 뱀이다. 그것은 대지를 지키는 정령인 '나가'가 때로 위험한 악마적 기질을 드러내기 때문이다. '나가'라는 말은 산스크리트어로 맹독을 가진 코브라를 일컫는데, 때로는 상반신은 사람이고 하반신은 뱀인 형상으로 나타나고, 이것이 중국으로 건너가 용으로 변신한다. 나가가 반드시 악령으로 등장하는 것은 아니다. 아직 세상이 창조되기 전 비슈누 신이 누워 있던 곳은 천 개의 뱀이 지켜 주는 침상이었는데 이것은 바로 나가의 또 다른 형상인 세샤이고, 불로불사의 감로수인 아므리타를 젓기 위해 사용된 뱀 아난타 역시 나가의 또 다른 이름이다.

가루다 힌두교와 불교 설화에 자주 등장하는 가루다는 반은 인간이고 반은 독수리 모양을 하고 있다. 한 번 날아오르면 하늘을 다 가릴 정도로 크고 빛나는 날개를 가졌는데 주로 비슈누 신이 타고 다닌다. 뱀의 정령 나가와는 앙숙이다. 현재 몇몇 불교권 나라에서는 가루다를 국가의 상징에 사용하고 있고 인도네시아에서의 가루다 항공은 바로 이 새에서 따온 이름이다.

하누만 인도 신화의 유명한 원숭이 대왕으로 전설이나 민담에서 지혜롭고 현명한 원숭이 형상으로 자주 등장한다. 우리나라의 꾀 많은 토끼와 비슷한 이미지로 순리를 거스리려는 악한 동물을 골탕 먹이곤 한다.

ChaPter 04 일본의 전설 여행

쿠사나기의 검에 관한 전설 | 전설의 주술가, 아베노 세이메이
요괴 텐구를 이긴 노름꾼 | 표주박 때문에 망한 요괴, 캇빠
할머니 요괴, 야만바의 보물 | 자연의 말을 알아듣는 '소리두건'
진짜 용이 된 조각 용 | 은하수가 생긴 이야기

일본의 전설은 우리나라의 전설과 유사한 분위기를 풍긴다. 그러나 한 꺼풀 벗겨 보면 뚜렷한 차이가 있다는 것을 알 수 있다. 가장 큰 차이는 일본 전설에 등장하는 수많은 요괴와 괴물들 때문에 생긴다. 갓빠, 텐구, 야만바 등등 일본의 전설에 등장하는 요괴의 수는 셀 수 없이 많으며, 그 성격 또한 천차만별이다. 이제 이 흥미로운 일본의 전설 속에 흠뻑 빠져 보자.

쿠사나기의 검에 관한 전설

쿠사나기의 검은 일본 천황 가에 전해 내려오는 이른바 '삼종신기(일본의 최고신 아마테라스가 준 귀한 물건 세 가지)' 중 하나로 '천총운검(天叢雲劍)'이라고도 한다. 이 쿠사나기의 검에 관한 다음과 같은 전설이 전해지고 있다.

고모로부터 쿠사나기의 검을 하사받다

일본의 제12대 천황이었던 게이코(景行天皇, B.C. 13 ~A.D. 130년)에게는 야마토 타케루라고 하는 아들이 있었다. 천황은 야마토 타케루가 매우 용맹스러운 것을 보고 그에게 동방 정벌의 명을 내렸다. 이에 야마토 타케루는 천황의 명대로 군사를 이끌고 동쪽의 여러 지방을 정벌하고 돌아왔다.

그러자 천황은 또다시 동쪽 끝에 있는 나라들까지 정벌할 것을 명하였다. 사실 그 나라들은 몹시 사납고 거칠기로 소문 나 누구나 가기를 꺼리는 곳이었다. 이에 지칠 대로 지친 야마토 타케루는 천황에게 이렇게 말했다.

"그곳은 사납기로 소문난 만만치 않은 곳이라 군사를 많이 붙여 주셔야 가능합니다."

그러나 천황은 매정하게도 "그건 안 돼!"라며 단호히 야마토의 부탁을 거절해 버렸다. 야마토 타케루는 아버지가 자신의 공로를 알아주지 않는다는 생각에 서운하기도 하고, 또 혹시 무슨 속셈이 있나 싶어 그의 숙모였던 야마토 히메를 찾아갔다. 야마토 히메는 천황을 대신하여 이세 신궁*을 지키던 황녀로, 신비한 예언 능력을 갖고 있었다.

이세 신궁
혼슈 미에현의 이세에 있는 신궁. 도쿄의 메이지 신궁, 오이타의 우사 신궁과 함께 일본의 3대 신궁으로 불린다.

"아무래도 아버지가 이상해요. 이번에는 군사도 붙여 주지 않으면서 저보고 동쪽 나라를 치라 합니다."

이에 야마토 히메는 이세 신궁에 보관되어 있던 쿠사나기의 검과 주머니 한 개를 야마토 타케루에게 주면서 말했다.

"분명히 위험한 일이 닥칠 것이니 그때 이것들을 사용하여라."

이렇게 하여 야마토 타케루는 다시 동방 정벌에 나섰다.

신비한 쿠사나기의 검

어느 한 마을에 들어서자 마을 사람들이 수군거리는 소리가 들렸다. 다가가 들어 보니 이 마을의 들판 한가운데에 늪이 있는데, 그곳에 괴물이 살고 있다는 것이었다. 이에 영웅심이 발동한 야마토 타케루는 들판으로 달려갔다. 들판은 사람 키 높이까지 자란 풀들로 무성하였다.

그때 갑자기 야마토 타케루는 점점 뜨거운 기운이 다가오는 것을 느꼈다. 자세히 살펴보니 저쪽에서부터 풀에 불이 붙어 이쪽으로 번져 오고 있는 것이 아닌가! 이러다가는 분명 불길에 휩싸여 죽고 말 것이다. 그때 야마토 타케루는 고모가 준 쿠사나기의 검과 주머니가 생각났다. 그래서 주머니를 열어 보았더니 그 속에는 불을 피우는 도구가 들어 있었다.

야마토 타케루는 즉시 쿠사나기의 검을 뽑아 들고 풀들을 마구 베었다. 그러자 신기하게도 불이 모두 꺼져 버렸다. 이번에는 주머니 속에 들어 있던 도구

쿠사나기의 검으로 풀을 베는 야마토 타케루의 모습

로 풀에 다시 불을 붙였다. 그러자 불은 야마토 타케루의 반대쪽으로 번져 나 갔다. 이윽고 비명소리가 들리고 적들은 모두 불에 타 죽고 말았다. 사실 이 불 은 야마토 타케루를 죽이기 위해 이곳 나라 군사들이 속임수로 꾸민 일이었다.

이렇게 하여 야마토 타케루는 쿠사나기의 검과 주머니 덕분에 목숨을 건질 수 있었을 뿐만 아니라 동쪽 나라들을 모두 정벌하는 공훈을 세울 수 있었다. 그리고 다시 고향으로 돌아온 야마토 타케루는 미야즈노 히메와 결혼하였다.

아쓰타 신궁에 모셔진 쿠사나기의 검

얼마 후 야마토 타케루는 이부키라는 산신이 나타나 백성들을 괴롭힌다는 소문에 또다시 길을 나섰다. 이때 야마토 타케루는 신성시되던 쿠사나기의 검 을 아내에게 맡겨 둔 채로 집을 나섰는데, 이것이 화근이 될 것이라는 생각은 꿈에도 하지 못했다. 그는 이 싸움에서 갑자기 하늘에서 쏟아져 내리는 우박을 맞고 큰 부상을 당하고 만다. 그리고 그의 몸은 점점 쇠약해지더니 결국 병까지 들어 죽고 말았다.

야마토 타케루의 아내는 쿠사나기의 검을 가지고 가지 않았기 때문이라고 애통해 하며 그의 죽음을 슬퍼하였다. 이 일이 있은 이후로 쿠사나기의 검은 더욱 신성시 여겨져 '아쓰타 신궁(나고야의 시아쓰타구(區)에 있는 신사)'에 보관되었고, 사람들에게 삼종신기로 받들어지게 되었다.

세월이 흘러 쿠사나기의 검은 더욱 신성시되면서 이제는 어느 누구에게도 이 신비의 검을 보는 것이 허락되지 않았다. 심지어 황실의 사람들조차도……

이에 쿠사나기의 검이 어떻게 생겼나 궁금해 하는 사람들이 점차 늘어가기 시작했다. 그 중 정말이지 쿠사나기의 검이 보고 싶어 안달이 난 한 스님이 있었다. 그 스님은 어느 날 아쓰타 신궁으로 몰래 숨어들어 쿠사나기의 검을 슬쩍 훔쳐보고야 말았다. 스님 눈에 비친 쿠사나기의 검은 분명 신비의 검임에 틀림없었다. 그러나 곧 스님은 절에서 멀리 떨어진 곳에서 변사체로 발견되고 말았다. 이는 그 누구도 보아서는 안 될 쿠사나기의 검을 보았기 때문이었다.

아쓰타 신궁에 모셔져 있는 쿠사나기의 검

전설의 주술가, 아베노 세이메이

코지키(古事記)
712년에 완성한 일본에서 가장 오래된 신화와 전설을 기록한 역사서이다.

일본의 가장 권위 있는 역사책인 『코지키』*를 읽다 보면, 영웅으로 등장하는 인물들이 신인지 인간인지 그 경계를 거의 느낄 수 없을 때가 많다. 이처럼 영웅이 신격화되는 일본 사회에서 또 하나의 전설로 남아 있는 인물이 있었으니 그가 바로 아베노 세이메이이다.

그는 921년에 일본에서 태어난 실존 인물이며, 역대 일본의 주술사 가운데서 가장 유명한 인물이기도 하다. 그러나 그의 업적이 너무나도 뛰어나 후세에 전해진 그의 이야기는 온통 전설로 뒤덮여 있다고 해도 과언이 아니다. 최근엔 이를 주제로 한 〈음양사〉라는 영화가 나오기도 했다. 아베노 세이메이는 어떻게 하여 주술을 부릴 수 있게 되었을까? 이러한 비밀을 밝히기 위해 그의 출생에 관해 전해 오는 재미있는 전설이 있어 여기에 소개한다.

남다른 출생 비화

어느 날 세이메이의 아버지 야스나[保名]는 숲을 거닐다가 여우 한 마리가 웅덩이에 빠져 허우적대는 것을 보았다. 이에 야스나는 처음에는 너무 놀라 도망가려 했지만, 허우적대는 여우의 눈빛이 너무도 슬퍼 보여 도저히 그냥 지나칠 수가 없었다.

그래서 용기를 내어 웅덩이에서 여우를 꺼내 주었다. 그런데 그 여우는 보통 여우가 아닌 마법을 가진 귀신 들린 여우였다.

여우는 변신술에도 능했기 때문에 젊고 아름다운 여자로 변신하여 야스나의 집으로 찾아갔다.

"길을 잃었는데 하룻밤 묵게 해주세요."

야스나는 시골에서는 일찍이 본 적이 없는 아름다운 여인을 보고 넋이 빠진 채 그녀를 순순히 맞아들였고, 그날 밤 곧 그녀와 사랑에 빠져 버렸다. 이것이 인연이 되어 두 사람은 곧 결혼하였고, 그렇게 태어난 아이가 바로 세이메이이다.

세이메이를 낳은 후 어느 날 여우 어머니는 세이메이를 불러 놓고 말하였다.

"사실 난 사람이 아니라 귀신 여우야. 그래서 이제 곧 숲으로 돌아가야 해. 내가 보고 싶으면 그곳으로 와."

이렇게 하여 여우 어머니는 울부짖으며 세이메이 곁을 떠났고, 세이메이는 보통 아이와 다르게 곧 믿을 수 없는 사실을 현실로서 받아들였다.

특별한 주술적 능력을 부여받는 세이메이

그러나 시간이 지날수록 세이메이는 왜 여우 어머니가 아버지와 결혼하여 자신을 낳았는지 궁금해졌다. 이렇게 궁금증이 커져 가고 있던 어느 날, 세이메이는 자신도 모르게 여우 어머니가 있는 숲으로 발길을 옮겼다. 숲에 도착한 세이메이는 어머니를 불렀다. 이윽고 세이메이의 눈앞에 어머니가 나타났다.

"어머니는 왜 저를 낳으셨어요?"

그제야 여우 어머니는 아버지가 자신을 구해 준 일, 그래서 자신이 그 은혜에 보답하기 위해 인간으로 변신하여 세이메이를 낳았던 일들을 소상히 말해주었다. 그러면서 마지막으로 세이메이에게 이런 말을 남겼다.

여우 어머니가 세이메이에게 출생의 비밀에 대해 말해 주고 있다.

세이메이만 볼 수 있다는 백귀야행의 모습

"넌 보통 사람과 달라. 나는 내가 가진 모든 주술적인 능력을 너의 핏속에 흐르게 했어. 그러니 너는 세상에서 주술로 이름을 떨칠 것이야."

세이메이는 이렇게 하여 보통 사람과 달리 엄청난 주술적인 능력을 가지게 되었던 것이다.

당시의 시대에는 사람들과 귀신들이 함께 생활했기 때문에 사람이 알 수 없는 기이한 일들이 많이 일어나고 있었다. 이에 사람들은 주술사들에게 많이 의지하고 있었는데, 세이메이는 다른 주술사들과는 감히 비견할 수 없는 능력을 지니고 있었다. 이러한 세이메이의 특별한 능력 중 하나가 '백귀야행*'을 볼 수 있다는 것이었다. 백귀야행이란 '야밤에 마을에 돌아다니는 귀신과 요괴들의 행진'을 뜻하는 말로 이는 어떤 주술사도 볼 수 없었는데, 오직 세이메이만 볼 수 있었다고 한다. 이러한 능력은 바로 그의 어머니였던 여우에게서 받았기 때문에 가능한 것이었으리라.

요괴 텐구를 이긴 노름꾼

일본의 전설에 등장하는 괴물 중 '텐구' 라는 코가 엄청나게 크고 얼굴이 불그스름하며, 등에 날개 달린 모양을 한 요괴가 있다. 이 요괴는 산을 지키는 신의 일종으로 종종 일본의 전설에 등장하여 재미를 더해 주는 감초 역할을 한다.

텐구 요괴의 모습

노름꾼과 장난치는 텐구

옛날 어느 마을에 지로쵸우라는 사람이 살았다. 이 마을은 노름으로 유명한 곳이라 많은 노름꾼들이 몰려들었으며, 지로쵸우도 이 노름꾼들 중의 한 명이었다.

지로쵸우는 하루도 빠지지 않고 노름을 하였으며, 한 번 노름을 하면 밤을 새워서 하곤 했다. 지로쵸우는 그날도 변함없이 밤을 꼬박 새워 노름을 한 후 동틀 무렵이 되어서야 부스스 자리에서 일어났다.

한여름이었기에 동틀 무렵이라 해야 아직 이른 새벽 시간에 불과했다. 지로쵸우는 지친 몸을 이끌고 숲길을 지나 마을 어귀로 들어서고 있었다. 마을 어귀에는 신사가 자리 잡고 있었고, 신사 옆에는 커다란 소나무가 한 그루가 있었다. 지로쵸우가 막 신사 옆을 지나는데, 그의 눈에는 아무래도 신사 옆 소나무 가지에 텐구 요괴가 앉아 있는 것처럼 보였다. 정신을 차리고 자세히 보니 분명 텐구였다.

텐구 괴물과 코끼리의 대결을 그린 작품

당시 마을 사람들 사이에 텐구는 산을 지키는 요괴로 마을에도 자주 나타나 사람들을 골려 주기로 소문 나 있었다. 텐구는 다른 요괴들과 달리 무섭기보다는 장난꾸러기에 가까운 요괴였던 것이다. 이에 지로쵸우는 텐구에게 당하지 않기 위해 정신을 바짝 차리려고 두 눈을 부릅떴다.

텐구가 슬슬 지로쵸우를 놀리기 시작했다.

"에그, 또 노름판에서 돈 다 잃고 몸 버렸지롱."

"아냐, 오늘은 내가 돈을 다 땄다구!"

"거짓말! 난 다 알고 있어. 하하. 넌 거짓말쟁이, 거짓말쟁이! 바보, 바보!"

지로쵸우는 도저히 요괴인 텐구를 당할 수 없자 머리를 써 텐구를 놀려 주기로 작정하고 이렇게 물었다.

"난 보타모찌(찹쌀떡의 일종)를 가장 싫어해. 그런데 넌 뭘 가장 싫어하냐?"

지로쵸우의 말에 텐구는 "그 맛있는 보타모찌를 싫어하다니, 바보야 바보!"라며 껄껄껄 웃어댔다. 그러더니 슬쩍 자기는 쇠몽둥이가 울리는 소리가 가장 싫다고 고백하는 것이 아닌가. 그 이유는 그 전에 쇠몽둥이로 실컷 맞은 적이 있기 때문이라 했다. 텐구는 장난꾸러기 요괴였지만, 어리석고 머리가 나빠 이렇게 쉽게 상대의 속임수에 잘 빠지곤 했다.

텐구의 표주박

지로쵸우는 속으로 쾌재를 불렀다. 텐구는 지로쵸우를 놀려 줄 생각에 신이 나서 나무 아래에 있는 지로쵸우에게 보타모찌 세례를 퍼부었다. 지로쵸우는 비처럼 쏟아지는 보타모찌를 보며 기겁하는 척했다. 텐구가 이 모습을 보면서 배를 잡고 웃느라 정신을 못 차리고 있는 바로 그때였다. 보타모찌를 입 안 한 가득 넣은 지로쵸우는 갑자기 "꽝"하며 쇠몽둥이 울리는 소리를 흉내 냈다. 순간 텐구는 깜짝 놀라 날개를 퍼드덕거리며 산으로 날아 도망가 버렸다.

지로쵸우는 하늘을 날아 도망가는 텐구를 보며 자기가 요괴인 텐구를 놀려 주었다는 생각에 뿌듯해 하면서 소나무를 바라봤다. 그런데 소나무 위에 표주박이 하나 걸려 있는 게 아닌가. 텐구가 너무 놀라 깜빡 잊고 표주박을 두고간 모양이었다. 지로쵸우는 그 표주박을 끄집어 내려 열어 보았는데, 그 속에는 술이 한가득 들어 있었다. 텐구는 또한 술을 아주 좋아하는 요괴였기 때문이었다. 지로쵸우는 표주박 속에 든 술을 마음껏 마셔대며 자신의 승리를 자축하였다. 이 표주박은 먹고 싶은 음식 이름을 대고 'ㅇㅇ 나와라' 라고 외치면나온다고 하여 '텐구 표주박' 으로 불린다.

꽝 하는 쇠몽둥이 소리에 놀란 텐구가 날아 도망가는 모습

표주박 때문에 망한 요괴, 캇빠

캇빠마키(かっぱまき)
김밥처럼 생긴 일본의 음식으로, 어원은 캇빠가 좋아하는 오이를 말아서 만든 것에서 유래된 말이다.

일본 전설에 '캇빠' 라는 상상의 동물이 있다. 캇빠는 물속에 살며 어린아이 모습을 하고, 세 개씩뿐인 손가락과 발가락에는 물갈퀴가 달려 있어 이리저리 헤엄쳐 다니는 요괴이다.

캇빠는 주둥이가 뾰족 튀어나와 있고, 거의 대머리에 가까운 머리 모양을 하고 있다. 특히 정수리 부분에 움푹 패인 곳이 있어 여기에 물을 담고 다닌다. 캇빠는 물이 있어야 힘을 얻기 때문이다. 캇빠는 힘이 장사이고 사람을 잡으면 물속으로 끌고 들어가 피를 빨아먹는다고 한다. 그래서 일본에는 어린아이가 물에 빠져 죽으면 캇빠 때문이라고 믿는 사람들이 많다.

사랑에 빠진 캇빠

아주 오랜 옛날, 일본의 '히젠(지금의 나가사키켄)'이라는 마을에 쇼우야라는 사람이 살고 있었다. 그는 많은 땅을 가지고 있어 소작인들에게 농사를 맡길 정도로 부자였으며, 마을 사람들의 존경을 한몸에 받고 있었다.

그러던 어느 여름날부터 이상한 일이 일어나기 시작했다. 다른 사람들의 논은 멀쩡한데 쇼우야의 논에만 물이 바짝 말라 버린 것이다. 어찌된 일인지 살펴보았는데, 물길이 막혀서 그런 것은 아니었다. 그래서 쇼우야는 사람들을 모아 강제로 논에다 물을 퍼부었다. 그러나 그때뿐 이내 물길은 끊어지고 말았다. 햇볕이 따가운 한여름이라 논은 점점 비쩍 말라갔고, 물을 먹지 못한 벼는 축 늘어져 시들어 갔다. 쇼우야와 소작인들은 발을 동동 굴렀으나 어찌할 도리가 없었다. 쇼우야는 도저히 안 되겠다 싶어 농경신에게 재를 올렸다.

"정말 해괴한 일입니다. 부디 저의 논에 물이 들어오게 해주십시오."

그러자 그날 밤 꿈에 농경신이 나타나 쇼우야에게 이런 비밀을 알려 주었다.

"그건 아리마 강에 살고 있는 캇빠라는 녀석이 네 딸과 결혼하고 싶어 장난치고 있는 거야. 캇빠에게 네 딸을 주어야만 물이 들어올 수 있어."

잠에서 깬 쇼우야는 깊은 시름에 잠겼다.

'어떻게 그 예쁜 딸을 요괴같이 생긴 캇

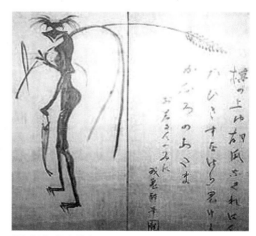

물속에 사는 요괴, 캇빠

낚시를 하고 있는 요괴 캇빠의 모습

빠에게 줄 수 있단 말인가.' 도저히 그럴 수는 없는 일이었다.

다음날 아침, 쇼우야는 아침 일찍 다시 논으로 나갔다. 그리고 넋이 빠진 채 이제는 다 말라비틀어진 벼를 보며 논두렁에 멍하니 앉아 있었다. 바로 그때였다. 캇빠가 근처 못가에서 낚시를 하고 있는 것이 아닌가! 쇼우야는 자기도 모르게 캇빠에게로 갔다.

"네 이놈 캇빠야. 나하고 무슨 철천지원수가 졌기에 이런 일을 하는 거냐?"

그러자 캇빠는 쇼우야를 힐끗 쳐다보더니 껄껄껄 웃기 시작했다.

"난 네 예쁜 딸이 맘에 들어. 그래서 내 아내로 맞이하고 싶단 말이야. 그러기 전에는 절대 네놈 논에 물이 들어가는 일은 없을 거야!"

순간 쇼우야는 캇빠를 한 대 때려 주고 싶었으나 꾹 참을 수밖에 없었다. 캇빠는 쇼우야 정도는 가볍게 쓰러뜨릴 수 있는 힘을 가진 요괴였다.

집으로 돌아온 쇼우야는 가슴이 답답해 미칠 지경에 다다랐다. 그때 딸이 나타나 말했다.

"아버지. 무슨 일이라도 있으신가요? 안색이 안 좋아 보이세요."

쇼우야는 딸을 보자 왈칵 북받치는 마음에 그만 눈물을 보이고 말았다. 그러면서 딸에게 지금까지 일어난 일을 모두 말해 주었다. 그러자 딸은 전혀 놀라지 않는 표정으로 오히려 아버지를 달래 주며 말했다.

"아버지, 그런 거라면 너무 걱정하지 마셔요. 캇빠는 어리석은 동물에 불과해요. 저에게 묘안이 있습니다."

딸에게 속는 캇빠

딸은 이렇게 말하고 곧바로 캇빠가 산다는 아리마 강으로 갔다. 마침 물속에서 딸의 모습을 본 캇빠는 딸이 자기의 신부가 되어 주기 위해 온 줄 알고 뛸 듯이 기뻐하며 물 밖으로 튀어나왔다. 딸은 처음엔 캇빠의 흉측한 모습에 흠칫 놀랐으나 이내 마음을 안정한 후 이렇게 말했다.

"캇빠 님의 소원대로 신부가 되어 주기 위해 왔으니 지금 당장 제 아버지 논에 물이 들어가게 해주세요."

그러자 캇빠는 기뻐 날뛰며 당장 쇼우야의 논으로 달려가 막힌 물길을 터주고 다시 딸 앞으로 왔다.

딸은 캇빠를 애절한 눈으로 바라보며 "부탁이 한 가지 있어요"라고 말했다. 캇빠는 "그게 뭔데, 그게 뭔데?"라며 호들갑을 떨었다.

"당신이 진정 나를 아내로 삼고 싶다면 이 표주박을 강바닥까지 가라앉게 해주세요. 그 표주박이 정말로 가라앉으면 그때 당신과 결혼하겠어요."

캇빠는 가소롭다는 듯한 표정으로 당장 그렇게 하겠다고 했다. 그리고 딸이 표주박을 멀리 강으로 던지자 캇빠는 표주박을 향해 냉큼 뛰었다. 그리고 표주박을 손으로 눌러 강 깊숙한 곳으로 가져갔다. 그런데 손에서 놓으니 당장 물 위로 떠 버리는 게 아닌가! 이에 캇빠는 다시 표주박을 눌러 물 아래로 가라앉게 했으나 손을 뗐더니 이번에도 마찬가지로 물 위로 떠올랐다. 캇빠는 고개를 갸우뚱하며 다시 한 번, 또다시 한 번⋯⋯.

그러는 사이 딸은 집으로 돌아갔고, 물이 들기 시작한 쇼우야의 논은 촉촉이 젖어 벼들이 다시 고개를 들기 시작했다. 모든 것이 정상으로 돌아온 것이다. 한편 캇빠는 오늘도 변함없이 집념을 버리지 않고 표주박 가라앉히기를 계속하고 있다고 전해진다.

물속에서 표주박 가라앉히기를 계속하고 있는 어리석은 캇빠

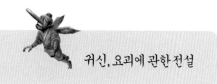

할머니 요괴, 야만바의 보물

한때 일본 젊은 여성들 사이에 '야만바 화장'이 크게 유행한 적이 있었다. '야만바 화장'이란 일본 전설에 등장하는 야만바라는 할머니 요괴의 느낌처럼 화장하는 것을 말한다. 야만바는 깊은 산속에 사는 노파의 모양을 하고 있으며, 사람을 잡아먹는 요괴이다. 이 야만바와 관련하여 일본 각 지방마다 흥미로운 전설이 전해지고 있는데 여기에 그 중 하나를 소개한다.

산속에서 야만바를 만나다

아주 오랜 옛날, 일본의 어느 시골 마을에 아름다운 처녀가 살고 있었다. 처녀들 가슴 설레게 한다는 봄이 오자 이 처녀는 마을의 다른 처녀들과 함께 봄

나물을 캐러 마을 뒷산으로 올라갔다.

한참을 오르는데, 고사리가 무더기로 있는 것이 보였다. 그런데 그 고사리는 한눈에 보기에도 아주 진귀한 것임에 틀림없었다. 처녀는 정신없이 탐스러운 고사리를 캐기 시작했다. 그리고 그 고사리를 따라 처녀는 자기도 모르게 점점 더 깊은 산속으로 들어가게 되었다. 이윽고 처녀는 문득 주변의 인기척이 느껴지지 않아 깜짝 놀라며 주위를 둘러보았다. 아무리 둘러봐도 온통 고사리와 나무들뿐 자기와 함께 온 다른 처녀들은 단 한 명도 보이지 않았다. 처녀는 그만 가슴이 덜컹하고 내려앉았다.

'해가 지기 전에 반드시 이 산을 내려가야 해!'

이런 생각이 들자 처녀는 그때부터 제정신이 아니었다. 마을로 돌아가는 길을 찾기 위해 정신없이 이곳저곳을 찾아다녔다. 그런데 이상하게도 눈에 익은 길은 전혀 보이지 않았다.

결국 해가 뉘엿뉘엿 넘어가기 시작했고, 이윽고 밤이 찾아왔다. 처녀는 어두운 밤길에 발을 헛디딜 새라 쉴 곳을 찾기 위해 산길을 허겁지겁 내려가고 있었다. 바로 그때였다. 저 멀리 희미한 불빛이 보이는 게 아닌가!

처녀는 불빛이 비치는 곳으로 달려갔다. 그곳에는 낡고 오래된 통나무집이 있었다. 처녀는 문을 두드렸다. 그런데 이상하게도 아무런 대답도 없고 인기척도 느껴지지 않았다. 그러나 불빛이 켜져 있는 것으로 보아 분명 안에 사람이 있음에 틀림없었다. 처녀는 젖 먹던 힘까지 내어 다시 문을 쾅쾅 두드렸다. 그제야 문이 열리더니 웬 흉측하게 생긴 할머니가 나타났다. 그러나 처녀는 지쳐 있었고, 또 배가 너무 고팠기 때문에 무서운 것 따위는 생각지도 않고 할머니에게 애걸했다.

"할머니. 길을 잃어서 그러니 하룻밤만 묵게 해주세요."

할머니는 처녀를 아래위로 훑더니 음흉한 미소를 지으며 안으로 들어오게했다. 불빛이 밝은 곳에서 할머니를 본 순간 처녀는 가슴이 철렁했다. 하얀백발에 시커먼 얼굴을 하고 눈은 음흉하며 입은 귀까지 찢어져 있는 것이 산속에 산다는 요괴 할멈 야만바임이 틀림없었기 때문이었다. 그러나 처녀는너무나 지쳐 있었기 때문에 지금 죽더라도 밥 한 그릇 먹는 것이 더 급했다.

"할머니 저 배가 너무 고파서요. 뭐 먹을 거라도 주시면……."

그러자 할머니는 어이없다는 표정을 지으며 말했다.

"너 내가 무섭지도 않나 보구나. 난 사람 잡아먹는 여자 귀신 야만바야."

처녀는 야만바의 위협조차 희미하게 들릴 지경이었다. 처녀는 다 기어들어가는 목소리로 "잡아먹혀도 좋으니 제발 밥 한 그릇만 주세요"라고 말했다.

오히려 처녀를 돕는 야만바

야만바는 이러한 처녀의 모습에 당황할 수밖에 없었다. 왜냐하면 지금까지자신에게 먹혀도 좋다고 말한 사람은 이 처녀가 처음이었기 때문이었다. 그래서 그런지 잡아먹고 싶은 생각이 싹 사라져 버렸다. 아니 오히려 그 처녀가 불쌍해 보이기까지 했다. 그래서 야만바는 처녀에게 먹을 것을 갖다 주었다. 그

처녀가 할머니 요괴 야만바를 만나는 모습

러자 처녀는 허겁지겁 미친 듯이 먹어대기 시작했다.

이윽고 처녀가 어느 정도 배를 채우자 야만바는 처녀에게 예쁜 도롱이(짚 따위로 엮어 만든 허리나 어깨에 두르는 비옷) 하나를 내놓았다.

"이건 내가 아주 아끼는 보물인데……. 이걸 쓰고 '야만바의 보물'을 세 번 외친 후 원하는 것을 말하면 이루어진단다. 아주 신기한 것이지."

이렇게 하여 야만바에게 잡아먹힐 줄만 알았던 처녀는 선물까지 받고 다시 길을 떠나게 되었다. 바깥은 아직 해가 뜨지 않아 깜깜했다.

처녀는 숲속의 귀신들이 할머니는 싫어한다는 게 생각나 도롱이를 쓰고 할머니로 변신하게 해 달라고 주문을 외웠다. 그랬더니 정말 할머니로 변하는 게 아닌가! 그리고 얼마를 더 가다가 이번에는 배가 고파 주먹밥을 달라 했더니 주먹밥이 어디선가 뚝 하고 떨어져 처녀는 그 주먹밥으로 허기를 채웠다.

또 한참을 가고 있는데, 갑자기 숲의 귀신들이 처녀 앞에 무더기로 나타났다. 그들은 모두 사람 잡아먹는 식인귀들이었기 때문에 매우 위험한 상황이었다. 그러나 식인귀들은 할머니 모습을 한 처녀를 보고 아래위로 훑더니 실망한 표정을 지으며 그대로 사라져 버렸다. 할머니로 변신한 덕분에 무사히 탈출할 수 있었던 것이다.

부잣집 며느리가 되다

이윽고 날이 밝았다. 처녀는 다시 힘을 얻어 길을 떠났다. 얼마를 갔을까, 드디어 마을이 보이기 시작했다. 처녀는 매우 지쳐 있었기에 이 마을에서 당분간 머물 생각으로 마을을 향해 단숨에 달음박질했다. 그런데 처녀는 여전히 할머니로 변신해 있는 모습이었기에 사람들이 이상한 눈으로 쳐다보았다.

처녀가 도착한 곳은 어느 부잣집 앞이었다. 처녀는 쾅쾅 하고 요란스럽게 문을 두드렸다. 그러자 인자하게 생긴 부자가 나타났다.

"에구, 이 불쌍한 늙은이가 이 집에 좀 쉬어 갈 수 있게 해주시오."

그러자 부자는 할머니(사실은 처녀)가 하도 불쌍해 보여 아래채에 있는 방을 하나 내 주었다. 그제야 처녀는 도롱이를 벗었다. 그랬더니 다시 처녀의 모습으로 변하였고 그 상태로 푹 쓰러져 잠이 들었다.

한편 부잣집 아들이 아래채를 지나다가 우연히 처녀가 자고 있는 방을 엿보게 되었다. 그런데 너무나도 아름다운 처녀가 새근새근 잠을 자고 있는 것이 아닌가. 부잣집 아들은 첫눈에 처녀에게 반하고 말았다. 그래서 아버지에게 달려가 그 처녀와 당장 결혼시켜 달라고 졸랐다. 그러자 부자 아버지는 "그럴 리가 있나. 그 방은 분명 어느 불쌍한 노파에게 내주었었는데?"

부자 아버지는 아들과 함께 그 방으로 달려갔다. 방에는 정말 노파는 간데 없고 아리따운 처녀만 있었다. '내가 뭐에 홀렸나. 분명 노파였는데?' 부자 아버지는 고개를 갸웃거리며 방문을 열고 안으로 들어갔다.

처녀는 깜짝 놀라며 어찌할 바를 몰랐다. 도롱이를 쓸 시간이 없었기 때문에 변신할 수도 없었다. 결국 처녀는 부자에게 그간의 사연을 사실대로 말하였다.

부자 아버지가 믿을 수 없다고 우기자 처녀는 할 수 없다는 듯이 도롱이를 쓰고 주문을 외웠다. 그랬더니 또다시 할머니로 변신하였고, 이를 본 부자 아버지는 깜짝 놀라며 뒤로 나자빠졌다.

"이제 믿으시겠어요?"

처녀가 이렇게 말하자 부자 아버지는 할 말을 잊은 채 고개를 끄덕였고, 아들은 쾌재를 불렀다. 아들은 곧 처녀에게 "나와 결혼해 주시오"라고 간청했다. 그러자 처녀는 그 전에 할 일이 있다며 자신의 집을 꼭 찾아야 한다고 말했다. 처녀의 집이 어딘지 자초지종을 들은 아들은 얼마 지나지 않아 처녀의 집을 찾아내었다. 처녀의 집은 그곳에서 그리 멀지 않은 곳에 있었던 것이다.

이렇게 하여 처녀는 자신의 집도 찾고 부잣집 아들과 결혼까지 하였다. 이는 모두 사람 잡아먹는 요괴 야만바의 도움이 있었기에 가능한 일이었다.

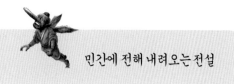
자연의 말을 알아듣는 '소리두건'

바람이 세차게 부는 날, 이리저리 흔들리는 나무들은 어떤 생각을 하고 있을까? 주인을 보고 반갑다고 꼬리치며 달려오는 강아지는 도대체 어떤 말을 하려고 하는 걸까? 분명 식물이나 동물들도 자신들의 생각이나 느낌을 말로 표현하려고 하는 듯한데, 그러나 사람은 그 말을 도저히 알아들을 수 없다. 그런데 머리에 쓰기만 하면 동물이 하는 말, 식물이 하는 말을 알아들을 수 있는 '소리두건'에 관한 전설이 있다.

용궁으로 가다

옛날 일본의 오키나와에서 있었던 일이다. 이곳의 어촌에서 고기를 잡으며 살아가던 한 어부가 어느 날 바닷가를 거닐다가 모래사장 위에서 파닥거리는 물고기 한 마리를 발견했다. 아마 파도에 휩쓸려 모래사장까지 떠밀려 온 모양이었다. 평소 같으면 '이게 웬 횡재냐'라며 덜썩 물고기를 잡았을 텐데, 이 날만은 왠지 물고기가 불쌍해 보였다. 그래서 그 물고기를 잡아 다시 바다로 보내 주었다.

그리고 다시 바닷가를 거닐고 있는데 어디선가 자기를 부르는 소리가 들리는 것 같았다. 그래서 휙 돌아다봤더니 웬 아름다운 여인이 서 있는 게 아닌가!

"당신이 아까 살려 준 물고기는 용궁의 공주님이랍니다. 그래서 용왕님이 당신에게 은혜를 베풀겠다고 해서 제가 이렇게 모시러 왔습니다."

어부는 이게 꿈인가 생신가 하고 있는데, 그 여인이 갑자기 어부의 손을 잡았다. 뭐에 홀린 듯 어부는 그 여인을 따라갔고, 갑자기 거북이 나타나더니 어부를 등에 태웠다. 그리고 거북은 바닷속으로 들어갔다. 어부는 숨이 막힐까봐 걱정했으나 신기하게도 물속에서 숨을 쉬는데도 코로 물이 들어오지 않았다.

"어떻게 이럴 수가 있지!"

"제가 요술거북이라 그래요. 용왕님이 뭘 갖고 싶냐고 물어 보시면 무조건 '소리두건'이라고 말씀하세요."

이렇게 하여 어부는 생전 처음 말로만 들

거북이를 타고 바다 속으로 들어가는 어부의 모습

던 용궁에 오게 되었다. 그곳은 육지의 어떤 궁궐보다 화려했으며, 잔치에 차려진 음식 또한 듣지도 보지도 못한 진귀한 것들로 가득 차 있었다.

잔치가 무르익자 용왕은 어부에게 말을 꺼냈다.

"내 사랑하는 딸을 구해준 대가로 네가 원하는 것을 줄 테니 말해 보라."

이곳의 화려한 분위기에 넋이 빠져 있던 어부는 그제야 정신을 차리고 아까 거북이 한 이야기를 떠올리며 말했다.

"소리두건이옵니다."

그러자 용왕은 갑자기 두 눈을 크게 뜨고는 고개를 설레설레 저었다. 그 소리두건은 용궁에도 하나밖에 없는 귀한 물건이라 망설여졌던 것이다. 이에 물고기 공주가 나타나 아버지에게 소리두건을 주라고 애원하였다. 용왕은 하는 수 없이 어부에게 소리두건을 주었다.

"이 소리두건은 예사 두건이 아니야. 이 두건을 쓰면 어떤 식물이나 동물이 하는 말도 다 알아들을 수 있지."

신기한 소리두건의 위력

이렇게 하여 어부는 융숭한 대접을 받고 소리두건까지 선물로 받은 채 다시 육지로 돌아왔다. 그런데 정말 이 두건을 쓰면 동물이나 식물이 하는 말을 알아들을 수 있는지 궁금해서 견딜 수가 없었다. 마침 눈앞 나뭇가지에서 참새가 짹짹거리고 있는 것이 보였다. 과연 참새가 무슨 말을 하고 있는 걸까. 어부는 소리두건을 머리에 썼다. 그랬더니 신기하게 어부의 귀에 참새의 말소리가 들려왔다.

"사람들은 참 멍청이야. 저기 냇가에 놓여 있는 징검다리 돌 중에 맨 가운데 돌이 사실은 황금인데 그걸 밟고만 지나다니다니. 쯧쯧."

어부는 귀를 의심하지 않을 수 없었다. 그 징검다리는 자기도 매일 지나다니던 바로 그 징검다리였기 때문이다. 어부는 얼른 냇가로 가서 그 돌을 살펴보았다. 처음엔 그냥 돌인 줄 알았으나 돌을 계속 닦아 보았더니 점점 반짝이는 누런 황금이 드러나는 것이 아닌가! 이렇게 하여 어부는 황금 덩어리를 어깨에 메고 덩실덩실 춤을 추며 집으로 향하였다.

이렇게 한참 길을 가는데 어디선가 기분 나쁜 까마귀 소리가 꽉꽉 들리는 것이었다. 그래서 이번에도 까마귀가 무슨 소리를 하나 궁금해서 얼른 소리두건을 머리에 썼다.

"사람들은 참 바보야. 그 수많은 의원들이 영주의 딸 병 하나 못 고치니 말이야. 쯧쯧. 그건 바로 새집을 지을 때 그만 지붕의 구멍에 뱀 한 마리가 갇혔기 때문인데. 그 뱀만 꺼내 주면 병이 낫는데……."

이 소리를 들은 어부는 얼른 영주의 집으로 달려 갔다. 마침 영주의 집은 딸의 병을 고치겠다는 의원들로 들끓고 있었다. 모두 영주가 자기 딸의 병을 고치는 사람을 사위로 삼겠다고 약속했기 때문에 모여든 사람들이었다.

처음 어부를 본 영주는 그 모습이 의원과는 거리가 멀었기 때문에 아예 관심도 두지 않았다. 그러나 어부가 "제가 분명 따님의 병을 고칠 비결을 알고 있습니다"라고 단호히 이야기하자 영주는 어부를 다시 보게 되었다.

결국 어부에게 딸의 치료가 맡겨졌고, 어부는 무슨 주문을 외는 시늉을 하는 체하다가 영주에게 "이번에 새로 지은 집의 지붕을 뜯어야 합니다"라고 말했다. 영주는 어부가 하는 말을 믿을 수 없어 "만약 네 놈이 날 놀리는 것이라면 목숨을 부지하지 못할 것이다"라고 소리쳤다. 그리고는 하인들을 시켜 지붕을 뜯게 하였는데, 놀랍게도 지붕에 커다란 뱀 한 마리가 있었다. 얼마나 굶었는지 뱀은 바싹 마른 채 힘없이 축 늘어져 있었다. 어부는 얼른 뱀에게 먹을 것을 주라고 소리쳤고, 하인들은 뱀에게 먹을 것을 갖다 주었다. 뱀은 배를 채우자마자 어디론가로 스르륵 사라져 버렸다.

뱀이 사라지자 놀랍게도 영주의 딸이 자리에서 벌떡 일어났다. 얼굴에 화색이 돌고 밥도 잘 먹는 것이 씻은 듯이 병이 나았다. 지난 3년 동안이나 병상에 누워 있던 딸이 건강해진 모습을 보자 영주는 뛸 듯이 기뻐하며 어부를 사위로 맞아들였다.

이렇게 하여 어부는 물고기 한 마리를 구해 준 덕분에 금덩이를 가져 부자가 될 수 있었고, 뿐만 아니라 예쁜 부잣집 처녀를 아내로 맞이할 수 있었다.

어부는 집 안에 숨은 뱀의 비밀을 말해 주고 영주의 사위가 될 수 있었다.

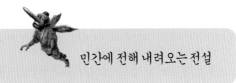
진짜 용이 된 조각 용

계곡 속에서 발견한 옻 밭

옛날 일본의 휴우가(지금의 미야자키켄) 지역의 어느 마을에 야스자에몽과 쥬우베라는 형제가 살고 있었다. 두 형제는 각각 옻을 팔아 그것으로 생계를 꾸려가는 생활을 하고 있었다.

형인 야스자에몽은 그날도 변함없이 옻을 캐기 위해 옻나무가 있는 산속으로 들어갔다. 마을 가까이 있는 곳의 옻나무는 이미 모두 캐어 버렸기 때문에 더욱더 깊은 산속으로 들어가야만 했다. 얼마를 갔을까. 갑자기 폭포가 떨어지는 깊은 계곡이 나타났다. 한눈에 보기에도 폭포는 너무나 웅장하고 멋져 보였다. 그래서 야스자에몽은 한동안 넋을 잃고 폭포를 바라보다가 그만 낫을 계곡에 빠뜨리고 말았다.

경복궁에서 발견된 용 모양의 유물

낮이 없으면 옻을 캘 수 없다는 생각이 들자 야스자에몽은 정신이 번쩍 들었다. 그래서 자기도 모르게 계곡 속으로 첨벙하고 뛰어들었다. 계곡은 생각보다 깊었으며, 야스자에몽은 한참이나 물 밑으로 내려가야 했다. 이윽고 바닥이 보이기 시작했는데, 이게 웬일인가! 그곳은 온통 번쩍거리는 옻으로 뒤덮여 있었다. 평생 힘들게 옻을 캐러 다니지 않아도 될 정도의 어마어마한 양이었다. 야스자에몽은 일단 옻을 한가득 안고 밖으로 나와 집으로 돌아왔다.

계곡 속의 옻은 옻 중에서도 최상급이었기 때문에 비싼 가격을 받고 팔 수가 있었다. 야스자에몽은 뛸 듯이 기뻐했으며, 매일 그 계곡에서 손쉽게 옻을 캐어 큰돈을 벌 수 있었다.

한편 동생인 쥬우베는 형이 요즘 들어 항상 최상급의 옻을 캐 오는 것을 보고 이상히 여겼다. 동생은 형에게 따졌다.

"도대체 어디서 옻을 캐는 거야. 나도 좀 알려 줘. 왜 나와 함께 가려고 하지 않는 거야."

야스자에몽은 절대 동생에게 이 비밀을 알려 주지 않았다. 이에 쥬유베는 몰래 형의 뒤를 밟았다. 그리고 형이 계곡 바닥에서 진귀한 옻을 캔다는 사실을 알아내었다. '그럼 그렇지.' 쥬우베는 속으로 쾌재를 부르며 다음날부터 자기도 그 계곡에서 형 몰래 옻을 캐기 시작했다.

진짜 용으로 변해 버린 조각 용

이 사실을 알게 된 야스자에몽은 '큰일이야. 저 놈이 다 캐어 가 버리면 어떡해' 라며 근심에 빠졌다. 고민 끝에 야스자에몽은 이웃마을에 사는 석공(石工, 돌로 조각상을 만드는 사람)을 찾아가 커다란 용을 만들어 달라고 했다. 그 석공은 매우 뛰어난 솜씨를 갖고 있는 사람이라 진짜 용처럼 생긴 조각상을 만들었다. 거기에 진짜 용처럼 채색까지 하여 조각으로 만들어진 용은 마치 살아 있는 용처럼 꿈틀거릴 것만 같았다. 이렇게 만들어진 가짜 용을 바라보는 야스자에몽은 안도의 한숨을 쉬었다. 그는 인부들을 시켜 용을 계곡으로 가지고 가 그곳 바닥에 빠뜨렸다. 야스자에몽이 이런 일을 한 이유는 동생이 이 용을 보고 놀라 도망가게 만들기 위해서였다.

그 다음날, 이러한 사실을 전혀 모르는 쥬우베는 형 몰래 옻을 캐기 위해 산으로 갔다. 물론 야스자에몽도 동생의 뒤를 쫓아 산으로 갔다. 그리고 나무 뒤에 숨어 두근거리는 마음으로 동생의 행동을 지켜보았다. 아무것도 모르는 동생은 계곡 속으로 첨벙 뛰어들었다. 그런데 이게 웬일인가! 분명히 있어야 할 옻은 하나도 없었고, 그곳에는 무서운 용이 금방이라도 자기를 잡아먹을 듯이 크르렁거리고 있는 것이었다. 깜짝 놀란 쥬우베는 부리나케 물 위로 헤엄쳐 올라와 옷도 입는 둥 마는 둥하며 도망가 버렸다.

　이 모습을 지켜보던 야스자에몽은 동생을 속였다는 생각에 껄껄껄 웃어댔다. 이번엔 야스자에몽이 계곡 속으로 들어가 옻을 캘 차례였다. 야스자에몽은 옻을 가득 담을 통을 준비한 후 계곡 속으로 첨벙 들어갔다. 그런데 이게 어찌된 일일까. 거기에는 진짜 용이 살아 꿈틀거리고 있었다. 용은 야스자에몽을 보자 매우 굶주렸다는 듯이 한입에 삼켜 버리고 말았다. 조각 용이 하룻밤 사이에 살아 있는 진짜 용이 되어 있었던 것이다.

용이 야스자에몽을 꿀꺽 삼켜 버리는 모습

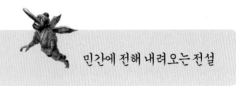
은하수가 생긴 이야기

예로부터 사람들은 밤하늘의 별이 왜 생겼을까에 관심이 많았다. 그래서 별에 관련된 많은 전설이 전해지고 있다. 일본 역시 별에 얽힌 여러 가지 재미있는 전설이 전해지고 있는데, 그 중 은하수*가 생긴 유래에 관한 전설이 매우 흥미롭다.

구렁이에게서 날아온 편지

옛날 아주 오랜 옛날, 일본의 어느 마을에 떵떵거리며 하인을 여럿 두고 사는 부자가 있었다. 그에게는 아름다운 딸이 셋 있었는데, 그 중 막내딸이 가장 예뻤다.

어느 날, 부잣집의 하녀가 물을 길으러 우물에 갔는
데 갑자기 쿵 하는 소리가 나더니 커다란 구렁이 한
마리가 나타났다. 하녀는 깜짝 놀라 물동이를 떨어뜨
리며 주저앉고 말았다. 구렁이는 하녀에게로 스르륵
다가왔고, 하녀는 '이제 죽었구나' 생각하며 눈을 감
았다. 그러나 구렁이는 하녀에게 편지 한 통을 떨어뜨
리더니 그냥 사라져 버렸다. 하녀는 하도 이상하여 그
편지를 급히 부자에게로 가져갔다.

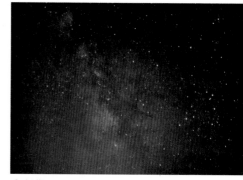

은하수(銀河水, milky way)
은빛처럼 빛나는 강처럼 보인다고 붙여진 이름으
로, 실제로는 우리은하 내에 엷은 층으로 분포되어
있는 별의 집단이다.

부자는 황급히 편지를 뜯어 보았다. 그 편지에는 이런 글귀가 쓰여 있었다.

"너의 세 딸 중 한 명을 나에게 보내라. 만약 이 말을 지키지 않으면 너와 너
희 가족 모두가 죽음을 당할 것이다."

부자는 너무도 놀라 어찌할 바를 몰랐다. 그래서 가족들을 모두 불러 놓고
구렁이의 편지를 보여 주었다.

"이 일을 어찌 하면 좋겠느냐?"

이에 큰딸과 둘째 딸은 절대 갈 수 없다며 막내에게로 눈길을 돌렸다. 시선
이 막내에게로 향하자 막내가 입술을 질끈 깨물며 말했다.

"그래요. 제가 가겠어요. 우리 가족 모두가 죽을 수는 없잖아요."

부자는 자기가 가장 사랑하는 막내딸이 간다고 하니 더욱 가슴이 아프고 슬
펐지만 가족 모두를 위해 붙잡을 수도 없는 일이었다.

그리하여 막내딸은 구렁이가 산다는 우물가로 갔다. 그러자 정말로 커다랗

고 무섭게 생긴 구렁이가 나타났다. 구렁이는 꼬리에 칼을 한 자루 쥐고 있다가 막내딸 앞에 내놓으며 신기하게도 사람이 하는 말을 하기 시작했다.

"와 줘서 고맙소. 아무 소리 말고 이 칼로 내 머리를 단칼에 내려치시오."

이게 어찌된 일일까. 막내딸은 구렁이에게 잡아먹힐 줄로만 알고 왔는데, 갑자기 자기를 단칼에 내려치라니! 막내딸은 구렁이가 시킨 대로 단칼에 구렁이의 목을 내리쳤다. 그러자 갑자기 펑 하는 소리와 함께 흰 연기가 마구 피어올랐다. 막내딸은 눈앞에서 벌어진 광경을 믿을 수가 없어 꿈인가 생신가 하여 눈을 감았다가 다시 떴는데, 놀라운 일이 벌어졌다. 구렁이는 온데간데없고 눈앞에 멋진 남자가 서 있었다.

"사실 난 하늘나라 신의 아들인데 잠깐 실수로 죄를 짓는 바람에 구렁이가 되었던 것입니다. 당신이 나의 은인이 되었으니 부디 나와 결혼해 주시오."

이렇게 하여 막내딸은 이 남자와 결혼하였고, 행복한 생활을 하게 되었다. 남편은 막내딸에게 아주 잘 대해 주었으며, 집에는 온갖 보물과 먹을 것들이 넘쳐났다. 그런데 집 안 한구석에 궤짝이 하나 있었는데, 남편은 막내딸에게 그것을 절대 열어 보지 말라고 신신당부했다. 이에 막내딸도 행복에 겨워 그것을 열어 볼 이유가 없었기에 관심도 두지 않고 지냈다.

그러던 어느 날 남편이 잠깐 하늘나라에 다녀오겠다며 집을 나섰다.

"전에도 말했듯이 절대 궤짝을 열어 보아서는 안 되오. 내가 혹시 돌아오지 않거든 서쪽으로 가서 호리병을 가진 여자에게 도움을 청하시오."

남편은 이런 말을 남기고 하늘로 올라갔다.

남편 찾아 하늘나라로

남편 없이 무료하게 시간을 보내고 있던 막내딸은 오랜만에 친정집에 연락도 하고 또 언니들을 집에 초청했다. 죽은 줄만 알았던 막내가 살아 있다는 소식에 가족들 모두 기뻐하였고, 언니들은 막내딸의 집에 놀러 오게 되었다. 언니들은 막내딸이 생각과 달리 너무 잘살고 있는 모습에 질투심이 부글부글 끓어올랐다.

"근데 저 궤짝 안에는 뭐가 들었기에 저렇게 꼭꼭 잠궈 놨어?"

"응, 그건 나도 몰라. 남편이 절대 열어 보면 안 된다고 했어."

그러자 언니들은 필시 그 속에 뭔가 보물이 들어 있을 거라며 막내딸이 말리는데도 불구하고 그만 궤짝을 열어 보고야 말았다. 그러나 한 줄기 연기만 피어오를 뿐 궤짝 속에는 아무것도 들어 있지 않았다.

그날 밤 꿈속에 남편이 나타나더니 "내가 그렇게 당부를 했는데, 결국 그 궤짝을 열어 보고야 말았구려. 그 때문에 난 이제 육지로 갈 수 없게 되었소"라고 말하는 게 아닌가!

막내딸은 정신이 번쩍 들어 잠에서 깨었다. 정말

절대 열지 말라는 부탁에도 불구하고 궤짝을 열어 보는 언니들

그 길로 남편은 돌아오지 않았다. 막내딸은 퍼뜩 남편이 떠나기 전에 한 말을 떠올려 서쪽으로 길을 떠났다. 얼마 후 정말로 호리병을 가진 여인을 만날 수 있었다. 막내딸은 그 여인에게 하늘나라로 가게 해 달라고 부탁했다. 그러자 여인은 막내딸에게 호리병을 주었고, 막내딸이 호리병을 감싸 쥐자 몸이 붕 뜨더니 하늘로 떠올랐다.

이렇게 하여 막내딸은 신기한 하늘나라로 오게 되었다. 하늘나라에는 온갖 신들이 살고 있었고, 해와 달과 별이 살고 있었다. 막내딸은 이들에게 길을 물어물어 드디어 그리운 남편을 만날 수 있었다. 남편도 막내딸을 보고 매우 반가워했으나 한편으로는 근심 어린 눈빛을 하고 있었다.

"잘 왔소. 그러나 이곳에선 신이 인간과 결혼하는 것이 허락되어 있지 않아서 당신이 발견되면 매우 위험하오."

마침 둘이 함께 있는 방에 남편의 아버지가 들어오려고 했다. 남편은 황급히 막내딸을 베개로 변신시켜 위기를 모면할 수 있었다. 그러나 아버지는 뭔가 눈치를 챘는지 수시로 남편의 방을 들락거리기 시작했다. 언제까지 이렇게 숨어 지낼 수만은 없는 상황이었다. 그러던 어느 날 새벽, 갑자기 방으로 들어온 아버지에게 들키고 말았다.

"내 예상이 맞았어. 신은 인간과 결혼할 수 없으니 당장 육지로 돌아가!"

그러자 남편은 눈물을 흘리며 진심으로 이 여자를 사랑하니 한 번만 허락해 달라고 아버지에게 애원했다. 남편의 눈물에 감동했는지 아버지는 막내딸에게 자기가 낸 시험을 통과하면 그땐 허락해 주겠다고 말했다.

비단 천으로 시험을 통과하는 막내딸

이렇게 하여 막내딸은 하늘나라의 신이 내는 시험을 통과해야 하는 처지에 놓였다. 막내딸이 불안에 떨고 있을 때 남편이 비단으로 된 천을 주며 말했다.

"이것만 있으면 무사히 시험을 통과할 수 있을 것이니 너무 걱정 마시오."

첫 번째 시험은 하늘나라 외양간의 소 천 마리를 들판에 끌고 나가 먹이를 먹인 후 다시 외양간으로 데리고 오는 것이었다. 이것은 연약한 막내딸로서는 도저히 할 수 없는 일이었다. 막내딸은 걱정스런 마음으로 남편이 준 비단 천을 꺼내어 흔들었다. 그랬더니 신기하게도 소들은 순한 양처럼 말을 잘 들었고, 첫 번째 시험을 무사히 통과할 수 있었다.

두 번째 시험 역시 창고에 가득 쌓인 쌀가마니를 십 리나 떨어진 다른 창고로 옮기는 일이었다. 이번에도 막내딸은 설마 하는 심정으로 비단 천을 흔들었다. 그랬더니 수백 개의 쌀가마니들이 마술처럼 공중에 붕 떠 하늘을 날아 다른 창고에 차곡차곡 쌓였다.

마지막 시험은 더욱 어려운 것으로 지네처럼 생긴 괴물들이 우글거리는 방을 통과하는 것이었다. 막내딸은 '이번에야말로 죽었구나'라는 생각으로 두 눈을 질근 감고 방으로 들어갔다. 그랬더니 지네 떼들이 징그럽게 막내딸의 몸을 타고 기어오르는 것이 아닌가. 막내딸은 "으악" 하고 소리 지르며 비단 천을 꺼내 마구 흔들었다. 그 순간 거짓말처럼 지네 떼들이 순식간에 막내딸의 몸에서 떨어져 나갔고, 게다가 막내딸이 지나갈 수 있도록 길까지 만들어 주었다. 이렇게 하여 막내딸은 무사히 세 가지 시험을 모두 통과할 수 있었다.

이제 막내딸과 남편은 아버지가 약속을 지켜줄 것이라 믿고 아버지에게로 달려갔다. 그러나 아버지는 언제 그랬냐는 듯이 태도가 돌변하였다.

"정 너희들의 뜻이 그렇다면 일 년에 한 번 만나는 것은 허락해 줄 수 있다."

두 사람은 어이가 없었지만 그래도 일 년에 한 번이라도 만나고 싶은 마음에 그렇게 하겠노라고 대답했다. 아버지는 그래도 안심이 안 되었는지 막내딸과 남편 사이에 참외를 하나 던졌다. 그랬더니 두 사람 사이에 커다란 강이 생겼다. 이것이 바로 밤하늘에 보이는 은하수이다. 막내딸과 남편은 지금도 일 년 중 단 하루만 이 강에 생기는 다리를 통하여 서로 만난다.

은하수를 사이에 두고 서로 바라보고 있는 두 사람의 모습. 이 둘은 일 년에 한 번만 만날 수 있다.

칼럼 일본의 전설

일본의 전설에 등장하는 요괴들

일본은 가히 신의 나라라고 불릴 만큼 신들이 많은 곳이라 할 수 있다. 그러나 일본에 많은 것은 신뿐만이 아니다. 일본은 괴물이나 요괴들이 득실거리는 곳이기도 하다. 그래서 이러한 괴물이나 요괴에 관해 전해 오는 전설들이 세계 어느 나라보다도 다양하고 많이 있다.

일본에서 괴물이나 요괴라 하면 신보다는 격이 낮으면서 인간과 신 사이에서 어떤 역할(주로 악한 역할)을 하는 존재들을 말한다. 여기에 대표적인 일본의 요괴들을 소개하고자 한다.

이름	생긴 모양	역할
우두, 마두	우두는 소머리, 마두는 말머리 모양	죽은 이를 데리러 온다는 두 괴물로, 착한 일을 한 사람은 등에 태워 가지며 나쁜 짓을 한 사람은 몽둥이로 두들겨 패서 끌고 감
니마하게	털투성이의 거대한 얼굴에 팔 다리가 붙어 있는 모양	밤늦게까지 안 자고 있는 어린아이나 울고 있는 어린아이를 잡아감
설녀(유키온나)	눈부시게 아름다운 모양	눈을 다스리는 요괴
카마이타치 (낫족제비)	앞발에 낫이 달린 요괴	바람이 아주 세게 불 때 손이나 다리의 살이 터지게 함
요(호랑이 요괴)	사람 얼굴에 호랑이 몸뚱이를 하고 있음	어린아이 울음소리를 내어 사람을 불러내어 잡아먹음
야마타노 오로치	머리가 아홉 달린 뱀 모양	스사노오 신화에 등장하는 괴물
백면사두	백 개의 사자 머리를 가진 건장한 요괴	상상을 초월하는 힘을 가지고 있음
텐구	붉은 얼굴에 길다란 코를 가진 모양	사람을 홀려 병이 들게 함
야만바(山婆)	노파의 형상	깊은 산속에 살며 어린아이를 잡아먹음

ChaPter **05** 몽골의 전설 여행

사람과 동물에 관한 이야기 ┃ 사물의 기원에 관한 전설
오이홍 섬에 전해지는 이야기 ┃ 카자흐족의 기원
선녀와 젊은이 ┃ 막내 선녀와 결혼한 이야기

초원과 유목민의 나라, 몽골. 몽골 유목민이 예로부터 즐겼던 여가 생활은 하루 일과를 끝내고 몽골의 전통 가옥인 게르에 모여 옛날 이야기를 듣는 것이었다. 때문에 몽골의 설화는 그 종류가 매우 다양하고 소박한 민중들의 삶이 그대로 녹아 있는 특징을 가지고 있다. 특히 같은 알타이어 계통인 우리의 옛이야기와 유사한 내용을 많이 담고 있다. 그래서 몽골의 설화를 접하다 보면 그들이 아주 오래 전 하나의 조상에서 출발한 형제라는 느낌을 받게 된다.

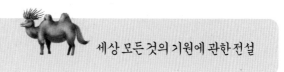
사람과 동물에 관한 이야기

몽골인들은 세상이 생겨나기 시작한 아득한 옛날의 모습을 어떻게 표현하고 있을까? 몽골의 옛 이야기들은 이렇게 시작된다.

사람은 왜 벌거숭이가 되었을까?

아주 먼 옛날에

이제 막 대지가 모양을 갖추고

이제 막 불씨가 타오르기 시작하고

젖바다가 아직 진흙 수렁일 때

숨베르 산(수미산)이 아직 작은 봉우리일 때

이제 막 해가 떠오를 때

이제 막 나뭇잎이 피어날 때

이제 막 달이 떠오를 때

이제 막 창포가 푸르른 빛을 낼 때

보르한(burhan)

보르한은 몽골 말로 하느님을 뜻한다. 보르한 박시란 '하느님 샤만', 몽골 식으로 하면 창조 신인 셈이다. 보르한은 부처님이기도 하다. 그래서 석가모니 부처님은 식그무니 보르한, 미륵불은 마이다르 보르한이다. 보르한은 '버드나무'를 뜻하기도 한다.

바로 그때의 일이다. 몽골의 하늘 신인 보르한*이 사람을 창조하기 위해 진흙으로 남자와 여자를 빚었다. 그리고는 그들에게 영원히 살 수 있는 생명의 물을 주기 위해 잠시 자리를 뜨게 되었다. 보르한은 혹시나 자신이 떠난 후 사악한 유령인 추트구르가 와서 인간들을 해칠까 봐 걱정이 되었다. 그래서 개를 불러 사람을 지키도록 하였다.

"이 인간들은 장차 너의 주인이 될 것이다. 아무도 인간들에게 접근하지 못하도록 꼭 지키고 있어야 한다. 그러면 너에게 털을 주마."

아니나 다를까? 보르한이 자리를 뜨자 추트구르가 왔다. 개는 추트구르가 인간에게 접근

몽골의 하늘 신 보르한이 진흙으로 남자와 여자를 만들고 있는 모습

하지 못하도록 거칠게 짖어댔다. 추트구르는 준비해 간 뼈다귀를 개에게 던져 주고 개가 뼈다귀를 핥는 동안 사람들에게 오줌을 누고 가 버렸다.

잠시 후 돌아온 보르한은 진흙 인간이 오줌으로 더럽혀진 것을 보고 개에게 화를 냈다. 그리고는 사람의 몸에 묻은 오줌을 칼로 깎아 냈다. 이때 오줌이 묻지 않은 부위인 사타구니와 머리 등에 있는 털은 그대로 두었다. 그리고는 오줌이 묻은 더러운 털을 개에게 주었다. 이런 이유로 사람은 벌거숭이가 되었고 개는 더러운 털을 갖게 되었다.

낙타의 뿔은 누가 가져갔나?

유목 생활을 하던 몽골인들에게 낙타는 매우 친근한 동물이다. 그런 연유로 몽골의 전설 속에는 낙타가 자주 등장한다. 몽골인들 사이에서 전해 오는 낙타에 대한 전설에 따르면 원래 낙타는 지금과는 매우 다른 모습이었다.

낙타는 원래 열두 갈래 멋들어진 뿔과 굵고 탐스러운 꼬리를 가진 동물이었다. 낙타는 늘 자신의 뿔과 꼬리를 자랑스럽게 여기고 볼품없는 모양의 동물들을 은근히 우습게 보았다. 하루는 낙타가 물을 마시러 호수에 왔다가 물에 비친 자신의 모습을 발견하였다. 열두 갈래 뿔은 하늘을 향해 곧게 뻗어 있고 길고 풍성한 꼬리는 탐스러웠다.

낙타가 자신의 모습을 감상하느라 물가를 떠나지 못하고 있을 때였다. 그때 갑자기 한쪽 수풀이 부스럭거리더니 사슴 한 마리가 모습을 드러냈다. 사슴은

열두 개의 뿔과 탐스러운 꼬리를 가진 원래 낙타의 모습

지금과는 달리 뿔도 없는 민머리에다 꼬리도 볼품없었다. 그래서 사슴은 늘 자신의 못난 외모를 부끄러워 했다.

"여보게, 낙타. 내가 오늘 숲에서 열리는 동물들의 모임에 가게 되었네. 그런데 내가 이렇게 몰골이 흉하다 보니 선뜻 발걸음이 떨어지지 않는다네. 자네의 뿔을 잠시만 빌려 줄 수 없겠나? 내일 자네가 이곳에 물 마시러 올 때 돌려주겠네."

낙타가 사슴을 보니 흉한 민머리에 꼬리도 볼품없는 것이 말 그대로 불쌍한 몰골이었다. 그래서 뿔을 벗어 주며 이렇게 말했다.

"내일 물을 마시러 왔을 때 꼭 돌려주어야 하네."

"들염소의 뿔이 하늘에 닿도록…"
몽골에서는 전혀 이루어질 수 없는 불가능한 이야기를 말할 때 "들염소의 뿔이 하늘에 닿도록, 낙타의 꼬리가 땅에 닿도록"이라는 관용구를 사용한다.

사슴은 기뻐하며 뿔을 얼른 머리에 쓰고 숲으로 들어갔다. 얼마 안 가 사슴은 말을 만났는데 뿔을 어디에서 얻었는지 친절하게 설명해 주었다. 그렇지 않아도 낙타의 탐스러운 꼬리가 부러웠던 말은 낙타에게 꼬리를 하루만 바꿔 달라고 부탁했다. 낙타는 거절 못하고 꼬리를 바꿔 주었다.

이튿날이 되어 낙타는 약속한 장소에서 기다렸지만 사슴도, 말도 나타나지 않았다. 어쩌다가 숲속에서 마주쳐 낙타가 뿔을 돌려 달라고 하면 사슴은 코웃음치며 이렇게 말했다.

"들염소의 뿔이 하늘에 닿도록, 낙타의 꼬리가 땅에 닿도록."

사슴은 절대 돌려주지 못한다는 말을 이렇게 불가능함을 뜻하는 이야기로 대신했다. 시치미를 떼기는 말도 마찬가지였다. 억울한 낙타는 그 후로 물을 마실 때 물에 비친 자신의 머리에 뿔이 없는 것을 발견하고 속이 상해 머리를 흔든다고 한다. 또한 사슴의 뿔이 해마다 한 번씩 떨어져 나가는 것은 그 뿔이 원래 사슴의 것이 아니고 낙타의 것을 빼앗은 것이기 때문이라고 한다.

호랑이의 줄무늬는 왜 생겼을까?

나이 든 호랑이가 임종을 앞두고 아들 호랑이를 불렀다.

"애야, 네가 아무리 힘센 호랑이라고 하더라도 절대 사람이라는 동물 곁에는 가지 마라."

이 말을 마친 늙은 호랑이는 죽었다. 그러나 호기심 많고 혈기 넘치는 아들 호랑이는 대체 사람이 어떤 동물인지 찾아 누가 센지 겨뤄 보겠다고 결심한다. 사람을 찾아 나선 호랑이는 길을 가다 황소를 만났다. 호랑이가 보기에 황소는 무척 힘이 세 보였다.

"네가 사람이라는 동물이냐?"

"나는 사람이 아니라 황소다. 사람은 왜 찾느냐? 사람은 내 코에 코뚜레를 뚫어 나를 몰고 다니며 죽도록 일을 시킨다."

"그러면 사람은 매우 힘이 센 동물이구나."

"아니다. 내가 뿔로 받으면 나뒹굴 정도로 약한 동물이다."

황소의 대답이 호랑이에게는 알쏭달쏭하게 여겨졌다. 힘이 약한 동물이 황소처럼 단단한 뿔과 큰 몸집을 가진 동물을 부린다는 것이 이해가 안 되었다. 궁금해 하며 길을 계속 가는데 이번에는 낙타를 만났다.

"네가 사람이라는 동물이냐?"

"아니, 나는 낙타다. 그런데 사람은 왜 찾느냐?"

"누가 더 센지 사람과 힘을 겨뤄 보려고 한다."

"아이구, 아서라. 사람은 세상에서 가장 힘센 동물이다. 어떤 동물도 사람을 이길 수 없으니 그런 생각일랑 말아라. 괜히 허세를 부리다가 나처럼 사람을 태우기 위해 항상 몸을 굽히고 고삐에 묶여 이리저리 끌려다니는 신세가 될지도 모른다."

낙타가 호랑이를 말렸으나 호랑이는 이해가 되지 않았다.

"사람은 몸집이 크지도 않은데 어떻게 힘이 세단 말이냐?"

"사람의 힘은 지혜에 있다. 지혜만 있으면 어떤 동물도 이길 수 있다."

낙타의 말을 듣고 호랑이는 '지혜'라는 것을 차지하여 더욱 힘센 동물이 되어야겠다고 생각하며 가던 길을 계속 갔다. 지치도록 산길을 헤맨 호랑이는 드디어 나무꾼을 만났다. 갑자기 호랑이를 만난 나무꾼은 정신이 아득해지고 온몸이 떨렸지만 겨우 태연한 척을 하였다. 호랑이는 이번에도 사람이냐고 물었다. 나무꾼이 그렇다고 대답하자 호랑이는 무척 놀랐다. 너무나 작고 보잘

것없는 동물이었기 때문이다.

'가죽도 없는 정말 칠칠치 못한 동물이군. 단 한 번에 때려 죽일 수 있는 약한 동물 아닌가⋯⋯.'

호랑이는 속으로 중얼거렸다.

"사람아. 나에게 보여 줄 힘이나 능력이 있느냐?"

"물론 있습니다. 사람에게는 어떤 힘센 동물도 물리칠 수 있는 지혜가 있습니다."

지혜라는 말에 호랑이는 마음이 급해졌다. 반면 나무꾼은 정신을 똑바로 차리고 마음을 가다듬었다.

"그럼 내게 지혜를 보여다오."

"제가 오늘 호랑이님을 뵐 줄 모르고 집에다 두고 왔습니다. 호랑이님을 모시고 가고 싶으나 저의 집에는 가축을 지키는 개들이 있어 당신을 보면 달려들 것이 분명합니다. 괜히 욕보시지 마시고 여기 계시면 제가 지혜를 가지고 오겠습니다."

호랑이는 순순히 허락했다. 그러나 나그네는 몇 발자국 걸어가더니 멈추었다.

"호랑이님, 그렇게 뒤에 계시니 무섭습니다."

"뭐가 그렇게 무서우냐?"

"호랑이님이 저를 꼭 뒤에서 잡아먹을 것만 같습니다."

그 말을 듣고 호랑이는 속으로 혀를 끌끌 차며 '사람이라는 동물이 약하고 겁이 많구나' 라고 생각했다. 호랑이는 그저 지혜를 빨리 갖고 싶은 욕심에 그렇게 무서우면 자기를 나무에 묶고 갔다 오라고 했다. 나무꾼은 호랑이를 꽁꽁 묶은 다음 지혜를 가져오겠다며 떠났다. 그런데 이 나무꾼은 잠시 후 엉뚱하게도 마른 나뭇가지를 잔뜩 가지고 왔다. 그리고 호랑이 주변에 쌓았다.

"자, 제가 지혜를 가지고 왔습니다."

그리고는 부싯돌을 쳐서 쌓아 놓은 나무에 불을 붙이고 도망쳤다. 호랑이는 불에 타서 죽을 판이 되니 무서워서 벌벌 떨었다. 다행히 묶어 놓은 줄 하나가 불에 타면서 끊어졌다. 덕분에 호랑이는 불 사이로 도망쳐 겨우 목숨을 건졌지만 털은 불에 그을려 줄무늬가 생겼다. 지혜의 매운 맛을 톡톡히 본 호랑이는 그 후 그토록 갖고 싶던 지혜 대신 줄무늬 털을 갖게 되었다.

불 붙은 나무에 묶여 있다 도망치느라 그을린 호랑이 모습. 이후로 호랑이에게 줄무늬가 생겼다고 한다.

세상 모든 것의 기원에 관한 전설

사물의 기원에 관한 전설

마두금은 어떻게 만들어졌나?

아주 오랜 옛날, 몽골의 동쪽 끝에 후훠 남질이라는 사람이 살고 있었다. 그는 노래를 아주 잘 불러 그 고장에서는 유명한 사람이었다. 후훠 남질이 군대에 가게 되었는데 군대의 우두머리도 그가 노래를 잘한다는 사실을 알게 되어 훈련 대신 노래를 부르게 했다. 그리고 그는 그곳에서 아름다운 공주를 알게 되었다.

후훠 남질이 병역의 의무를 마치고 고향에 돌아가게 되자, 공주는 이별을 안타까워하며 조농 하르라는 이름의 명마를 후훠 남질에게 선물했다.

"이 말은 아주 특별한 말입니다. 이 말을 타고 저를 보러 오세요. 그럼 먼 길이라도 단번에 오실 수 있답니다."

후훠 남질은 고향으로 돌아온 후 이 말을 타고 몽골 서쪽으로 날아가 사랑하는 공주를 만나고 아침이면 말을 몰아 몽골 동쪽인 고향으로 돌아오곤 했다. 이렇게 삼 년이 지났다. 후훠 남질의 집 가까이에는 여인 하나가 살았는데, 그 여인은 친구 간의 우정은 깨지게 하고 부부 간의 금슬은 금 가게 하는 못된 여편네였다. 그 여인은 조농 하르*가 보통 말이 아니라는 것을 눈치채고 무언가 일을 꾸미려고 마음먹었다.

어느 날 후훠 남질은 사랑하는 공주를 만나고 돌아와 조농 하르를 매어 두고 집에 들어가 잠을 청했다. 이 광경을 몰래 지켜보고 있던 못된 여인은 살금살금 말에게 다가갔다. 사람의 발자국 소리를 듣고 말은 자신의 주인이 온 줄 알고 반갑게 울어대며 가슴을 활짝 펴고 맞았다. 그 순간 조농 하르의 양쪽 겨드랑이에서 날개가 쭉 뻗쳐 나왔다. 조농 하르는 마법의 날개를 달고 하늘을 나는 말이었기에 하룻밤 사이에 몽골의 동쪽에서 서쪽까지 날아갈 수 있었던 것이다.

'아니, 범상치 않은 말인 줄 알았지만 날개가 있을 줄이야……'

이 광경을 본 이웃집 여인은 깜짝 놀랐다. 그녀는 집으로 가서 날이 선 가위를 가져오더니 조농 하르의 날개를 무참히 잘라 버렸다. 날개가 잘리는 순간 천하의 명마, 조농 하르는 목숨을 거두고 말았다.

말의 찢어질 듯한 비명에 소스라치게 놀라 달려 나온 후휘 남질은 자신이 사랑하는 말이 처참하게 죽어 있는 모습을 발견하고 슬픔의 눈물을 흘렸다. 자신이 아끼던 말을 잃고 사랑하는 공주를 만나러 가지도 못하게 된 후휘 남질은 깊은 슬픔에 빠져 먹는 것도 자는 것도 잊었다.

그렇게 며칠이 지났다. 후휘 남질은 갑자기 나무를 깎기 시작했다. 깎은 모습을 보니 조농 하르의 머리 모양이었다. 후휘 남질은 그 나무에 명마의 가죽을 대고 말의 꼬리털을 쭉 펴서 세로로 놓고 기름을 발랐다. 그렇게 하여 아름다운 소리를 내는 악기를 만들었으니 이것이 바로 몽골 사람들이 애용하는 전통 악기인 마두금*이다.

마두금(馬頭琴)
몽골 지역에서 널리 연주되는 나무와 가죽으로 만든 몽골의 전통 악기

담배는 어떻게 생겨났을까?

옛날 어느 절에 황소와 염소가 살고 있었다. 스님들이 황소는 이리저리 부려먹고 온갖 궂은일을 시켰으나, 염소는 일은 시키지 않고 젖을 짜서 차를 만들어 먹기만 했다. 그러다가 시간이 흘러 염소가 죽자, 스님들은 차를 마시게 해준 염소가 고마워 명복을 빌어 주었다. 그리고 이 사실을 안 보르한(몽골의 하

느님)은 염소에게 좋은 내생(來生)을 내려 주었다. 그러나 황소가 죽었을 때는 아무도 명복을 빌어 주지 않았다. 이 사실을 알게 된 황소는 부아가 났다.

"나는 스님들을 위해 가죽이 다 헤지고 발굽에 피가 나도록 일했건만 겨우 젖만 짜 준 염소에게는 명복을 빌어주고 나는 헌신짝처럼 버리다니……. 이렇게 분할 수가!"

그리하여 황소는 스님들에게 복수를 해야겠다는 마음을 먹게 되었다. 황소는 죽어 사원의 스님으로 다시 태어났는데 전생에 품은 원한 때문에 포악하게 행동했다. 다른 스님들을 협박하고 못살게 굴고 심지어 죽이기까지 했다. 그래도 황소의 울분은 풀리지 않았다.

그 다음 생에서는 지위가 높은 군인으로 태어나 자신의 권한 지역에 있는 절들의 스님들을 감시하고 괴롭혔다. 그렇게 두 번의 생이 지난 다음에야 스님들을 향한 황소의 원한이 풀렸다.

그렇게 원한을 푼 후 황소의 영혼은 어느 부잣집 딸로 태어났다. 소녀는 마음씨가 곱고 자태가 아름다워 사람들의 부러움과 칭찬을 한 몸에 받았다. 그래서 부자든 가난한 사람이든 지위가 높은 사람이든 낮은 사람이든 세상 모든 이들이 소녀를 귀하게 여기고 축복했다. 그런데 소녀는 나이가 열네 살이 넘었는데도 시집을 가지 않았다. 그러더니 열일곱 살이 되었을 때는 집을 떠나 전국을 누비면서 무슨 업이라도 풀려는 듯이 많은 사람들을 만났다. 이상한 것은 어떤 악한 사람이라도 그녀를 만나면 그녀를 칭송하며 축복을 빌어 준다는 것이었다.

그렇게 전국 방방곡곡을 돌며 사람들을 만나고 다닌 것이 무리가 되었는지 얼마 후 그녀는 걷지 못하게 되었다. 그리고 일년 뒤에는 영영 일어서지 못하게 되었다. 소녀는 죽음을 앞두고 가까운 사람들을 모이게 했다. 다 모이자 소녀는 천천히 입을 뗐다.

"저는 이제 곧 죽을 운명입니다. 여러분, 슬퍼하지 마세요. 저는 제가 세상에 왔다 간 흔적을 남기려고 합니다. 제가 죽은 뒤 무덤을 만들고 아홉 날 동안 정성스레 지켜 주십시오. 그리고 나면 무덤에서 무언가가 나타날 것입니다. 그러면 그것을 버리지 마세요. 사람들이 어려움에 처했을 때 꼭 필요한 것들이니 필요한 사람들에게 주십시오."

몽골 사람들이 코담배를 넣어 두는 병

이렇게 말하더니 소녀는 세상을 떠났다. 사람들은 이 소녀의 무덤 앞을 아흐레 동안 지켰다. 열흘째 되는 날, 소녀가 말한 대로 무덤에서 무슨 가루 비슷한 것이 발견되었다.

사람들은 그것을 피워 보았는데 마음이 평안해지는 것을 느꼈다. 그것은 코담배였다. 이때부터 사람들은 슬프거나 어려운 일이 닥쳤을 때 위안을 얻기 위해 담배를 피우게 되었다.

오이홍 섬에 전해지는 이야기

**바이칼 호에 있는 최대의 섬,
오이홍 섬**

바이칼 호 안에는 25개의 섬
이 있다. 그 가운데 가장 큰
섬이 오이홍 섬이다. 독립된
섬이라기보다는 바이칼 주변
의 육지와 매우 가까운 섬이
다. 오이홍 섬은 알혼 섬이라
고도 부른다.

몽골족의 하나인 부리야트족은 바이칼 호에 있는 섬인 오이홍 섬*과 바르구진 강 하류의 바이칼 호 남쪽에서 많이 살았다. 다음 이야기는 오이홍 섬에 관해 전해지는 이야기다.

여인으로 변한 백조

호리 투메드 호릴다이 메르겐이라는 사람이 있었는데, 그는 아직 결혼하지 않은 젊은이였다. 그는 바이칼 호를 걷다가 백조 아홉 마리가 날아와 호숫가에 앉아 눈부신 백의(白衣)를 훌훌 벗고 아홉 명의 여인으로 변하는 모습을 보게 되었다. 옷을 벗은 아홉 명의 여인은 바이칼 호에 들어가 목욕을 하기 시

작했다. 호리 투메드는 그
중 옷 한 벌을 훔친 후 숨
을 죽이고 여인들의 목욕
이 끝나기를 기다렸다. 목
욕을 끝낸 뒤, 여덟 명의
여인은 백의를 입고 날아
올라갔으나 하나 남은 여
인은 옷이 없어 날아가지
못하였다. 호리 투메드는
그녀에게 다가갔다.

바이칼 호에서 가장 큰 섬인 오이홍 섬의 부르한 바위

"당신의 옷은 내가 숨겼소. 이제 당신은 하늘로 올라갈 수 없으니 나와 결혼
하여 아이를 낳아 주시오."

그 여인은 어쩔 수 없이 호리 투메드의 아내가 되어 열한 명의 아이를 낳
고 행복하게 살았다. 자식이 열한 명이 되었을 때 아내는 말
하였다.

"이제 자식을 열한 명이나 낳았으니 내게 옷을 돌려주세요."

호리 투메드는 혹시 아내가 그 옷을 입고 날아갈까 두려워
서 옷을 돌려주지 않았다. 그러나 아내는 끈질기게 애원했다.

"옷을 한 번 입어만 볼게요. 입어만 보고 돌려드릴게요."

호리 투메드는 곰곰히 생각했다. 애원하는 아내가 안스럽

> 부리야트족의 샤먼이 무술(巫術)을
> 행할 때 부르는 노래
>
> 나의 조상은 백조
> 나의 자작나무 오야
> 나의 자작나무로 둘러싸인 호다르 강
> 나의 호수로 둘러싸인 오이홍 섬
>
> 이 노래에서 알 수 있듯이 부리야트
> 인은 자신들이 백조의 후손이라 믿었
> 다. 오야란 자작나무에 가축을 맨 것을
> 말하고, 호다르 강은 자작나무로 둘러
> 싸인 높은 산꼭대기에 있다고 한다.

기도 하였고, 자식이 열한 명이나 되었는데 설마 버리고 날아가 버리지는 않겠지 하는 생각이 들었다. 그래서 옷을 꺼내 주었다.

하늘로 올라간 아내

아내는 상자에서 옷을 꺼내 입자마자 백조로 변해 날개를 가다듬었다. 그러더니 한순간 날아올라 게르(몽골의 전통 주택)의 천창을 통해 날아가는 것이었다. 깜짝 놀란 호리 투메드는 급히 검댕이가 묻은 손으로 백조의 두 다리를 잡았다. 그러나 이내 백조는 빠져나갔다. 백조가 빠져나가는 순간 호리 투메드가 소리쳤다.

"굳이 가야 한다면 열한 명의 자식들에게 이름은 지어 주고 가시오."

날개를 퍼덕이며 솟아오른 아내는 열한 명의 자식들에게 후브두드, 갈조트, 호아차이, 할빙, 바트나이, 호다이, 고쉬드, 차강, 샤라이드, 보동고드, 하르가나라는 이름을 지어 주었다. 그리고 하늘로 높이 솟아오르며 말했다.

"자나 깨나 자손 대대로 괴로움 없이 지낼지어다. 행복하게 지낼지어다. 자손이 번성할지어다."

축원을 마친 아내는 동북쪽을 향해 날아갔다. 이후 호리 투메드의 자손은 열한 개 씨족의 조상이 되었다. 그래서 부리야트인들은 자신들이 백조의 후손이라 믿는다. 그리고 호리 투메드가 백조의 두 다리를 잡는 바람에 백조의 다리가 검은색이 되었다고 전한다.

카자흐족의 기원

쫓겨난 작은 아들

칭기즈칸*에게는 백 명의 부인이 있었다. 어느 날 저녁 칭기즈칸은 작은 부인의 침소를 찾았다. 그러자 작은 부인이 물었다:

"당신, 어젯밤에도 오시지 않으셨어요?"

"아니, 오지 않았소. 부인 침소에 누가 왔단 말이오?"

칭기즈칸은 화가 머리끝까지 났다. '내 그 죽일 놈을 반드시 잡으리라' 하며 오늘 밤 그 사람이 다시 오면 등에 먹물로 표시를 해두라고 작은 부인에게 일렀다.

다음날이 되었다. 작은 부인에게 누군가 왔다 갔냐고 물으

칭기즈칸(成吉思汗, Chingiz Khan, 1162~1227)

몽골 제국의 창시자이며 아시아에서 유럽에 이르는 세계 최대의 영토를 차지한 영웅으로 손꼽힌다.

니 그렇다고 대답했다. 그리하여 칭기즈칸은 궁전의 모든 신하에서부터 병사에 이르기까지 모든 남자의 옷을 벗겨 등을 살펴보았다. 그러나 먹물 표시가 있는 사람은 아무도 없었다.

그러자 이번에는 왕족들 중에서 범인이 있을 것이라 생각하고 왕족 남자의 옷을 벗겨 등을 살펴보았다. 그러자 작은 아들의 등에 먹물이 묻어 있는 것이 아닌가! 이에 칭기즈칸은 작은 아들의 발뒤꿈치와 성기를 자르고 가슴에 그림을 그려 먼 곳으로 추방하라고 명령했다.

작은 아들은 형을 집행하는 집행관들에게 끌려 성 밖으로 나왔다. 작은 아들은 집행관들에게 제발 살려 달라고 애원했다. 이를 불쌍히 여긴 집행관들은 발뒤꿈치를 약간만 잘라 내고, 성기를 비껴가 부근의 털을 잘랐으며, 가슴 부위의 옷을 칼로 세차게 찢은 다음 그를 먼 곳으로 떠나게 했다.

텡그리의 딸과 결혼하다

쫓겨난 작은 아들은 벌판에서 잠이 들었다. 잠에서 깨어났을 때 그의 눈 앞에는 아름다운 여인이 서 있었다. 여인이 물었다.

"당신은 왜 이곳에 있습니까?"

"나는 아버지에게 잘못을 저질러 쫓겨난 사람입니다. 그런데 당신 같이 아름다운 여인이 이곳에는 어떻게 오셨는지요?"

"저는 텡그리*의 딸로 당신이 이곳에 홀로 있기에 당신의 친구가

텡그리

하늘과 그 하늘이 신격화된 천신(天神)이라는 뜻의 몽골어. 몽골인들은 예로부터 이 텡그리를 세상을 주관하는 가장 높은 존재로 인식하고 경배했다.

되기 위해 왔습니다."

이에 작은 아들은 그 여인과 함께 살게 되었다.

이렇게 몇 년이 흘렀다. 칭기즈칸은 추방당한 작은 아들이 죽었는지 살았는지 궁금하여 세 사람을 보내 알아보도록 했다. 세 사람이 아들을 찾았을 때 그는 텡그리의 딸과 가정을 이루어 자식을 낳고 살고 있었다. 그의 아내는 텡그리로부터 몸을 숨기기 위해 머리를 하얀 천으로 감싸고 있었다.

작은 아들은 그를 찾아온 세 사람에게 제발 돌아가지 말라고 간청했다. 돌아가면 칭기즈칸이 자신을 죽일 것이므로 자신들과 함께 그곳에 살기를 청했다. 그리하여 세 사람은 그곳에 남게 되었다.

칭기즈칸은 자신이 보낸 세 사람이 돌아오지 않자 몇 번에 걸쳐 세 사람씩 더 보냈다. 그러나 모두 그곳에 남았다. 그들은 그리하여 열두 마리 까마귀 카자흐족*의 조상이 되었다. 칭기즈칸은 그 후에도 세 사람씩 세 번에 걸쳐 사람을 더 보냈지만 모두가 그곳에 남았다. 그들은 카자흐 9기 여덟 씨족의 조상이 되었다.

카자흐족이 검은 옷을 입고 다니는 것은 캄캄한 밤중에 먹물로 칠했기 때문이라고 하고, 바닥에 쇠를 박은 뒤축이 높은 신발을 신는 이유는 발뒤꿈치를 잘렸기 때문이라고 한다.

카자흐족(Kazakh)
몽골 인종에 속하는 민족으로, 외모는 터키인과 몽골인의 혼혈에 가까운 특징을 나타내고 있다. 중앙아시아에 살며 이슬람교를 믿는다.

선녀와 젊은이

선녀의 옷을 숨긴 젊은이

아주 옛날 몽골의 초원에 풀로 만든 움막을 짓고 사는 젊은이가 하나 있었다. 그 젊은이는 흰 옷을 입고 까마귀 날개 모자를 쓰고 있었는데 말이 많아 시끄러웠다.

어느 날 그의 움막 근처로 원앙새 세 마리가 날아와 물을 마셨다. 그러더니 새들이 세 명의 선녀로 변하여 노는 것이었다. 젊은이는 그 가운데서 한 선녀의 옷을 몰래 훔쳐 자신의 움막에 숨겨 놓았다. 저녁이 되어 세 선녀가 돌아가고자 했으나 옷을 입지 못한 선녀는 돌아갈 수가 없었다. 젊은이가 다가와 그 선녀에게 말했다.

"당신 옷은 우리 집에 있으니 우리 집에 와서 가져가시오."

옷을 잃은 선녀는 하는 수 없이 젊은이를 따라가 풀로 만든 움막에서 밤을 보내게 되었다. 이튿날 아침, 젊은이가 눈을 떠 보니 이게 웬일인가? 자신의 움막이 '가죽 끈이 없는 하얀 궁전*'으로 변해 있는 것이 아닌가! 이때 선녀가 젊은이에게 말했다.

'가죽 끈이 없는 하얀 궁전'이란?
몽골 설화에 자주 나오는 관용구로 아주 부유한 집을 표현할 때 쓰인다.

"앞으로 필요하지 않은 말은 하지 마세요. 그리고 당신이 입은 흰옷이랑 까마귀 모자는 불태워 버리세요. 그렇게 하면 제가 당신과 함께 살겠어요."

그렇게 하여 두 사람은 함께 살게 되었는데, 젊은이는 하루 종일 선녀를 바라보느라 아무 일도 하지 못했다. 보다 못한 선녀가 자신의 모습을 그대로 그린 그림 한 장을 주며 그에게 말했다.

"자, 이 그림을 대신 가지고 가서 가축도 돌보고 씨도 뿌리세요."

그러나 이 젊은이는 갑자기 불어온 바람에 그림을 날려 버리고 허둥대며 집으로 돌아왔다. 그런데 그 그림은 날아 날아 그 나라의 왕을 위해 일하는 목동의 발 앞에 떨어졌다. 목동 또한 신비롭고 아름다운 선녀의 모습을 보고 넋이 나가 버렸다.

선녀를 빼앗으려는 왕

목동이 그림에 정신이 팔려 소를 제대로 돌보지 않자 이 사실을 왕까지도 알게 되었다. 왕이 이를 알고 꾸짖자 목동은 왕에게 나아가 그 이유를 알렸다.

"제가 이 그림을 보고 넋이 나가 소들을 제대로 돌보지 못했사옵니다. 부디 용서해 주십시오."

그러면서 왕에게 그림을 보여 주는데, 왕은 그 그림을 보는 순간 선녀의 신비롭고 아름다운 자태에 반하고 말았다. 왕은 그 나라의 모든 신하와 백성들에게 그림 속의 여인을 찾으라고 명했다.

선녀를 찾는 일은 어렵지 않았다. 선녀와 젊은이를 불러들인 왕은 젊은이에게 내기 제안을 했다.

"세 가지 내기를 해서 이기는 사람이 네 아내를 갖도록 하자."

"임금님, 세 가지 내기라니 무슨 말씀이신가요?"

"세 번 숨어 찾지 못한 쪽이 지는 것이다."

이 말을 들은 젊은이는 억울하고 화가 치밀었지만 상대가 왕이니 어쩔 도리가 없었다. 과연 왕과 숨기 내기를 해서 이길 수 있을까? 젊은이가 울상이 되어 고민을 하자 선녀가 와서 말했다.

"제가 도와드릴 테니 걱정 마세요."

젊은이와 왕의 세 번 숨기 내기

다음날이 되었다. 왕이 젊은이를 찾으러 왔다. 선녀는 젊은이를 골무에 숨기고 바느질을 하고 있었다.

"남편은 호로부치타인 에헹(골무의 입구)에서 말을 찾고 있습니다."

왕은 이 잡듯이 뒤졌으나 젊은이를 찾지 못했다. 젊은이와 선녀는 뛸 듯이 기뻐했다. 이번에는 왕이 숨을 차례였다. 젊은이가 왕을 어떻게 찾아낼지 막막해 하고 있는데 선녀가 젊은이에게 살짝 귀띔해 주었다.

"궁전의 남서쪽에 빨간 상자 세 개가 있어요. 세 개 중 가운데 상자의 보브(튀김 과자)를 '이 보브는 참 맛있겠는걸' 하면서 부수세요."

젊은이가 선녀의 말대로 하자 왕이 비명을 지르며 나타났다.

"아이구, 엉덩이, 허리야. 나 죽네 죽어."

이렇게 해서 젊은이가 한 판 이겼다. 왕은 매우 불쾌했지만 어쩔 수 없었다. 또다시 젊은이가 숨을 차례가 되었다. 선녀는 젊은이를 작은 받침대에 넣어 두었다. 왕이 젊은이를 찾기 시작했다.

"남편은 타비오르타인 에헹(받침대의 입구)으로 사냥하러 갔습니다. "

왕은 구석구석 찾았지만 이번에도 젊은이를 찾지 못했다. 젊은이와 선녀는 뛸 듯이 기뻐했다. 이번에는 왕이 숨을 차례였다. 이번에도 선녀가 젊은이에게 귀띔을 했다.

"서까래에 마구 세 벌이 있을 겁니다. 그 중 가운데 것의 끝을 잡고 '무슨 마구가 이렇게 딱딱한가?' 하면서 세게 두들기세요."

선녀가 시킨 대로 하자 왕이 비명을 지르며 나타났다.

"아이구, 엉덩이, 허리야. 나 죽네 죽어."

이렇게 해서 젊은이가 두 판을 이겼다. 왕은 매우 심기가 불편한 듯 보였다. 또다시 젊은이가 숨을 차례가 되었다. 선녀는 젊은이를 손잡이 안에 숨겼다.

왕이 찾아와 젊은이를 찾기 시작했다. 그러나 역시 찾지 못했다. 이번에는 왕이 숨을 차례가 되었다. 선녀가 젊은이에게 말했다.

"창문 위의 서까래에 버드나무가 있을 겁니다. 그 중 가운데 나무를 힘껏 치세요."

젊은이가 선녀의 말대로 하자 왕이 비명을 지르며 나타났다.

"아이구, 엉덩이, 허리야. 나 죽네 죽어."

이렇게 해서 젊은이가 세 판을 모두 이겼다. 숨기 내기에서 진 왕은 분이 풀리지 않는 듯 씩씩거리며 또 다른 내기를 제안했다.

비단으로 봉우리 덮기 내기

"저 봉우리를 오색 비단으로 뒤덮는 내기를 해서 이기는 쪽이 네 아내를 갖기로 하자."

왕의 말이 떨어지자 젊은이는 이번에야말로 진짜 아내를 빼앗기게 되었구나 하는 생각에 큰 걱정에 빠졌다.

"비단 한 필도 없는 내가 어찌 왕을 이기리오."

"여보, 걱정마세요. 이 비단을 던지면서 '비단아, 왕의 것보다 크게 되라!'라고 외치세요."

그러면서 아내는 작은 오색 비단 한 조각을 젊은이에게 주었다. 젊은이가 그것으로 봉우리를 덮자 왕의 것보다 사방이 더 길었다. 또 내기에서 진 왕은 물러서지 않고 이번에는 선전 포고를 했다.

"내기에서 이기지 못하니 전쟁으로 네 아내를 빼앗으리라."

그러면서 왕은 군대를 모아 젊은이와 선녀를 잡으러 오는 것이 아닌가. 젊은이가 어찌할 바를 몰라 허둥대자 선녀는 상자 하나를 내밀면서 말했다.

"이 상자를 열어 보면 해결책이 있을 것입니다."

젊은이가 상자를 열자 그 속에서 군사들이 우르르 나와 왕의 군대와 싸우기 시작했다. 왕의 군사들은 맥없이 나자빠졌고 마침내 왕까지 죽었다. 그 후 젊은이는 왕이 되어 그 나라를 다스리며 선녀와 함께 오래도록 행복하게 살았다.

선녀가 준 비단으로 봉우리를 덮는 젊은이

막내 선녀와 결혼한 이야기

사슴으로 변신한 막내 선녀

북쪽의 깊은 숲속에 젊은 사냥꾼이 살고 있었다. 그는 커다란 몸집에 힘이 세고 용모도 준수하였다. 그러나 숲속의 다 쓰러져 가는 오두막에 가진 것이라고는 입고 있는 옷과 활, 화살이 전부인 가난한 젊은이였다.

사냥꾼이 여느 날과 마찬가지로 숲속에서 사냥을 하고 있을 때였다. 구름한 점 없던 하늘에 갑자기 먹구름이 일더니 천둥이 치고 비가 내리기 시작했다. 평소와는 달리 하늘이 으르렁거리는 듯했다. 사냥꾼은 이상한 생각이 들었다.

"하늘이 갑자기 조화라도 부리나? 이상하군."

젊은이가 쏟아지는 비를 맞으며 겨우 집으로 돌아와 문을 열고 들어가려 하는데 좀 이상한 느낌이 들었다. 그래서 집에 들어가려다 말고 작은 창문을 통해 슬그머니 집 안을 들여다보았다. 방 안 구석에 뭔가 이상한 물체가 있는 것이 보였다. 사냥꾼은 깜짝 놀랐지만 마음을 가다듬고 다시 한 번 그 물체를 뚫어져라 쳐다보았다.

어두운 그 형체는 사슴이었다. 조그만 사슴쯤이야 쉽게 사로잡을 수 있는 사냥감이었다. 젊은이는 그제야 안도를 하며 집 안으로 들어가서 사슴을 잡으려고 조심조심 접근했다. 그런데 이게 웬일인가? 사슴은 젊은이를 보더니 벌떡 일어나 사람의 말을 하기 시작했다.

"제 목숨을 살려 주세요. 저는 원래 천상의 선녀로 9월 9일에 이곳으로 내려와 계곡 아래 연못에서 목욕을 하다가 때를 놓쳐 하늘로 올라가지 못했습니다. 아버지이신 에첵 텡그리*(天神)께서 정한 법을 어겼으니 저는 큰 벌을 받을 것입니다. 조금 전에 하늘이 으르렁거린 것은 호르마스트 텡그리*가 군대를 보내 저를 찾고 있기 때문에 그런 것이랍니다. 제발 저를 이곳에 숨겨 주세요."

하늘의 군대에게 붙잡혀 간 선녀

젊은이는 사슴이 불쌍한 생각은 들었으나 쉽게 믿어지지 않았다.
"네 말을 믿을 수 없구나. 네가 선녀라면 진짜 모습을 드러내라."
그 말이 떨어지자 사슴은 한 번 뒹굴더니 어여쁜 선녀로 변했다. 맑고 빛나는 얼굴, 초롱초롱 빛나는 눈, 불그스름한 뺨, 우아하고 가느다란 눈썹, 비단 같은 검은 머릿결……. 말 그대로 천상 선녀의 모습이었다. 젊은이는 아름다운 모습을 보고 숨이 막힐 듯 놀랐지만 고귀한 선녀가 땅에 내려와 사슴으로 변신한다는 것은 있을 수 없는 일이라고 생각했다.

"자신의 몸을 변신하는 것은 추트구르(유령 또는 악마)나 하는 짓이다. 네가 하는 짓을 보니 추트구르가 분명하구나. 너는 내 집에서 썩 나가라!"

그러면서 여인을 집 밖으로 내쫓았다. 쫓겨난 여인은 눈물을 흘리며 말했다.

"아, 어쩔 수 없이 하늘로 붙잡혀 올라가야겠군요. 나중에 당신의 마음이 바뀌면 하늘 신의 막내 선녀를 찾아오세요. 당신 집 앞에 있는 가장 높은 나무 밑동에 호리병박을 심고 매일 세 번씩 물을 주면 계속 자라나 하늘에 닿을 것입니다. 그러면 호리병박을 타고 하늘로 오세요. 중간에 어려운 일이 닥치더라도 부디 용감하게 이겨 내십시오."

그러면서 자신의 징표라며 손가락의 반지를 빼내 젊은이에게 주었다. 여인이 말을 마치자마자 하늘에서 갑자기 호르마스트의 군대가 나타나 그녀를 붙잡아 구름에 태우고 순식간에 사라졌다. 그 모습을 보고 젊은이는 그녀를 다시 잡으려 했지만 이미 늦은 후였다.

그런 일이 있고 난 후 젊은이의 마음속에는 병이 생겼다. 막내 선녀를 믿지 못해 집에서 내쫓은 것에 대한 후회와 그녀를 다시 만나고 싶다는 욕망 때문이었다.

그래서 젊은이는 선녀를 다시 만나고자 결심하고 남쪽에 있는 소나무 밑동

선녀를 잡아 구름에 태우고 가는 호르마스트 군사와 이를 안타깝게 보고 있는 젊은이

에 호리병박 하나를 심고 물을 주며 가꾸기 시작했다. 덩굴은 소나무를 감고 계속 자라나더니 얼마 후 하늘에 다다를 정도로 자랐다.

천상에서의 첫 번째 시험

젊은이는 활과 화살통을 메고 선녀가 운명의 징표로 준 반지를 가슴에 품은 채 호리병박 덩굴을 타고 하늘로 향했다. 한참을 올라가니 구름이 발 아래에 있고 인간들이 사는 땅은 더 이상 보이지 않았다. 조금 더 올라가니 눈앞에 신기한 세상이 펼쳐졌다.

젊은이가 처음 보는 신기한 광경에 빠져 두리번거리며 가고 있는데 갑자기 호르마스트 텡그리의 군대가 나타났다. 그리고는 하늘의 최고신인 에젱 텡그리(主君天神, 텡그리 중 가장 높은 신) 앞으로 끌고 갔다. 젊은이가 선녀를 찾기 위해 천상에 왔다고 하니 에젱 텡그리는 불같이 화를 냈다.

"한낱 미천한 사냥꾼이 하늘나라 선녀를 넘보다니, 고얀 놈이로다. 네게 혹독한 시험을 내려 통과하지 못하면 너는 살아남지 못하리라."

그리고는 젊은이를 다짜고짜 감옥에 가두었다. 다음날 아침이 되자 텡그리의 시녀 한 명이 긴 소매를 출렁거리며 들어왔다.

항가리드
몽골어 han과 산스크리트어 'garuda'의 합성어. 그 뜻은 garuda와 동일한데 설화 상에 등장하는 큰 새로 날짐승의 왕이라는 뜻이다.

"동북쪽으로 가면 심장 모양의 바위가 있습니다. 그 바위 위에 '항가리드*'가 있을 것입니다. 그 항가리드가 아끼는 알을 가지고 오십시오. 천신과 그의 부인이 그 알로 국을 끓여 먹고자 합니다. 이것이 텡그리의 명령입니다. 거역할 경우 큰 벌을 받아야 합니다."

그 이야기를 듣고 젊은이는 텡그리에게로 가서 한 가지 부탁을 했다.

"야수와 날짐승이 아무리 사납다 한들 인간의 지혜에 당하겠습니까? 차양이 큰 모자 하나와 덮개로 쓸 옷 하나를 주십시오. 그러면 제가 알을 가지고 오겠습니다."

텡그리는 젊은이의 말을 들어주었다. 젊은이는 모자의 차양에 덮개 끝을 연결하여 옷 위에 걸쳐 마치 사람처럼 보이게 위장한 후 활과 화살통을 어깨에 메고 목적지를 향해 떠났다. 드디어 동북쪽의 땅에 도착해 심장 모양의 바위에 다다랐다. 그곳에서는 독수리처럼 생긴 어마마하게 큰 새가 알을 품고 있었다. 젊은이의 모습을 보자 모자와 덮개를 낚아채 날아가 버렸다. 그러자 젊은이는 재빨리 항가리드의 알을 집어 들고 돌아왔다. 이 알을 텡그리에게 바치고 다시 감옥에 갇혔다. 다음날 아침이 되어 시녀가 텡그리의 두 번째 시험을 전달했다.

두 번째 시험과 세 번째 시험

"북서쪽의 깊은 숲속에 들어가서 마른 나무를 주워 오세요. 텡그리와 그 부인께서 땔감으로 쓰시려고 합니다."

젊은이는 의외의 쉬운 시험에 의아해 하며 활과 화살통을 메고 땔감을 묶을 끈을 가지고 숲으로 향했다. 숲속은 어둡고 음침해서 꼭 뭐라도 튀어나올 것만 같았다. 젊은이는 시킨 대로 마른 나뭇가지와 뿌리를 모았다.

열심히 모으고 있는데 갑자기 뒤에서 이상한 소리가 들렸다. 섬뜩한 생각이 들어 뒤를 돌아보니 노란 눈을 번뜩거리며 엄청나게 큰 뱀이 쏜살같이 기어오고 있는 것이 아닌가! 젊은이는 들고 있던 땔감을 내팽개치고 가까운 나무 뒤로 숨었다. 그리고 활을 힘껏 당겨 뱀의 머리에 정통으로 화살을 명중시켰다. 뱀은 몇 차례 땅바닥에서 뒹굴다가 죽고 말았다.

"땔감만 필요한 것이 아니었나 보군."

젊은이는 중얼거리며 땔감을 어깨에 메고 죽은 뱀은 질질 끌고 다시 텡그리의 궁전으로 돌아왔다. 그리고는 다시 감옥에 갇혔다. 그런데 얼마 지나지 않

젊은이는 화살을 쏘아 뱀을 명중시킴으로써 두 번째 시험을 통과하였다.

아 다시 시녀가 찾아왔다.

"궁전 동쪽 끝에 집이 한 채 있습니다. 당신은 오늘 밤 그곳에서 머물러야 합니다. 이것이 텡그리가 내리는 세 번째 시험입니다."

그리고 시녀는 낮은 소리로 덧붙였다.

"제 말을 명심하세요. 그 집은 화차와 수차가 있는 매우 위험한 집입니다. 만약 화차의 바퀴가 돌아가게 되면 밤중에 추워져서 집에 있는 모든 것을 얼려 죽입니다. 그렇기 때문에 당신이 집에 들어갔을 때 화차 바퀴가 돌아가면 수차 바퀴를 돌리고 수차 바퀴가 돌아가면 화차 바퀴를 돌리고 자야 합니다.

막내 선녀께서 꼭 전해 달라고 당부하신 말씀입니다."

젊은이는 막내 선녀가 전해 달라는 말을 듣고 가슴이 뛰었다. 그토록 찾고 있던 막내 선녀가 지금 자신을 도와주려 하고 있다. 젊은이는 용기백배하여 동쪽 끝의 집으로 갔다. 그리고 막내 선녀가 하라는 대로 하고 잠이 들었다.

이튿날, 동이 트자 텡그리의 부인이 하인에게 명했다.

"사냥꾼의 시체를 치워라."

그러나 젊은 사냥꾼은 평온하게 잠들고 있었다. 이 소식을 들은 텡그리와 부인은 놀랐으나 다시 어떤 방법으로 그를 죽일지 의논하였다.

돌 심장을 꺼내라

동쪽 끝의 집에서 살아나온 젊은이는 텡그리와 부인 앞에 서서 소리쳤다.

"약속대로 시험을 통과했습니다. 이제 막내 선녀를 제게 주십시오."

"인간의 심장은 돌 심장이라 거칠기 짝이 없다. 선녀를 주기 전에 네 심장을 꺼내고 다른 심장을 집어넣어 바꾸어야 한다."

젊은이는 그 말에 겁이 났지만 태연하게 말했다.

"약속을 지키기만 한다면 제 심장을 드리겠습니다. 잠깐 시간을 주세요."

그렇게 말하고 잠시 궁을 빠져나와 시녀에게 사정을 이야기했다. 시녀는 막내 선녀가 일러 준 대로 젊은이에게 방법을 알려 주었다.

"잠시 후 가슴을 감싸고 텡그리에게로 가서 '뜨거운 내 심장은 당신의 하인이 가지고 있다' 고 하십시오. 그 다음은 제가 알아서 하겠습니다."

젊은이는 텡그리에게 그대로 말했다. 이때 시녀가 보자기에 싼 물건을 가지고 텡그리에게 내밀었다. 그 속에는 돌덩이 하나가 들어 있었다.

"이것이 사냥꾼의 심장이냐? 왜 내게 보여 주지 않고 멋대로 처리했느냐?"

그러자 시녀가 침착하게 말을 했다.

"돌 심장을 꺼내는 일이 끔찍하고 역겨운 일이라 은밀한 곳에서 처리했습니다. 어찌 텡그리를 속일 수 있겠습니까?"

텡그리는 믿기지 않았지만 어쩔 수 없었다. 그래서 다시 젊은이에게 여러 선녀들 가운데 막내 선녀를 가려내야 선녀를 주겠다고 엄포를 놓았다. 젊은이는 속으로 '내게 운명의 징표로 반지를 주었으니 반지가 없는 선녀가 막내 선녀일 것이다' 라고 생각했다.

그 다음날이 되어 궁전에 열 명의 선녀들이 모두 모였다. 눈부시게 아름다운 미모와 뛰어난 말솜씨 등 모두가 엇비슷해 누가 누구인지 구분이 가지 않았다. 젊은이는 선녀들의 손가락을 살피며 반지가 없는 선녀를 찾아냈다.

"이분이 막내 선녀입니다. 제가 그녀의 반지를 갖고 있습니다."

젊은이가 막내 선녀를 정확하게 지목하자 막내 선녀는 발그레하게 웃으며 기뻐했고, 텡그리는 어쩔 수 없이 막내 선녀를 젊은이에게 내주었다. 그 후 젊은이와 막내 선녀는 인간 세상으로 내려와 행복하게 살았는데, 평생 스물 다섯 살의 젊음을 유지하며 영원한 생명을 누렸다고 한다.

칼럼 몽골 전설

몽골과 한국을 잇는 오솔길, 옛이야기

『**임금님 귀는 당나귀 귀**』 몽골의 설화 중에는 우리의 옛이야기와 유사한 이야기들을 많이 발견된다. 신라 경문왕이 그 주인공이라는 『임금님 귀는 당나귀 귀』와 유사한 전설이 몽골에도 있다. 몽골의 한 소녀가 왕자의 못생긴 얼굴에 대해 발설해서는 안 된다는 어명을 지키기 위해 타르바가라는 동물의 굴에다가 소리친다. "왕자의 머리에는 뿔이 돋아 있다!" 결국 타르바가가 이 비밀을 폭로한다.

『**별주부전**』 토끼의 간을 탐낸 거북이의 이야기가 담긴 『별주부전』이 연상되는 이야기가 있다. 거북이는 같지만 토끼가 아니라 원숭이다. 암거북이가 수거북이에게 원숭이의 염통을 먹어야 병이 낫는다고 말한다. 그러자 수거북이는 원숭이를 데려와 염통을 달라고 한다. 그러자 영리한 원숭이는 토끼가 그랬던 것처럼 나뭇가지에 걸어 놓은 염통을 가지러 육지로 가야 한다고 말한다. 결말은 똑같다.

『**선녀와 나무꾼**』 몽골 부리야트족의 씨족 설화에 전해지는 이야기는 우리의 『선녀와 나무꾼』과 유사하다. 선녀가 아니라 백조 처녀가 등장하는데 나무꾼이 옷을 감춘 후 나무꾼과 가정을 이루어 살다가 옷을 내주는 순간, 백조 처녀는 그 옷을 입고 훨훨 날아간다. 부리야트 씨족 설화 외에도 몽골 설화에는 선녀와 나무꾼과 유사한 이야기의 흔적이 많이 남겨져 있다.

ChaPter 06 동남아시아의 전설 여행

말레이시아 전설 | 미얀마 전설 | 베트남 전설
싱가포르 전설 | 인도네시아 전설 | 태국 전설
필리핀 전설

Legend of the world

동남아시아 전설에서 그들만의 순수성을 찾아보기란 그리 쉽지 않다. 인도차이나 반도와 인도네시아·말레이시아 등지는 중국 문명의 영향이 뚜렷하고, 다른 지역은 인도 문명권에 속해 있어서 인도 문명의 흔적이 역력하다. 그나마 산지 쪽 주민들에게서 동남아시아 문화의 '원뿌리'를 찾아볼 수 있다. 그들에게는 아직 인도나 중국의 한(漢) 문명이 침입하기 이전의 시간이 숨 쉬고 있다.

01 ⠿ Legend of the world

말레이시아 전설

말레이시아에도 『선녀와 나무꾼』이 있다. 과연 어떤 내용일까? 우리나라 이야기와는 어떤 점이 다를까? 견주면서 읽어 보자.

땅의 왕과 하늘나라 공주

옛날에 수톤이라는 왕이 살았다. 하루는 왕비가 사슴 고기를 먹고 싶다 해서 사냥꾼을 보내 사슴을 잡아오게 했다.

사냥꾼은 산속에서 사슴이 나타나기만을 기다리다가, 하늘나라 공주 일곱 명이 내려오는 것을 보았다. 공주들은 날개옷을 벗고 계곡물로 들어가 몸을 씻었다. 사냥꾼이 보니 막내 공주가 가장 아름다웠다. 왕에게 바치면 큰 상을 받을 것 같았다. 그래서 날개옷을 풀밭에 감추고 기다렸다.

목욕을 마친 공주들은 하늘로 올라갔으나, 막내 공주만이 날개옷을 찾지 못해 홀로 남았다. 사냥꾼은 공주를 위협해서 왕에게 데려갔다. 수톤 왕은 공주의 아름다움에 반해 둘째 왕비로 삼았다. 그리고는 공주의 자태에 푹 빠져 첫째 왕비의 방에는 얼씬도 하지 않았다.

첫째 왕비는 질투심에 몸이 달았다. 친정아버지를 찾아가 하소연 하니, 아버지는 도술을 부려 수톤 왕의 꿈에 나타났다.

"둘째 왕비가 오래 살기를 바란다면 하얀 코끼리의 검은 상아를 뽑아 주시오."

왕은 곧바로 하얀 코끼리의 검은 상아를 찾기 위해 떠났다.

그 틈에 첫째 왕비는 날개옷을 찾아들고 막내 공주를 찾아갔다. 공주는 날개옷을 받자마자 얼른 입고 덩실덩실 춤을 추면서 궁궐 밖으로 나갔다. 그렇게 훨훨 덩실덩실 춤을 추며 길을 가다가 빈손으로 돌아오는 왕을 만났다. 왕한테 하늘나라로 돌아갈 거라 말하자, 왕은 함께 가자며 날개옷을 붙잡고 늘어졌다.

"제 반지를 드릴 게요. 위험에 처할 때 반지를 꺼내 제 이름을 부르면 위험에서 벗어날 수 있을 거예요. 그럼, 하늘에서 만나요."

공주는 말이 끝나자 하늘로 올라가 버렸다.

공주가 없으니 왕은 하루하루가 지옥 같았다. 그러더니 기어이 하늘나라로 가야겠다며 궁궐을 떠났다. 하늘과 가장 가까운 산의 꼭대기에 오르자 바위만

독수리를 타고 하늘나라에 오르고 있는 수톤 왕

한 독수리가 앉아 있었다. 독수리는 왕을 보더니 입맛을 다시며 덮쳤다. 왕은 공주가 준 반지를 꺼내며 공주의 이름을 높이 외쳤다. 그러자 독수리는 순한 양처럼 바뀌더니 왕을 하늘나라까지 데려갔다.

독수리와 헤어진 뒤, 왕은 노인으로 변장해서 궁전으로 들어 갔다. 시녀들이 물동이를 나르는데, 말을 들어 보니 공주의 목욕물을 떠 가는 것이었다. 왕은 슬쩍 공주의 반지를 물동이에 떨어뜨렸다.

한편, 공주는 목욕을 하다가 반지를 보았다. 드디어 왕이 왔구나 생각하니 가슴이 설레었다. 공주는 왕을 찾아오도록 했으나 왕의 그림자조차도 볼 수가 없었다. 애가 탄 공주는 시름시름 앓았다.

공주가 몸져눕자, 옥황상제는 이름난 의원들을 불렀다. 하지만 아무도 공주를 고치지 못했다. 이 소식을 들은 수톤 왕은 옥황상제를 찾아갔다. 수톤 왕을 보자마자 공주는 씻은 듯이 나았다.

그제야 수톤 왕은 옥황상제에게 그동안 있었던 일을 말하며 간절하게 부탁했다.

"공주와 함께 인간 세상으로 돌아가 살게 해주십시오."

"내가 내는 시험을 통과해야만 사위로 받아들이겠네."

옥황상제는 우거진 숲을 가리키며 평지로 만들라 일렀다. 수톤 왕은 조상들의 얼굴을 떠올리며 도와 달라고 기도했다. 그러자 조상들은 코끼리 떼를 보내 숲의 나무를 전부 뽑아 평지로 만들게 했다.

다음으로 옥황상제는 뽑은 나무를 남김없이 태우라 했다. 수톤 왕이 다시 조상들께 기도하니 새 떼가 나타나 주둥이로 불을 뿜어 나무들을 금방 재로 만들었다.

옥황상제는 씨앗을 항아리 가득 담아 오게 하더니 도로 땅에 쏟았다. 그리고 수톤에게 다시 항아리에 담으라고 일렀다. 수톤 왕이 기도하자 조상들은 극락조를 보내 씨앗을 쪼아 담게 했다.

옥황상제는 마지막 시험을 냈다. 일곱 개의 방에 일곱 명의 공주를 넣고는 손가락만 보고 공주를 찾아내라는 것이었다. 수톤 왕이 기도하자 조상들은 파리 한 마리를 보냈다. 파리는 공주의 손가락에 앉았고, 수톤 왕은 마지막 시험을 통과했다. 모든 시험을 통과한 수톤 왕과 공주는 인간 세상으로 내려가 행복하게 살았다.

미얀마 전설

빨주노초파남보, 일곱 색깔 무지개에는 어떤 사연이 숨어 있을까? 미얀마*에 슬프면서도 아름다운 이야기가 전해져 온다.

미얀마(Myanmar)
인도차이나 반도와 인도 사이에 있는 나라로, 원래 이름이 버마였으나 1989년 개칭하였다.

무지개

옛날 한 왕비가 아이를 낳다가 죽었다. 사람들이 왕비의 시체를 화장하려고 장작더미 위에 올려놓고 불을 붙이는데, 그때 시체 안에서 여자 아이가 튀어나왔다.

사람들은 공주가 불행을 가져올 거라며 버리라 했다. 그래서 왕은 왕비의 묘지 가까운 곳에 공주가 살 집을 만들어

과학적으로 무지개는 빛이 분해되면서 나타나는 현상이나 신화에서는 무지개를 다리로 여기는 경우가 많다.

주었다. 세월이 흐르면서 공주는 아름답게 자랐다.

공주가 사는 곳에는 강이 흘렀다. 강 건너편에는 왕국이 하나 있었는데, 이 왕국이 왕자가 공주를 보고는 사랑에 빠졌다.

하지만 왕과 백성들은 공주를 받아들이지 않았다. 역시 공주가 불행을 가져올 거라 믿었기 때문이다. 그래서 왕자에게 절대로 강을 건너서는 안 되며, 어떤 뱃사공도 왕자를 배에 태우면 안 된다는 명을 내렸다.

이때 미얀마의 이름난 악어 '비구름'이 나타나 왕자를 도왔다. 입 안에 왕자를 넣고는 강 건너편으로 데려다 준 것이다. 밤마다 왕자는 '비구름'의 입 속에 숨어 공주를 만나러 갔다.

그러던 어느 날, 한 암컷 악어가 '비구름'이 입 안에 뭔가를 소중히 물고 가는 것을 보았다. 악어는 '비구름'을 사랑하던 터라 심한 질투를 느꼈다. 악어는 여자로 변해서 공주의 시녀로 들어가더니 온갖 잔꾀와 술수를 부려 공주의 총애를 받았다. 그리고 공주를 꼬드겨 왕자의 오른팔을 베고 자라 일렀다.

밤이 되어 왕자가 찾아오자, 공주는 오른팔을 베고 자겠다고 졸랐다. 왕자는 몹시 당황스러워했다.

"그렇게 하면 내게 불행이 찾아온다는 사실을 정녕 모르오?"

공주는 왕자가 자신을 사랑하지 않기에 변명을 하는 거라고만 여겼다. 왕자는 자신의 사랑을 보여 주기 위해 오른팔을 내주었다.

새벽이 되어 '비구름'은 왕자를 입 안에 넣고 강을 건넜다. 그런데 문득 어떤 생각에 사로잡혀 왕자를 잊었다. 몇 시간 동안이나 강을 오고 가며 헤엄을

치기만 했다. 왕자는 결국 숨이 막혀 죽었다.

　'비구름'은 왕자의 아버지를 찾아가 모든 일을 말하고 용서를 구했다. 왕은 슬픔에 잠겼으나 '비구름'을 용서했다. 공주는 자기 때문에 왕자가 죽었다고 생각하며 슬픔에 잠겨 울부짖다가 그만 숨이 멎어 죽고 말았다.

　해질 무렵, 왕자의 시체가 놓인 장작더미에 불이 붙었다. 강 건너편 공주의 시체가 놓인 장작더미에서도 불길이 일었다. 두 장작더미에서 두 줄기 연기가 피어오르더니 강 위에서 만났다. 그리고 빨주노초파남보의 일곱 색깔 무지개가 눈부시게 떠올랐다

왕자와 공주의 두 줄기 연기가 만나 아름다운 무지개가 만들어지는 장면

베트남 전설

'원숭이 엉덩이는 빠알개, 빨가면 사과, 사과는 맛있어…….'

어렸을 적, 입이 닳도록 부른 노래이다. 그런데 원숭이 엉덩이는 빨간데 왜 빨갛게 되었을까? 베트남에 전해지는 이야기로 궁금증을 풀어 보자.

원숭이 엉덩이는 왜 빨갛지?

어느 마을에 구두쇠 영감 부부가 살았다. 어찌나 노랑이 짓을 하는지 마을 사람들 모두 손가락질을 했다. 그래도 영감은 눈 하나 깜짝하지 않았다.

어느 날 저녁 영감 부부가 밥을 먹는데, 웬 거지가 밥을 빌러 왔다. 영감은 수저를 내던지며 노발대발하였다. 하녀를 불러 거지를 내쫓으라 일렀다.

하녀는 아주 못생겼으나 마음이 무척 착했다. 영감 몰래 자기 몫의 저녁밥을 거지에게 주며 공손히 말했다.

"변변치 않지만 받아 주세요. 주인님을 대신해서 사과드립니다."

거지는 감격해서 눈물을 흘리며 말했다.

"며칠 뒤 아가씨는 산에 가야 할 일이 생길 거예요. 동북쪽으로 십 리쯤 걸으면 시냇물이 나올 텐데 그 물에 목욕을 하세요. 좋은 일이 생길 겁니다."

신기하게도 며칠 뒤 영감 부인은 하녀더러 산나물을 캐 오라 일렀다. 하녀가 산에 가니 거지의 말대로 정말 시냇물이 나타났다. 하녀는 목욕을 하고 산나물을 뜯어 집으로 돌아왔다.

그런데 이튿날부터 하녀는 몰라보게 아름다워지기 시작했다. 총각들이 가슴을 태우더니, 부자와 귀족의 아들들이 줄지어 청혼을 해 왔다. 영감 부인은 하녀가 몹시 부러웠다. 그래서 하녀에게 아름다워지는 비결을 물어보았다. 하녀는 숨기지 않고 말해 주었다.

영감 부부는 날 듯이 기뻐하며 산으로 달려갔다. 물이 얼음장보다 차가운데도 꾹 참고 목욕을 했는데, 온몸이 간지러워 견딜 수가 없었다. 박박 긁었더니 몸이 부어오르면서 털로 뒤덮였다. 영락 없는 원숭이 꼴이었다.

영감 부부는 하녀가 자기들을 속였다면서 분통을 터뜨렸다. 그들은 하녀를 죽일 마음으로 집으로 달려갔다. 그것도 모르고 하녀는 영감 부부가 언제 오나 기다리고 있었다.

그런데 난데없이 거지가 나타나 다급하게 말하는 것이었다.

엉덩이를 숯불에 데어 날뛰는 원숭이의 모습. 이후로 원숭이 엉덩이는 빨갛게 되었다고 한다.

"어서 대문 앞에 숯불을 피워 놓아요! 어서요! 그렇게 하지 않으면 목숨을 잃을지도 몰라요!"

하녀는 얼떨결에 거지가 시키는 대로 했다.

이때 원숭이 두 마리가 대문을 박차고 들어오다가 숯불 위로 엉덩방아를 찧었다. 뜨거워 펄펄 날뛰는데 엉덩이는 벌써 빨갛게 익어 있었다. 이 일이 있은 이후로 원숭이 엉덩이는 빨갛게 되었다고 한다.

싱가포르 전설

사자의 도시 싱가포르*. 싱가포르라는 섬은 어떤 곡절로 생겼을까? 섬나라라는 특성이 이야기에도 고스란히 드러난다. 안데르센의 인어공주를 떠올리게 하지만 마지막은 예상과 전혀 다른 재미를 준다.

싱가포르(Singapore)
동남아시아의 말레이시아 반도 끝에 속한 자그마한 섬나라로 2007년 1인당 국민소득이 5만 달러를 돌파한 경제 국가로 유명하다.

싱가포르 섬이 생긴 까닭

옛날 깊은 바다 속에 화산으로 이루어진 왕국이 있었다. 왕국의 백성은 인어들로 아주 난폭하고 잔인한 왕의 지배를 받았다. 왕은 바다 곳곳에 이런 경고문을 붙여 놓았다.

왕국 밖에서 수영하는 자는 추방!

인어들은 왕국 밖의 세상이라고는 꿈도 꾸지 않았다. 단 한 명 '시 플럼'만 빼고. '시 플럼'은 호기심이 많고 대담했다. 바다 위 세상이 어떤지 몹시 궁금했다. 두 눈으로 직접 보고 싶었다. 그래서 기어이 바다 위로 나갔다.

'시 플럼'의 언니는 걱정에 잠겨 동생을 기다렸다. '시 플럼'은 잔뜩 들뜬 얼굴로 돌아왔다. 언니한테 선물로 보석이 박힌 빗 하나를 주며 말했다.

"배 위에 있는 생명체들이 온갖 희한한 물건들을 던졌어. 신기하지! 가자, 언니, 나랑 새로운 세상에서 재미있게 놀자!"

'시 플럼'은 언니를 설득해 다시 바다 위로 나아갔다. 모든 걱정을 잊고 노는데 배 한 척이 다가왔다. 배 위의 생명체들이 뭔가를 던지며 소리쳤다. '시 플럼'은 신나서 가더니 깔깔 웃고 재주를 부렸다. 언니는 왠지 불안했다. 다급하게 동생을 불렀다.

그런데 갑자기 파도가 거칠게 일었다. 바람도 거세졌다. 벼락이 치고 번개가 하늘을 가르더니 배가 흔들렸다. 언니가 소리쳤다.

"왕이 오고 있어! 도망치지 않으면 왕에게 잡히고 말 거야."

'시 플럼'은 겁에 질려 파도 밑으로 뛰어들었다. 하지만 몸이 움직이지 않았다. 뭔가 뒤에서 두 자매를 잡고 있었다.

"감히 내 명령을 어기다니! 무슨 벌을 받을지 알고 있으렸다!"

자매는 벌벌 떨며 용서를 구하고, 왕이 자비를 베풀기만을 기도했다. 하지만 왕은 자비와 용서라고는 모르는 자였다.

"이제 너희는 말뚝 망둥어*로 변할 것이다! 앞으로 만 년 동안 너희는 배로 기는 신세가 될 것이다!"

왕은 금지팡이를 흔들었다. 그러자 무시무시한 소리가 들리더니 바닷속 화산들이 물을 뚫고 솟아오르기 시작했다. 바다가 뒤집힐 듯이 요동을 치더니 화산이 떠올랐다.

망둥어
일반 물고기보다 넓적하니 못생겼다.

모든 것이 조용해졌다. 화산의 절반은 섬(이것이 싱가포르임)이 되었다. 뜨거운 태양이 내리쬐고 바닷물은 잔잔히 넘실거렸다.

기절했던 자매가 눈을 떴다. 서로의 모습을 보고는 입을 다물지 못했다. 말뚝 망둥어가 눈을 멀뚱대고 있었던 것이다.

인도네시아 전설

인도네시아의 반둥이라는 도시에 가면 '땅꾸반뻐라후'라는 산이 있다.
'뒤집어진 배'라는 뜻인데 여기에는 재미있는 이야기가 얽혀 있다.

인도네시아 반둥의 위치 지도

상꾸리앙

서부 자바의 한 왕국에 숭깅이라는 왕자가
있었다. 어느 날 왕자가 사냥을 떠났다가 날씨
가 몹시 더워 야자수 그늘 밑에서 쉬고 있었다.

그때 근처 덤불 속에서는 쩰렝이라는 암멧
돼지가 사람이 되기 위해 도를 닦고 있었다. 왕

자가 떠나자 쨀렝은 밖으로 튀어나와 야자 껍질에 고인 물을 단숨에 들이켰다. 그리고 몇 달 뒤에 새끼를 낳았는데 예쁜 여자 아이였다. 야자 껍질 속의 물이 숭깅 왕자의 오줌이었는데, 그걸 마시고는 아기를 가진 것이었다.

얼마 뒤, 숭깅 왕자는 사냥을 갔다가 여자 아이의 울음소리를 들었다. 왕자는 아이를 궁궐로 데려와 키웠다. '다양 숨비'라는 이름을 지어 주고 여자로서 배워야 할 것들을 모두 가르쳤다. 다양 숨비는 베 짜기를 가장 잘하였다.

어느 여름 날, 다양 숨비는 베를 짜다가 북을 놓쳤다.

"저 북을 누가 집어다 주면 좋겠네. 여자가 가져오면 언니로 삼고, 남자가 가져오면 남편으로 삼을 텐데……."

그때 마침 마당에서 놀던 개, 뚜망이 북을 물어다 주었다. 다양 숨비는 다시 베를 짜다가 졸려서 잠깐 눈을 붙였다. 그때 뚜망이 다양 숨비를 범했고 다양 숨비는 아이를 가졌다. 그러나 아비가 누구인지는 아무도 몰랐다.

숭깅 왕은 다양 숨비를 뚜망과 함께 산속으로 보냈다. 다양 숨비는 사내아이를 낳아 상 꾸리앙이라는 이름을 지어 주었다. 상 꾸리앙도 사냥을 좋아해 뚜망과 함께 사냥을 하곤 했다.

그러던 어느 날 다양 숨비가 사슴의 간을 먹고 싶다고 하자, 상 꾸리앙은 뚜망을 데리고 사냥을 나갔다. 그런데 암멧돼지 쨀렝을 만나 잡으려고 하는데, 뚜망이 맴돌며 방해를 했다. 상 꾸리앙은 화가 나서 뚜망을 죽이고는 간을 꺼내 집으로 가져왔다. 다양 숨비에게는 사슴의 간이라 속이고 맛있게 요리해 먹었다.

나중에야 사실을 알게 된 다양 숨비는 주걱으로 상 꾸리앙을 마구 때렸다. 상 꾸리앙은 도망을 치더니 다시는 돌아오지 않았다. 혼자 남은 다양 숨비는 열심히 도를 닦았다. 덕분에 세월이 흘러도 여전히 젊고 아름다웠다.

어느덧 십 년이 흘렀다. 다양 숨비가 사는 마을에 한 청년이 무리를 이끌고 나타났다. 청년은 아주 잘생기고 건장했는데, 다양 숨비를 보고는 한눈에 반했다. 청년은 사랑에 빠져 청혼을 했다.

다양 숨비는 청년을 아주 잘 아는 듯한 느낌이 들었기에 말했다.

"당신이 누구인지 모르기 때문에 받아들일 수 없어요."

"나도 내가 누구인지 모릅니다. 다만 머리를 다쳐 피를 흘리며 뛰어간 것이 생각납니다. 산적 두목이 나를 양자로 삼아 키웠어요. "

다양 숨비는 머리의 상처를 보여 달라고 했다. 주걱을 가지고 와 상처에 대 보더니 기뻐서 소리쳤다.

"상 꾸리앙! 넌 상 꾸리앙, 바로 내 아들이야!"

놀라는 상 꾸리앙에게 다양 숨비는 지난 이야기를 들려 주었다. 상 꾸리앙은 믿을 수 없었다. 다양 숨비가 자기와 결혼하고 싶지 않아 거짓말을 늘어놓는 것이라고만 여겼다.

다양 숨비는 신의 지혜를 얻어 상 꾸리앙에게 조건을 걸었다.

"내일 새벽닭이 울기 전에 강을 막아 호수를 만들고 우리가 타고 갈 배를 만들어라. 그러면 너와 결혼을 하마."

상 꾸리앙 역시 도를 닦아 유령을 부릴 수 있는 능력이 있었다. 그래서 다양 숨비의 조건을 어렵지 않게 풀어갈 수 있었다.

다양 숨비는 다시 신들께 기도드렸다. 신들이 계시를 내렸다.

"마을 아낙네들을 깨워라. 닭이 울면 밥을 지으라 부탁해라. 너는 네가 짠 흰 천을 가지고 가서 닭장 앞에서 흔들어라."

다양 숨비는 시키는 대로 했다. 닭들은 흰 천을 보고는 새벽이 온 줄 알고 울었고, 아낙네들은 밥을 짓기 시작했다. 하지만 상 꾸리앙은 다양 숨비가 속임수를 썼다며 불같이 화를 냈다. 신들은 다양 숨비를 불쌍히 여겨 꽃으로 변하게 했다. 상 꾸리앙은 화를 참지 못하고 만들던 배를 힘껏 걷어찼다. 그러자 배는 하늘로 날아가다가 뒤집어졌다. 인도네시아 반둥의 땅꾸반뻬라후라는 이름은 이렇게 뒤집어진 배에서 유래되었다.

화가 난 상 꾸리앙이 배를 걷어차 배가 하늘로 날아가는 모습

태국 전설

타이족(Thai)

태국을 중심으로 미얀마, 중국 남부, 라오스 등 동남아시아의 광범위한 지역에 흩어져 사는 여러 종족을 합하여 타이족이라고 하며 타이어를 사용한다.

태국은 그 문화도 다양하다. 원주민인 타이족* 고유의 문화에 중국과 인도의 문명이 섞여 다채로운 색깔을 띤다. 따라서 옛이야기도 굉장히 다양하고 내용이 풍부한데, 여기서는 타이족 고유의 자연관이 담긴 이야기를 소개한다. 이른바 태국의 창세 신화이다.

상아사 할아버지와 상아시 할머니

아주 먼 옛날, 하늘은 있으나 아직 태양이 없을 때였다. 태양도 달도 없으니 빛이 없어 세상은 아주 어두웠다. 석가모니도 아직 나타나지 않으니 지옥도, 지구를 받드는 기둥도 없었다. 있는 것이라고는 텅 빈 공간이었고, 이

따금 바람만 불었다.

땅은 있으되 사슴의 발자국보다 작고 오로지 물만 가득했다.

시간이 흐르자 바람결을 따라 신의 가르침이 들려왔다. 바람은 물을 따라 흘렀고 바람 따라 물고기와 대지가 생겨났다.

다시 바람이 불었다. 물속에서 커다란 땅덩이가 두 조각 떠올랐다. 한 조각에는 남자가, 또 한 조각에는 여자가 서 있었다.

다시 바람이 불었다. 땅 조각 두 개가 바람을 따라 흐르더니 서로 만나 달라붙었다. 남자가 여자에게로 가서 둘은 부부가 되었다. 이들이 바로 타이족 최초의 사람이며 부부로서, 상아사 할아버지와 상아시 할머니이다.

상아사 할아버지와 상아시 할머니는 땅에 나무와 풀을 심었다. 진흙을 빚어 동물을 만들었다. 서로 도우며 많은 것들을 만들었다. 아들과 딸도 낳았지만 먹을 게 없어서 기를 수가 없었다.

그런데 밀림에서는 한 거인이 벼를 재배하고 있었다. 상아사 할아버지는 거인에게 자식을 보내어 쌀을 나누어 달라고 부탁했다. 거인은 밀림에 무서운 짐승들이 있어서 아무도 들어오지 못하게 지키고 있었다. 하지만 자신을 만든 이가 바로 할아버지였기에 할아버지의 자식만큼은 들여보내 주었다. 그리고 남자 어른의 팔뚝만한 쌀 한 톨을 할아버지의 자식에게 주었다.

할아버지는 쌀을 진흙탕에 심었다. 쌀에서 싹이 돋아나더니 벼가 되었다. 할아버지는 벼를 거두어 자식들을 먹였다.

자식들은 자라서 일곱 명의 아이를 두었다. 아이들이 자라서 제각기 나라를 세우니 일곱 개의 나라가 생겼다. 일곱 개의 나라에서 제각기 자식을 낳아 키우니 식구가 불어 타이족이 되었다.

석가모니가 이 세상에 나타났을 때, 상아시 할머니는 석가모니를 사랑했다. 석가모니가 불교의 길에서 벗어나 자신을 사랑하게끔 유혹을 하기도 했다. 그러다가 할머니는 저주를 받아 낭 터라니(땅의 신)가 되었다.

그런데도 상아사 할아버지는 할머니를 변함없이 사랑했다. 할아버지는 할머니 곁에 있고 싶어서 황새가 되어 땅을 걷고 있다고 한다.

상아시 할머니 곁에 있고 싶어 황새가 된 상아사 할아버지의 모습

필리핀 전설

필리핀 원주민들은 기원전 2500년쯤 타이완에서 건너왔다고 한다. 16세기에는 스페인의 지배를 받다가 20세기에는 미국의 지배를 잠깐 동안 받았다. 그래서 필리핀의 문화는 아주 다양하고, 옛이야기도 재미있고 풍성하다. 필리핀 고유의 창세 신화를 소개한다.

랑잇과 알룬시나

태초에 세상은 혼돈이었다. 먼지와 돌, 흙과 물이 섞여 어지럽게 떠돌고 있었다. 사람도 동물도, 나무와 꽃도 없었다.

하늘의 신 랑잇(하늘)은 세상의 질서를 잡아 생명체들이 살게끔 만들고자 했다. 아주 오랜 시간이 걸릴 일이기에 아내인 알룬시나가 자신을 도와주기를 바랐다. 하지만 알룬시나는 랑잇의 마음을 이해하지 못했다.

"우리는 모든 걸 가지고 있는데, 왜 그런 일을 해야 하지요?"

랑잇은 몹시 서운해 하며 떠나 버렸다.

혼자 남은 알룬시나는 온갖 보석으로 몸을 치장하고 거울을 들여다보았다. 자신이 보아도 무척 아름다운 모습이었다. 이런 아내를 홀로 남겨 두고 떠나다니, 랑잇의 마음을 도저히 이해할 수 없었다. 혹시 랑잇이 자신한테 싫증을 느껴 새로운 사랑을 찾아 떠난 것은 아닐까 하는 의심이 들었다.

알룬시나는 바람을 불러 랑잇을 염탐하도록 시켰다. 바람은 못마땅했지만 어쩔 수 없이 랑잇을 찾으러 떠났다.

랑잇은 바위를 쌓아올리고 있었다. 바위를 모아 하늘에 닿을 만큼 높이 쌓고 있었던 것이다. 뭔지는 모르겠지만 아주 엄청난 것을 만들고 있는 게 틀림없었다.

바람이 기뻐하며 돌아서는데 먼지가 일었다. 랑잇이 보고는 바람을 불렀다. 바람은 모든 사실을 털어놓았다. 랑잇은 분노에 찼다.

"게으르고 이기적인데다 나를 의심하다니……. 바람, 너는 즉시 가서 알룬시나에게 말하라. 당장 집을 떠나라고!"

물로 둘러싸인 땅을 만든 뒤, 랑잇은 집으로 돌아왔다. 그러나 알룬시나는 없었다. 알룬시나의 향기와 따뜻한 입맞춤이 그리웠다.

랑잇은 알룬시나가 돌아오기만을 바라며 땅에 나무와 꽃을 심었다. 물고기

태초의 공간에 바위를 쌓고 있는 랑잇의 모습

를 만들어 바다를 채우고, 흙으로 동물을 빚어 땅을 채웠다. 그래도 알룬시나는 돌아오지 않았다.

랑잇은 슬픔에 잠겨 알룬시나가 쓰던 보석들을 하늘에 뿌렸다. 알룬시나의 목걸이는 별이 되어 반짝였고, 황금빗은 반달이 되어 빛났으며, 황금관은 태양이 되어 세상을 비추었다. 진주알들은 행성이 되어 태양의 둘레를 돌았다. 하지만 알룬시나는 돌아오지 않았다.

천둥이 울리면 가만히 들어보라. 랑잇이 알룬시나를 부르는 소리이다. 비가 내리면 가만히 맛을 보라. 랑잇이 흘리는 눈물이니.

축제의 나라, 동남아시아

축제 '띤잔(Thingyan)', 새해맞이 축제로 미얀마에서 가장 큰 축제

　미얀마는 1년 중 11월에서 4월까지가 건기이고, 5월에서 10월까지가 우기이다. 건기가 한창인 12월에서 3월까지는 비가 거의 내리지 않는다. 우물이 말라 들 정도라 물을 길어 써야 하니 물이 얼마나 큰 선물이겠는가.

　미얀마는 브라흐만의 달력을 따라 쓰기에 4월에 새해를 맞는다. 4월은 가장 더울 때이며 우기가 시작되는 바로 전달이니 물 축제로 새해 축제를 벌이는 것이 당연하다.

미얀마 띤잔 축제의 모습

이때 사람들은 사원과 불탑, 불상들을 물로 깨끗이 씻고 승려에게 보시를 한다. 아랫사람들은 웃어른의 머리를 깨끗이 감아 주고, 만나는 사람들마다 서로에게 물을 뿌려 주는 흥에 빠진다. 물에는 신의 은총과 가호, 축복과 행복을 빈다는 의미가 담겨 있다.

꽃 축제 '산타크루잔', 5월 한 달 동안 필리핀 전역에서 펼쳐지는 향연

콘스탄틴 대제의 어머니 세인트 헬레나가 십자가를 발견한 것을 축하하는 축제다. 축제 기간 동안 아침마다 하얀 옷을 입은 여자 아이들이 꽃을 들고 나와 성모 마리아에게 꽃을 바치는 것으로 시작한다. 오후에는 성모 마리아를 기념하는 퍼레이드를 한다.

마지막 주 주일에 가장 아름다운 아가씨를 뽑아 '5월의 꽃'이라 부르며 여왕의 대관식을 치러 준다. '5월의 꽃'은 하얀 드레스를 입고 꽃으로 만든 왕관을 쓰고 화려한 축제 행렬을 끌며, 이것으로 비로소 한 달 동안의 축제는 끝난다.

ChaPter **07** 이집트·아라비아의
전설 여행

여왕 하트셉수트의 탄생 | 바타의 변신 이야기

마법의 섬에 사는 왕뱀 | 죽음과 맞선 빛나는 눈동자

카마랄자만 왕자와 바두라 공주 | 신밧드의 모험 이야기

이프리트의 궁전으로 간 형제 | 아흐마드와 마녀 누이동생

L e g e n d   o f   t h e   w o r l d

이란, 이라크, 사우디아라비아를 중심으로 이집트 리비아까지 아우르는 아라비아 문화권은 인도를 비롯한 중앙아시아, 아프리카 남서부의 문화적 영향을 많이 받아 전설 역시 다양한 나라의 설화가 혼합되어 있는 것이 특징이다. 이곳에서는 신비한 모험과 사랑 이야기가 주류를 이루는 아라비아 전설과, 파피루스에 전해 내려오는 신과 인간의 이야기가 바탕이 되는 이집트 전설을 따로 소개한다.

여왕 하트셉수트의 탄생

이집트 최초의 여왕 하트셉수트*는 조카의 자리를 빼앗아 스스로 왕위에 오른 철의 여인으로 유명하다. 남자만이 파라오가 될 수 있다며 강경하게 나오는 원로들 앞에 가짜 수염을 달고 당당하게 맞선 여왕 하트셉수트는 탄생 비화부터가 남다르다. 신의 계시로 이집트를 다스릴 아기를 낳는 하트셉수트의 어머니 아흐메스는 어쩐지 성서의 마리아와 닮은꼴이다.

하트셉수트(Hatshepsut)
고대 이집트 18왕조의 제5대 파라오(재위 BC 1503?~BC 1482년?)이자 최초의 여왕. 의붓아들인 투트모세 3세를 대신하여 섭정을 하다가 스스로 파라오의 자리에 올랐다. 상하 이집트를 통합하고 식민지 원정을 활발히 펼쳤다.

신들의 선물

어느 날 태양신 라가 신들을 모아 놓고 이런저런 얘기를 하던 중 한 처녀에 대해 듣게 되었다.

이집트 여성 파라오, 하트셉수트

"테베에 아흐메스라는 기가 막히게 아름답고 현명한 처녀가 있는데 얼마 전 투트모세 왕과 결혼했습니다. 그녀의 기품과 향기는 이집트의 어떤 여자보다도 뛰어나고 고귀합니다."

라가 테베로 날아가서 살짝 염탐해 보니 보니 과연 아흐메스는 아름답고 총명해 보였다.

라는 그녀의 몸에서 이집트의 여왕을 탄생시켜야겠다고 마음먹었다. 때마침 그녀의 새신랑 투트모세가 오랜 원정에서 이제막 돌아와 있었다.

토트 신(지혜의 신)은 투트모세에게 주문을 걸어 그의 영혼이 육체에서 분리되게 했다. 그 사이 라가 투트모세의 육신으로 들어갔다. 육체는 투트모세의 것이지만 영혼은 라의 것인 상태가 된 것이다.

투트모세의 몸을 빌린 라는 즉시 아흐메스가 자고 있는 침실로 갔다. 그녀의 영혼을 깊이 빨아들이고 애무했다. 아흐메스는 눈을 떠 바라보았다. 신비한 안개에 싸여 남편 투트모세의 모습이 보였다. 그녀의 귓가에는 이런 소리가 메아리쳤다.

"기뻐하라 아흐메스여, 장차 네 몸에서 태어날 아기는 여왕이 되어 온 세상을 다스리게 될 것이니 그녀는 강하고 지혜로운 세계 최고의 여인이 될 것이다."

열 달 후 온 백성이 환호하는 가운데 공주 하트셉수트가 태어났다. 공주를

안고 있던 아흐메스 왕비에게 사랑의 여신 하토르가 다가와 아기의 이마에 입
맞추고 축복을 내려 주었다.

그러자 아흐메스의 눈앞에 어떤 환영이 그림처럼 펼쳐 보이는 것이었다. 투
트모세와 나란히 서 있는 공주 하트셉수트, 가짜 수염을 단 하트셉수트 여왕
이 파라오 공식 복장을 하고 있는 모습, 여자의 몸으로 원정대를 이끌고 전쟁
터로 나가는 모습, 식민지에서 가져온 어마어마한 공물 앞에 앉아 있는 하트
셉수트, 아름답고 거대한 하트셉수트 여왕의 장제전 모습……. 신기하게도 그
날 아흐메스 왕비가 본 것은 그대로 이루어졌고 하트셉수트 여왕은 역사에 남
는 최초의 여성 파라오가 되었다.

아름답고 거대한 하트셉수트 여왕을 모신 신전의 모습

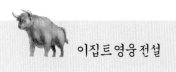

O2 Legend of the world

바타의 변신 이야기

오늘날 전해지는 고대 이집트의 신화와 역사, 전설 등은 모두 서기관들이

기록한 파피루스*에 근거한다. 기원전 13세기경 서기관 이네나에 의해 씌여

진 『바타 이야기』는

이집트인들의 심판,

죽음에 대한 생각을

잘 드러내 준다.

고대 이집트인들은 파피루스
(Papyrus, 파피루스라는 풀로 만든
종이)에 여러 가지 기록을 남겼다.

형수의 모함을 받은 바타

이집트의 한 마을에 인푸와 바타라는 의좋은 형제가 살고 있었다. 인푸는 결혼을 하고 바타는 아직 결혼하지 않은 채 한 집에서 살았는데, 형제가 모두 부지런하고 재주가 많아서 풍족한 생활을 했다. 특히 바타는 동물들의 말을 알아듣는 신기한 재주를 가졌다.

어느 날, 바타가 밭에서 일하다가 보리 씨앗을 가지러 집에 잠시 들렀다. 순간 집에 있던 인푸의 아내는 시동생의 구릿빛 어깨 근육에 꼭 한 번만 매달려보고 싶다는 생각이 간절해져 시동생을 유혹했다. 그러나 바타는 어머니 같은 형수와 그럴 수 없다며 모른 척했다.

바타가 밭으로 돌아가 버리자 형수는 수치심과 모욕감 때문에 몸을 부들부들 떨었다. 그녀는 저녁에 남편 인푸가 돌아올 때를 맞춰 옷을 찢고 머리를 헝클어뜨렸다. 그리고는 슬프게 울었다. 밭에서 동생보다 먼저 돌아온 형 인푸는 아내의 흐트러진 몰골을 보고 깜짝 놀랐다.

"아니, 당신 도대체 무슨 일이 있었던 거요? 누가 당신을 이렇게 만들었소?"

"흑흑. 누구긴 누구예요? 당신 동생 바타지요. 좀 전에 바타가 집에 씨앗을 가지러 와서는 나를 유혹했답니다. 그래서 내가 네 어머니와 같은 존재인데 어떻게 이럴 수 있냐고 꾸짖으니까 당신에게 말하지 말라면서 나를 마구 때렸어요."

이 말을 들은 인푸는 화가 머리끝까지 났다. 동생을 용서할 수가 없었던 인푸는 칼을 들고 외양간에 숨어서 동생을 기다렸다.

형의 칼 앞에서 결백을 주장한 바타

아무것도 모르는 바타는 소 떼를 몰고 집으로 돌아오고 있었다. 집에 거의 도착했을 때 맨 앞에 있던 소가 바타를 향해 이렇게 말했다.

"바타, 네 형이 너를 죽이려고 문 뒤에 서 있어. 어서 도망쳐!"

그 말을 듣고 바타는 뒤돌아서 달리기 시작했다. 인푸도 칼을 든 채 도망가는 바타를 쫓기 시작했다. 바타는 도망치면서 태양신 라에게 도와 달라고 큰 소리로 기도했다. 바타의 애끓는 기도를 듣고 라는 바타 뒤에 악어가 우글거리는 강을 만들어 주었다. 강을 사이에 두고 바타는 형에게 왜 자신을 죽이려 하느냐고 물었다. 인푸는 형수가 했던 말을 바타에게 전하며 형수를 범하려 했던 너 같은 놈은 죽어 마땅하다고 소리소리 질렀다. 바타는 기가 막혔다.

"하늘의 신께 맹세컨대 나는 형수에게 아무 짓도 하지 않았어. 오히려 나를 유혹한 건 형수였어. 그러고는 자신의 죄를 덮으려고 거짓말을 한 거라구!"

바타는 너무 억울한 나머지 자신의 결백을 주장하기 위해 갈대로 만든 칼로 자신의 성기를 잘라 버렸다. 바타가 피를 흘리며 점점 힘을 잃어 가자 그 모습을 강 건너에서 지켜보고 있던 형 인푸는 그제야 눈물을 뚝뚝 흘리며 용서를 빌었다. 바타가 슬픈 목소리로 말했다.

"형, 나는 이제 집으로 돌아가지 않아. 소나무 계곡으로 가서 혼자 살겠어. 소나무 가지에 내 심장을 숨겨 놓을 테니 혹시 내가 위험에 처하면 나를 구하러 와 줄 테야? 만약 나한테 무슨 일이 생기면 형의 맥주 단지가 부글부글 끓어오를 거야. 그러면 당장 내게로 와 줘."

"그래. 맥주 단지를 매일매일 살펴보고 무슨 일이 생기면 당장 너한테 달려 갈게. 내 사랑하는 동생아."

바타가 다리를 절룩거리며 사라지는 뒷모습을 오래 바라보고 있던 인푸는 집으로 돌아가 단칼에 아내의 목을 베었다.

바타는 소나무 숲에 집을 짓고 혼자 살았다. 바타의 슬픔과 외로움을 달래 주기 위해 크눔 신(창조 신)은 눈부시게 아름다운 아내를 만들어 바타와 짝지워 주었다. 하지만 신들은 그녀가 바타를 배신하고 피를 보게 될 운명이라는 걸 알고 경고해 주었다. 이래저래 바타는 너무 아름다운 아내가 늘 걱정이었다.

"당신이 너무 아름다워서 나는 늘 불안해. 누구든 당신을 탐낼 만하거든. 나는 당신이 위험에 처해도 구해 줄 수가 없어. 사실 내게는 심장이 없거든. 내

악어 강을 사이에 두고 서로의 오해를 풀고 있는 인푸와 바타

심장은 저기 소나무 가지 사이에 숨겨 놓았어."

바타는 자신의 비밀을 아내에게 털어놓으며 절대로 혼자서 밖으로 나가 돌아다니지 말라고 당부했다.

하지만 어느 날, 사냥을 떠난 바타를 기다리다 지친 아내가 바타의 충고를 무시하고 바닷가를 홀로 거닐었다. 그녀의 아름다운 모습에 반한 파도가 느닷없이 그녀를 덮치려고 일어났다. 깜짝 놀란 그녀는 집을 향해 달아났다. 그러나 그녀의 향기롭고 아름다운 머리카락 한 줌이 그만 바다에 쓸려 떠내려가고 말았다. 여기저기 흘러 다니던 머리카락은 나일 강 어귀에서 빨래하던 시녀들의 빨랫감 속으로 들어가게 되고 그것은 파라오의 옷자락에서 발견되었다.

파라오는 서기관들을 불러 그 머리카락을 보여 주었다. 서기관들은 그것이 분명 태양신 라*의 딸의 것이 분명하다며 그녀를 왕비로 삼아야 한다고 말했다.

태양신 라(Ra)
이집트 최고의 신으로 추앙받는 태양신으로 태양 신앙을 이끌었다.

"소문에 의하면 소나무 계곡에 이 세상에서 가장 아름다운 여인이 살고 있다 합니다. 그녀가 이 머리카락의 주인공이 틀림없습니다. 당장 그녀를 데려오라고 명령하십시오."

병사들과 여자 시종이 바타의 집으로 갔을 때 바타는 마침 외출하고 없었다. 여자 시종은 바타의 아내에게 절하며 말하였다.

"이토록 아름다운 분이 산속에 묻혀 사시다니, 그것은 신의 뜻이 아닙니다. 파라오가 내리신 이 아름다운 보석의 주인은 세상에서 오직 한 분, 당신뿐입니다."

바타의 아내는 생전 처음 보는 화려한 보석에 정신이 나갔다. 마침 외로운 숲속 생활이 지긋지긋하던 차였다. 이런 아름다운 보석으로 몸을 치장하고 부드러운 음식을 먹고 화려한 궁전 생활을 할 수 있다니 꿈만 같았다. 아내는 바타가 쫓아올까 봐 바타의 심장이 소나무 가지 사이에 있다는 사실까지 알려 주고 궁전으로 가 버렸다. 파라오의 병사가 소나무를 내리쳤고, 그 순간 바타는 쓰러져 죽었다.

형 인푸의 도움으로 다시 살아나다

어느 날, 인푸는 맥주 단지를 열어 보았다가 맥주가 부글부글 끓어오르는 걸 보고 동생에게 무슨 일이 생겼음을 알게 되었다. 서둘러 소나무 계곡으로 가보니 바타가 쓰러져 있었다. 인푸는 소나무 계곡에 있는 나무 한 그루, 한 그루를 쓰다듬으며 바타의 심장을 찾아다녔다. 그러기를 삼 년. 마침내 쓰러진 소나무 가지 사이에 솔방울처럼 달려 있는 바타의 심장을 찾아냈다. 심장을 물이 담긴 그릇에 넣자 죽었던 바타가 서서히 움직이기 시작했다. 인푸는 바타를 지극 정성으로 간호했다. 바타는 형의 정성 덕분에 완전히 살아났다.

바타는 아내에게 복수를 하기 위해 멋진 황소로 변신했다. 인푸는 황소를 파라오에게 데리고 가서 선물로 바쳤다. 아름다운 황소를 보고 파라오는 몹시 기뻐했다. 인푸와 황소를 위해 잔치까지 열어 주었다. 황소로 변한 바타는 잔치에 모인 사람들 가운데서 자신의 예전 아내를 발견했다. 아내가 자신을 구경하려고 가까이 오자 귀에다 대고 이렇게 속삭였다.

"아름다운 왕비여, 당신은 아직 살아 있군. 나는 당신의 남편 바타요. 당신에게 복수하기 위해 황소로 변신했지."

아내는 깜짝 놀라 몸을 부들부들 떨었다. 바타의 말이 무섭기는 했지만 그는 지금 짐승에 불과하다. 아내는 술 취한 파라오에게 다가가 갖은 교태를 부리며 이렇게 말했다.

"당신은 나의 부탁이라면 무엇이든 들어주겠다고 늘 약속하셨죠? 지금 당장 황소의 싱싱한 생간을 먹고 싶어요."

파라오는 그런 약속을 한 것을 살짝 후회했지만 어쩔 수가 없었다. 다음날 아침 바타는 희생 제물이 되었고 왕비는 피가 뚝뚝 떨어지는 생간을 맛있게 먹어 치웠다.

황소로 변신한 바타가 아내에게 속삭이자 아내가 놀라 벌벌 떨고 있다.

그런데 신기한 일이 벌어졌다. 바타의 목을 벨 때 피 두 방울이 궁전 쪽으로 튀었는데 그 자리에 나무 싹이 나더니 하룻밤 새 두 그루의 커다란 나무로 자란 것이었다. 사람들이 크게 놀라며 이것은 분명 상서로운 조짐이라고 좋아했다. 파라오와 왕비도 그 아름다운 나무를 구경하러 나왔다. 왕비가 나무 가까이로 가자 굵은 나뭇가지가 내려오더니 이렇게 속삭이는 것이었다.

"아름다운 왕비여, 당신은 아직 살아 있군. 나는 당신 남편 바타요. 당신에게 복수하려고 나무로 변신했지."

왕비는 사시나무 떨 듯 떨었다. 그날 밤, 왕비는 최고로 아름답게 치장하고 파라오 앞으로 갔다. 갖은 교태를 부리며 춤을 추던 왕비가 파라오 품에 안기며 말했다.

"당신은 나를 위해서라면 아까울 게 없다고 말씀하셨죠? 그렇다면 저기 궁정 마당에 있는 나무를 베어 제가 쉴 수 있는 아름다운 의자를 만들어 주세요. 지금 당장이요!"

아내의 아들로 태어나 복수한 바타

파라오는 즉시 나무를 베어 의자를 만들라고 명령했다. 왕비는 회심의 미소를 지으며 바타의 나무가 베어지고 잘리는 것을 구경하였다. 바로 그때 바타의 작은 나뭇조각이 왕비의 입 속으로 튀어 들어간 것을 본 사람은 아무도 없었다.

그날부터 왕비는 태기가 있어서 열 달 후에 아들을 낳았다. 파라오는 기뻐하며 왕자에게 쿠슈라는 이름을 지어 주고 즉시 자신의 뒤를 이을 황태자로 삼았다. 왕자는 자라면서 점점 더 늠름하고 똑똑한 청년이 되었다. 그런데 참 이상하게도 모든 사람에게 따뜻하고 친절하게 대하는 왕자가 유독 자신의 어머니에게만은 돌처럼 차갑게 굴었다.

몇 년 후 마침내 파라오가 죽자 왕자가 왕위에 올랐다. 파라오가 된 왕자는 모든 신하들을 모아 놓고 자신의 인생 이야기를 들려주었다. 형수의 모함 때문에 죽을 뻔한 일, 자신이 신들의 선물로 아름다운 아내를 얻은 일, 아내가 자신을 배신하고 떠난 일, 형이 자신을 다시 살린 일, 아내에게 복수하기 위해 황소, 나무에 이어 왕자로 변신한 일……. 그렇다. 왕자는 바로 바타의 변신이었던 것이다. 바타는 자신을 배신한 아내이자 어머니를 가리켰다.

"자신의 부귀영화를 위해 남편을 배신하고 여러 번 죽인 여자가 바로 저 여인이다."

왕비는 즉시 끌려 나가 공개처형 당했고 마침내 바타의 오랜 복수 계획은 이루어졌다. 바타는 그 후 30년간 이집트를 다스리며 백성들의 존경과 사랑을 받았고, 30년 후 그가 죽었을 때 형 인푸가 성대한 장례를 치러 주었다. 그는 다시는 변신하지 않고 죽음의 나라로 가서 오시리스*의 영원한 백성이 되었다.

오시리스(Osiris)
이집트 신화에 등장하는 죽은 자의 신으로, 지하 세계의 통치자이자 재판관으로 활약한다.

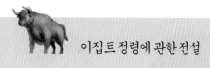

마법의 섬에 사는 왕뱀

이집트 중왕국시대(기원전 19세기경)의 파피루스에는 바다 위에서 표류하던 선원이 마법의 섬에서 왕뱀을 만난 이야기가 기록되어 있다. 왕뱀은 용(드래곤)처럼 생긴 전설의 동물인데, 무시무시한 외형과는 달리 사람을 좋아하고 도와주는 선한 이미지로 그려진다. 아라비아의 신밧드 이야기와 비교해 보는 것도 재미있을 듯하다.

난파된 섬에서 만난 왕뱀

커다란 배 한 척이 홍해를 거쳐 왕가의 광산으로 탐험 여행을 하고 있었다. 그런데 갑자기 기상이 돌변하여 4m나 되는 집채만한 파도가 몰려왔고, 순식간에 배가 뒤집혀 120명이나 되는 선원이 모두 바다에 빠져 죽고 말았다. 오직 한 명의 선원만이 살아남아 나뭇조각을 껴안고 이리저리 쓸려 다녔다.

얼마나 시간이 흐른 것일까. 정신을 잃었던 선원이 깨어 보니 어떤 섬의 해변에 누워 있는 것이었다. 그는 마실 물을 찾으러 섬을 돌아다녔는데 얼마 안 가서 차고 맑은 물을 발견할 수 있었다. 그뿐 아니었다. 섬에는 각종 야생 열매들과 물고기, 새들이 지천이었다. 선원은 혹시 자신이 오시리스(죽은 자의 신)의 세상에 와 있는 건 아닐까 생각했다. 단물이 줄줄 흐르는 과일을 양껏 먹고 나자 신께 감사의 제물을 바쳐야겠다는 생각이 들었다.

이집트에서는 뱀을 죽지 않는 존재, 풍요와 부를 상징하는 신적인 존재로 여겨 파라오와 왕비의 장식에 사용하기도 했다.

그는 물고기를 잡고 불을 피웠다. 한창 연기가 피어오르고 있는데 갑자기 땅이 진동하면서 나무와 풀들이 푹푹 쓰러졌다. 그러더니 풀숲에서 거대한 왕뱀이 나타났다.

왕뱀은 길이가 20m쯤 되고 반짝이는 금빛 비늘을 달고 있었다. 청록색 눈썹 아래로는 까만 눈이 금방이라도 튀어나올 듯했고 1m쯤 늘어진 턱수염 아래로는 새빨간 혀를 날름거렸다.

왕뱀은 선원에게 다가오더니 사람처럼 뒷짐을 지고 서서 노려보았다.

"당신은 누구고, 어떻게 이 섬에 오게 되었소?"

선원은 사람의 말을 하는 뱀을 보고 너무 겁이 나서 입도 뻥긋하지 못했다.

그러자 왕뱀은 선원을 입에 덥석 물고 자신의 집으로 데리고 갔다. 뱀이 선원을 안전하게 내려놓자, 선원은 왕뱀이 자신을 해칠 생각이 없다는 걸 알고 배가 난파되어 표류한 이야기를 들려주었다. 왕뱀은 고개를 끄덕이며 말했다.

"보이지 않는 신성한 힘이 당신을 이 섬으로 보낸 것이오. 당신은 4개월 동안 이 섬에 머물게 될 것이고 넉 달 후에 친구들이 탄 배에 의해 구조될 것이오. 집으로 무사히 돌아가서 오래오래 살다가 거기에 묻힐 테니 너무 걱정하지 마시오."

이집트인들은 죽어서 자신이 살던 땅에 묻혀야만 죽음의 나라로 들어갈 수 있다고 믿었다.

왕뱀이 들려준 이야기

왕뱀은 자신의 이야기를 들려주었다. 이 섬에는 원래 수십 마리의 뱀이 있었는데 어느 날 유성이 쏟아져서 모두 불타 죽고 말았다. 혼자 남은 왕뱀은 외로움과 슬픔을 견디며 오랜 세월을 혼자 살아왔다.

"사랑하는 가족들과 함께 지냈던 기억이 나에게 살아갈 힘을 주었다오. 그러니 당신도 사랑하는 가족들을 생각해서 어떻게든 희망을 가지고 사시오."

"당신은 뱀이지만 정말 마음이 넓군요. 돌아가면 당신이 나한테 얼마나 친절하게 대했는지 사람들에게 얘기하고 많은 보물들을 가져다 주겠어요. 이집트에는 다른 나라에서 온 향유며 보석, 몰약 같은 진귀한 물건들이 많다오."

푼트의 위치
고대 이집트의 벽화에는 푼트와 교역한 기록이 남아 있다. 그러나 푼트가 과연 어디인지에 대해서는 지금도 정확한 답을 구하지 못한 상태이다. 현재의 소말리아라고 하기도 하고 수단 남부나 에티오피아 부근이라 하기도 한다.

그러자 왕뱀이 껄껄껄 웃으며 말했다.

"그런 거라면 나에게도 산처럼 쌓여 있소. 한마디로 '푼트*의 왕'이라고 불러도 좋을 만큼! 게다가 당신이 떠나는 즉시 이 섬은 홍해 밑바닥으로 사라질 거요. 그러니 당신은 나를 다시는 만날 수 없지."

선원은 그 섬에서 왕뱀과 함께 풍족하고 여유롭게 지냈다. 그리고 꼭 넉 달 후 친구들의 배가 섬 가까이 다가오는 걸 보았다. 왕뱀은 선원에게 향기로운 오일, 약초, 천연 색소, 상아, 비비원숭이 등 많은 선물을 주었다. 선원은 그것을 가지고 돌아와서 파라오에게 바쳤고, 그 대가로 궁정의 관리가 되어 오래도록 행복하게 살았다.

선원에게 온갖 보물을 내주고 있는 왕뱀. 선원은 이 보물을 파라오에게 바친다.

죽음과 맞선 빛나는 눈동자

이집트에서는 죽음을 뒤통수에도 눈이 달린 노파의 모습이라고 믿었다. 죽음이 이승과 저승을 두루 봐야 하기 때문이라는 것이다. 그러나 죽음이 찾아와도 아누비스* 신의 도움 없이는 목적을 달성할 수 없다. 자칼의 모습을 한 아누비스는 죽은 자를 저승으로 인도하지만 아직 죽을 때가 되지 않은 사람은 다시 살려 주기도 한다.

아누비스
오시리스(Osiris)와 네프티스(Nephthys)의 아들로서 훗날 오시리스가 죽었을 때 최초로 미라를 만든 공로로 장례를 주관하는 신이 되었다.

이리스에게 찾아온 어둠의 덫

이집트 여인 이리스는 복받은 여인이었다. 아름다운 집에서 멋진 남편, 늠름한 두 아들, 그리고 귀여운 막내딸까지 골고루 갖추고 사는데다 맛있는 빵을 굽는 재능까지 타고났기 때문이다.

그 집에는 '빛나는 눈동자' 라고 불리는 검은 개 한 마리가 있었는데 매우 영리하고 순했다. 이리스는 아이들이 놀러 나갈 때면 빛나는 눈동자를 데리고 가도록 했다. 빛나는 눈동자는 이리스 대신 아이들을 지켜보았고, 특히 막내딸 무티 옆을 그림자처럼 따라붙었다.

어느 날 오후, 남편과 두 아들이 낚시를 떠나고 이리스는 빵을 굽고 있었고 무티는 엄마 옆에서 인형놀이를 하고 있었다. 그때 현관에 엎드려 있던 개가 갑자기 으르렁거렸다. 이리스가 내다보니 초라한 몰골의 노파가 문 앞에 서 있었다. 개는 그 노파를 보고 맹렬히 짖어댔다. 노파가 지친 목소리로 말했다.

"나는 자식도 남편도 없는 떠돌이 과부랍니다. 맛있는 빵 냄새에 나도 모르게 이끌려 왔네요. 괜찮다면 빵 한 쪽 얻어먹을 수 있겠수?"

"물론이죠. 이리로 들어오세요."

이리스가 노파를 이끌자 빛나는 눈동자가 더 맹렬하게 짖어대며 으르렁거렸다. 이리스는 노파를 집으로 들인 후 문을 닫았다. 그리고 갓 구운 빵과 따뜻한 차를 대접했다. 노파 옆에서는 무티가 인형을 가지고 놀고 있었다.

"따님이 참 예쁘네요. 아이들이 더 있나요?"

"아들이 둘 더 있어요."

"다복하군요. 나도 아이들이 있었지요. 지금은 다 죽고 이렇게 혼자 남아 빌어먹는 신세랍니다."

"배가 고프면 언제든 저희 집으로 오세요. 뭐든 도와드릴게요."

빛나는 눈동자는 밖에서 계속해서 짖어대고 있었다. 이리스가 개를 혼내러 간 사이 노파가 무티에게 다가가 가만히 바라보더니 이마에 쪽 하고 입을 맞추었다. 그리고 서둘러 나갔다.

대문을 나서는 노파의 뒷모습을 본 이리스는 소스라치게 놀랐다. 노파의 뒤통수에 눈이 달려 있었던 것이었다. 순간, 이리스는 옛날 자신의 엄마가 해준 말이 생각났다.

"죽음은 이승과 저승을 한꺼번에 보기 때문에 뒤에도 눈이 달려 있다. 죽음이 사람에게 입 맞추면 그는 곧 저승으로 가게 되지."

빛나는 눈동자가 재빨리 집 안으로 뛰어들어 갔다. 이리스도 뛰어갔다. 부

노파의 뒤통수에 달린 눈을 보고 소스라치게 놀라는 이리스

억 바닥에는 무티가 창백한 얼굴로 쓰러져 있었다. 이리스는 숨이 끊어진 무티를 보듬고 통곡했다. 울고 있는 이리스에게 빛나는 눈동자는 뭔가 말을 하고 싶어 했다. 이리스는 눈물이 그렁그렁한 채 개를 바라보았다.

"너를 따라오라는 거니, 빛나는 눈동자?"

그러자 개가 고개를 끄덕였다. 이리스는 지푸라기라도 잡고 싶은 심정이었다. 빛나는 눈동자가 딸을 살려 낼 방법을 알려 줄 것만 같아서 무티를 안고 개를 따라나섰다. 날은 서서히 어두워지는데 개는 계속 앞으로 걸어갔다.

아누비스의 도움으로 이리스의 막내딸은 다시 살 수 있었다.

죽음을 이긴 이리스

빛나는 눈동자가 마침내 걸음을 멈춘 곳은 파라오들의 무덤이 있는 서쪽 사막이었다. 빛나는 눈동자는 그 중 하나의 관에 껑충 뛰어오르더니 가슴을 쭉 펴고 앉았다. 놀랍게도 빛나는 눈동자의 덩치가 어마어마하게 커지기 시작했다. 놀라서 무티를 꼭 안고 뒤로 물러서는 이리스에게 개가 말했다.

"나는 죽은 자를 저승으로 인도하는 아누비스다."

"아누비스 님! 제발 제 딸을 살려 주세요!"

"죽음이 네 딸의 영혼을 데려가려 했지만 내가 짖는 바람에 뜻을 이루지 못했다. 네 딸을 살리고 싶다면 내 말대로 하라. 관 뚜껑을 열고 그 안에 있는 파피루스를 꺼내 아이의 목에 걸어 주어라."

말을 마치자마자 개는 사라지고 그 자리에 금칠을 한 나무 조각상이 덩그러니 남아 있었다.

이리스는 두려웠다. 하지만 딸을 살리겠다는 마음이 너무나 컸기 때문에 용기를 내어 나무 관 뚜껑을 들어올렸다. 그리고 떨리는 손으로 파피루스를 꺼내 딸의 목에 걸었다. 그러나 무티는 미동도 하지 않았다. 이리스는 절망했다. 어서 빨리 집으로 가서 남편과 아들들에게 사실대로 말하고 성대한 장례식을 준비해야겠다고 생각했다.

이리스는 딸을 안고 터벅터벅 집으로 돌아갔다. 얼마나 걸었을까. 마침내 멀리 집이 보였다. 남편과 아들들이 돌아왔는지 불이 환하게 켜져 있었다. 이리스는 새로이 눈물이 솟구쳤다. 그때였다.

"엄마, 나 내려 줘. 걸어가고 싶어."

안고 있던 무티가 눈을 반짝 뜨고 이렇게 말하는 것이 아닌가! 무티가 정말 살아난 것이었다. 이리스는 아이를 꼬옥 안았다.

"오, 우리 소중한 아가. 너 정말 괜찮은 거니?"

"나 너무 많이 잤나봐. 배가 고파."

무티는 아빠와 오빠들에게로 달려갔다. 현관 앞에 누워 있던 빛나는 눈동자가 이리스를 바라보았다.

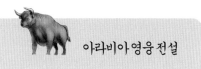

카마랄자만 왕자와 바두라 공주

카마랄자만 왕자과 바두라 공주 이야기는 세헤라자데*가 들려준 이야기 중 하나로 종종 다른 문학이나 음악의 소재가 되기도 한다.

세헤라자데

『천일야화』에 등장하는 인물. 이 책은 천 일 동안의 이야기를 이끌어 가는 인물이 등장하는데, 그 이야기꾼이 바로 세헤라자데이다. 그녀는 사산 왕조의 샤푸리 야르 왕의 아내다. 야르 왕은 여자에 대한 깊은 원한을 가지고 있어 결혼식만 올리면 다음날 신부를 죽여 버리곤 했다. 세헤라자데는 천 일 동안 매일 밤 재미있는 이야기를 들려 줌으로써 위기를 모면한다.

진(지니)의 장난으로 맺어진 운명

아라비아의 한 나라에 카마랄자만이라는 왕자가 살았다. 왕자는 무엇 하나 부족한 게 없는 완벽한 남자였다. 그런데 참 이상하게도 결혼할 생각을 하지 않았다. 아무리 괜찮은 여자를 소개해 줘도 고개를 절레절레 흔들었다.

"한 나라의 왕자로 태어났으면 결혼해서 후사를 잇는 것이 당연한 일인데 그걸 거부하다니 괘씸한지고!"

화가 난 왕은 카마랄자만 왕자를 탑에 가두라고 명령했다. 그런데 왕자가 갇힌 옥탑에는 장난기 많은 정령인 진(지니)이 살고 있었다. 진은 친구들이 모인 자리에서 자신이 사는 옥탑에 결혼을 거부한 잘생긴 왕자가 갇혀 있다고 자랑스레 말했다.

진
아라비아 지역에서 믿었던 정령으로 요정, 거인, 연기 등 다양한 모습으로 나타난다. 인간의 소원을 들어주는 착한 진도 있고 위기에 빠뜨리는 악한 진도 있다.

그러자 다른 진이 자신이 아는 중국의 한 공주도 왕자 못지않은 외모를 가졌는데 결혼하기 싫어해 탑에 갇혀 산다고 자랑했다.

두 정령은 장난삼아 두 사람을 만나게 해주기로 했다. 진에게는 하룻밤 새 세상천지를 돌아다닐 수 있는 능력이 있었다. 당장 중국으로 날아가서 자고 있는 바두라 공주를 카마랄자만 왕자 곁으로 데려다 놓았다.

바두라 공주가 자다가 일어나 보니 자기 옆에 웬 남자가 누워 있었다. 공주는 자신이 아주 낯선 곳에 와 있다는 것도 잊고 아름다운 왕자의 얼굴을 들여다보았다. 왕자의 얼굴에 입 맞추고 어루만지다가 다시 잠이 들었다. 공주가 막 잠들었을 때 이번에는 왕자가 잠에서 깨어났다.

왕자 역시 이국적인 공주의 얼굴을 황홀해 하며 바라보았다. 그녀의 얼굴에 키스하고 가느다란 손가락에 끼워져 있는 반지를 빼어 자신의 반지와 바꿨다.

그리고 다시 잠이 들었다. 두 사람이 자는 사이 진은 공주를 다시 중국으로 데려다 놓았다.

실크로드를 건넌 사랑

다음날 아침, 왕자는 간밤의 그 여인이 누군지 아버지께 물었다. 왕이 살짝 들여 보낸 여자일 거라고 생각했던 것이다. 그러나 당연히 왕은 간밤의 여인에 대해 아는 게 없었다. 왕자는 어느새 반지를 바꿔 낀 그녀를 그리워하게 되었다.

하지만 사랑에 빠진 건 왕자만이 아니었다. 중국의 바두라 공주 역시 왕자를 그리워하고 있었다. 공주는 자신이 본 왕자 이야기를 하며 그를 찾아 달라고 부탁했지만, 왕을 비롯한 신하들은 공주가 드디어 미쳤다고 생각했다. 그러나 단 한 사람, 공주의 말을 믿는 이가 있었는데 그는 의술과 학식이 뛰어난 마자완이라는 신하였다.

마자완은 공주가 끼고 있는 반지를 유심히 들여다보더니 그것이 아랍 지역의 왕실 문양이라고 했다. 마자완은 왕에게 공주의 병을 낫게 해줄 방법을 찾아오겠다고 말하고 길을 떠났다. 물론 공주에게는 꿈속의 그 남자를 찾아오겠다고 약속하고 말이다.

여러 달이 흐른 어느 날, 마자완은 공주의 병을 낫게 해줄 점성술사라며 한 사람을 데리고 돌아왔다. 점성술사의 얼굴을 본 순간, 공주는 깜짝 놀랐다. 그는 꿈속에서 보았던 바로 그 남자였다.

드디어 다시 만난 두 사람은 그동안 쌓였던 애기를 풀어놓았다. 그들은 밤이 새도록 아름다운 사랑을 나누었다. 날이 밝자 카마랄자만 왕자는 왕에게 공주와 결혼하게 해 달라고 청했다. 왕은 앓던 이 빠진 듯 시원해 하며 흔쾌히 허락했다.

왕자는 바두라 공주를 데리고 자신의 나라로 출발했다. 여러 달 걸리는 긴 여정이었기 때문에 여행하듯 가다가 해가 저물면 천막을 치고 쉬어 갔다.

그러던 어느 날이었다. 날씨가 너무 더워 그늘에 천막을 치고 잠시 쉬는 중이었다. 낮잠이 든 바두라 공주가 뒤척이자 옷섶에서 뭔가가 반짝했다. 그것은 옥으로 만든 부적이었는데 신비한 그림이 그려져 있었다. 왕자가 그림을 자세히 보려고 부적을 꺼내는 순간, 어디선가 붉은 눈의 새가 날아와 그 부적을 채가고 말았다. 왕자는 놀라고 화가 나서 그 새를 쫓아갔다.

남편을 잃고 세상을 헤매는 공주

잠들었던 바두라 공주가 깨어 보니 남편과 부적이 함께 사라졌다. 그 자리에서 꼼짝하지 않고 기다렸지만 여러 날이 지나도 왕자는 돌아오지 않았다. 공주는 남편이 누군가에게 납치된 것이라고 생각했다. 낯선 이국땅에 홀로 남겨진 공주는 너무나 두려웠다. 생각 끝에 여자의 몸으로 여행하는 것보다는 남장을 하는 것이 나을 것 같아 남편의 옷으로 갈아입었다. 부두로 가서 배를 얻어 타고 그 나라를 떠났다. 배는 에보니라는 한 섬에 도착했다. 바두라 공주는 자기를 중국 왕자라고 속였다.

섬나라의 술탄은 중국이라는 나라에 호기심을 가지고 있어서 바두라를 불러 이런저런 이야기를 나누었다. 그리고 점차 바두라의 고상하고 점잖은 모습에 반해 자신의 딸과 결혼해 달라고 청했다.

바두라는 어떻게 할지 고민스러웠다. 중국으로 가는 배는 1년 후에나 출발할 예정이었다. 그때까지는 살아남아야 했다. 하지만 그 배를 타고 중국으로 돌아간다 해도 자신은 남편을 잃은 과부로 친정에서 평생 외롭게 살아야 한다. 바두라는 그렇게 살기 싫었다.

에보니의 공주에게는 미안했지만 바두라는 술탄의 청을 받아들였다. 그리고 첫날밤, 자신이 남자가 아니고 여자라는 사실을 공주에게 고백했다. 공주는 화를 내기는커녕 무척 재미있어 하며 둘만의 비밀을 굳게 지켜 주겠다고 약속했다.

둘은 금세 친구가 되어 즐겁게 하루하루를 보냈다. 둘의 금슬이 좋아보이자 술탄은 바두라에게 왕위를 물려주고 은퇴했다. 바두라는 왕실의 피를 이어받은 공주답게 나라를 잘 다스렸다. 그렇게 행복한 날들이 이어졌다.

어느 날, 에보니 섬을 지나던 한 상인이 두 사람의 결혼을 축하한다며 올리브를 선물했다. 바두라가 하나 맛보려고 단지에 손을 넣는 순간 뭔가 차갑고 딱딱한 것이 만져졌다. 꺼내 보니 놀랍게도 그것은 남편과 함께 잃어버렸던 옥으로 만든 부적이었다.

즉시 상인을 불러 올리브를 가져온 곳이 어딘지 물었다. 그리고 그 농장의 농부를 당장 데려오라고 했다.

자신 앞에 온 농부를 보자 바두라는 소스라치게 놀랐다. 이 무슨 운명의 장난인가! 얼굴은 까맣게 그을리고 손은 거칠어졌지만 그가 카마랄자만 왕자라는 것을 한눈에 알아볼 수 있었던 것이다. 두 사람은 부둥켜안고 재회의 눈물을 흘렸다.

재회의 눈물을 흘리고 있는 바두라 공주와 카마랄자만 왕자

카마랄자만은 그날 부적을 채가는 새를 무작정 따라갔었다. 그러나 새를 놓치고 사막 한가운데서 그만 길을 잃고 말았다. 온갖 고생 끝에 가까스로 살아남아 거렁뱅이 생활을 하다가 지금의 올리브 농장 주인을 만나 거기서 일을 하게 되었던 것이었다.

올리브 열매 덕분에 되찾은 사랑

어느 날, 왕자가 올리브를 따고 있는데 갑자기 눈앞에 새 한마리가 빙빙 돌더니 뭔가를 툭 떨어뜨렸다. 놀랍게도 그것은 바두라의 부적이었다. 카마랄자만은 뭔가 알 수 없는 힘이 자신의 운명을 이끌고 있음을 느꼈다. 그때부터 그는 부적을 항상 목에 걸고 다녔다.

그로부터 얼마 후 에보니 섬의 새 술탄과 왕비를 위해 가장 좋은 올리브를 준비하라는 명령을 받고 카마랄자만은 올리브를 따서 단지에 넣었다. 그리고 배가 떠난 후에야 자신의 목에서 부적이 사라졌음을 알게 되었다. 두 사람은 부적을 채갔다가 돌려준 새가 진이었을 거라고 생각했다.

바두라는 왕자에게 지금 자신의 왕비를 두 번째 왕비로 받아들일 생각이 있다면 세 사람이 함께 살면 어떻겠냐고 제안했다.

마침내 세 사람은 그렇게 하기로 하고 카마랄자만의 대관식과 결혼식을 동시에 준비했다. 결혼식은 아름답고 성대하게 치러졌고 세 사람은 사이좋게 더불어 잘 살았다.

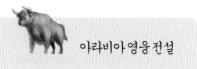
신밧드의 모험 이야기

『신밧드의 모험 이야기』는 『아라비안나이트*』 중에서 가장 잘 알려진 이야기다. 흔히 『알리바바와 40인의 도적』, 『알라딘의 요술 램프』가 『아라비안나이트』에 실린 이야기로 잘못 알려져 있지만 이 두 이야기는 후대에 프랑스 작가 A. 갈랑이 임의로 번역해서 삽입한 것으로 원본에는 없다.

아라비안나이트(The Arabian Nights' Entertainment, 천일야화)

가산을 탕진하고 모험을 떠나다

신밧드는 아버지의 유산 덕분에 어려움을 모르고 방탕한 생활을 했다. 그러다 보니 얼마 안 가 유산을 모두 탕진하게 되었다. 돈이 떨어지니 그 많던 친구들도 다 떨어져 나갔다. 신밧드는 남은 재산을 모두 팔아 이국땅으로 떠나는 배를 탔다. 새로운 곳에서 새로운 모험을 해보고 싶었던 것이다.

신밧드는 망망대해를 항해하던 중 지도에 나와 있지 않은 아름다운 섬 하나를 발견했다. 잎이 무성한 나무들이 드리운 시원한 그늘, 푹신한 풀밭, 맑은 물이 흐르는 개울과 온갖 꽃들⋯⋯.

섬은 천국 같았다. 어떤 사람은 그늘에서 쉬고 어떤 사람은 개울물에 몸을 담그고 수영을 했다. 그 중 일부는 불을 피우고 고기를 구워 식사 준비를 했다. 그런데 갑자기 식사 준비를 하던 선원들이 사색이 되어 배를 향해 뛰기 시작했다.

"뛰어! 빨리 배에 올라 타! 이건 섬이 아니야! 괴물이야!"

알고 보니 섬이라고 알고 있던 그곳은 거대한 물고기의 등이었다. 물고기가 바다 한가운데 반쯤 떠올라 잠을 자고 있었는데, 고기를 굽느라 피운 불 때문에 뜨거워서 잠에서 깨어난 것이었다.

거대한 물고기의 등에 덮여 있던 흙과 나무들이 우르르 무너져 내리며 지진이 난 것처럼 흔들렸다. 사람들은 놀라서 짐도 챙기지 못한 채 서둘러 배에 올랐다. 하지만 신밧드를 비롯한 몇 명의 사람들은 미처 배에 오르지 못한 채 바다에 빠졌다.

물속에 곤두박질쳤다가 올라오기를 여러 번, 겨우 나뭇조각을 잡고 정신을 차리니 배는 이미 수평선 너머로 사라졌고 물에 빠진 사람들은 모두 물속으로 가라앉은 후였다.

신밧드는 몇 날 며칠을 나뭇조각에 의지해 떠다녔다. 힘도 들고 배도 고파 정신을 잃을 지경이었다. 그때 저만치 섬 하나가 어렴풋하게 눈에 들어왔다. 가까스로 섬에 닿아 해변에 쓰러진 신밧드는 그대로 쓰러져 아침까지 잠을 잤다.

다음날 아침 일어나서 섬을 둘러보니 잘 익은 과일들이 지천으로 깔려 있고, 맑은 물이 흐르는 개울도 있었다. 신밧드는 정신없이 물을 마시고 과일을 따 먹었다. 목숨을 살려 주신 알라께 정성을 다해 기도를 올린 다음 섬을 탐험하기 시작했다.

새의 발에 매달려 섬에서 탈출하다

섬에는 사람이 살지 않는 것 같았다. 섬 가운데로 가니 우거진 숲 한가운데에 크고 하얀 돌 같은 것이 있었다. 겉이 매끄럽고 어마어마하게 큰 걸로 봐서 바위는 아닌 것 같았다.

'사람이 살았던 흔적이 아닐까?'

이런 생각을 하며 둘레를 돌고 있는데 갑자기 하늘이 어두워지면서 커다란 새 한 마리가 날아오고 있는 것이 아닌가!

신밧드는 너무 놀라 얼른 숲으로 몸을 숨겼다.

신밧드
『아라비안나이트』에 등장하는 바다 상인이다.

〈신밧드의 모험〉 영화의 한 장면

새는 날개를 접고 그 커다란 돌 위로 내려앉더니 날개 사이에 얼굴을 파묻고 잠이 들었다. 신밧드는 그것이 언젠가 뱃사람들에게 들었던 '록'이라는 거대한 새라는 걸 알아차렸다. 그 하얀 돌은 바로 록의 알이었다.

신밧드는 그 새의 도움을 받아 섬에서 탈출하기로 했다. 머리에 두른 터번을 풀어 그것으로 밧줄을 만들었다. 밧줄 한쪽 끝은 자신의 허리에 두르고 나머지 끝은 록의 발목에 동여맸다. 너무나 무서웠지만 그 방법밖에는 섬에서 나갈 방법이 없었다. 그는 알라신께 기도하며 날밤을 샜다.

마침내 아침이 되어 록이 힘차게 날아올랐다. 록의 발목에 대롱대롱 매달린 채 신밧드도 날았다. 섬이 티끌처럼 작아 보였다. 눈앞이 아득하여 정신을 잃을 지경이었다.

이윽고 새가 육지에 내려앉았다. 신밧드가 떨리는 손으로 록의 발목에서 겨우 터번을 풀어냈을 때, 바로 옆에서 뱀 한 마리가 혀를 날름거리고 있었다. 웬만한 나무 몸통만큼 굵은 뱀을 보고 신밧드는 기겁을 했다. 그때 록이 발톱으로 뱀을 꽉 움켜쥐더니 다시 힘차게 날아가 버렸다.

다이아몬드 계곡에서 살아나오다

뱀의 위협에서 벗어난 신밧드는 주위를 둘러보았다. 그곳은 열매도 마실 물도 없는 험한 불모의 계곡이었다. 록의 섬에 그냥 있을 걸 그랬나 하는 후회가 밀려왔다. 그때 계곡 저 아래에서 뭔가 반짝였다. 아래로 내려가 보니 계곡 바닥에 주먹만한 다이아몬드가 지천으로 깔려 있었다. 신밧드는 허겁지겁 다이아몬드를 주워 온몸에 쑤셔 넣었다.

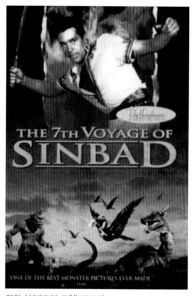

영화 〈신밧드의 모험〉 포스터

계곡을 따라 계속 걷다 보니 강이 나타났다. 기슭으로 올라가려던 신밧드는 멈춰섰다. 기슭에는 야자나무보다 큰 뱀들 수백 마리가 우글거리고 있었다. 코끼리도 꿀꺽 삼킬 것 같은 아나콘다였다. 신밧드는 뒷걸음쳐서 다시 계곡으로 돌아왔다. 저만치 절벽 기슭에는 날카로운 부리를 가진 독수리가 새까맣게 앉아 있었다.

뱀과 독수리를 피해 어떻게 이 계곡에서 나갈 수 있을까 궁리하고 있는데 갑자기 계곡 위쪽에서 고깃덩이 하나가 휙 하고 떨어졌다. 그러자 절벽에 앉아 있던 독수리 한 마리가 기다렸다는 듯이 계곡 아래로 날아 내려와 고기를 낚아채 갔다.

'이 고깃덩이는 어디서 날아온 거지?'

신밧드가 하늘을 보니 까마득한 곳에 점처럼 사람들이 보였다.

사람들은 위험한 계곡에서 다이아몬드를 얻기 위해 독수리를 이용하고 있었던 것이다. 계곡 아래로 고깃덩이를 던지면 그 고기에 다이아몬드들이 달라붙는데, 그걸 독수리가 낚아채서 가지고 올라가면 사람들이 독수리를 쫓아내고 거기 붙은 다이아몬드를 손에 넣는 것이었다.

신밧드는 계곡 아래에서 기다리고 있다가 고깃덩이가 떨어지자 얼른 두 손으로 집어 머리에 썼다. 그때 독수리 한 마리가 날아오더니 신밧드가 머리에 쓰고 있는 고깃덩이를 낚아챘다. 고깃덩이와 함께 신밧드의 몸이 날아올랐다. 독수리가 계곡을 날아오르는 동안 신밧드는 떨어지지 않으려고 죽을 힘을 다해 고깃덩이를 움켜쥐고 있었다.

마침내 독수리가 기슭에 내려앉았다. 신밧드는 두 발이 땅에 닿자마자 사람들을 향해 달려갔다. 사람들은 독수리가 가지고 온 게 다이아몬드가 아니라 사람이라는 걸 알고 실망했다.

"도대체 당신은 어디서 나타난 것이오?"

신밧드는 자기가 겪은 일들을 이야기해 줬다. 사람들은 놀라움을 금치 못했다. 이제까지 계곡 아래에서 살아온 사람은 신밧드 말고는 아무도 없다는 것이었다. 다시 살아난 신밧드는 신께 감사하며 자신이 가지고 온 다이아몬드를 사람들에게 골고루 나눠 주었다.

이프리트의 궁전으로 간 형제

　　아라비아 전설에는 많은 정령이 등장하는데 그 중 가장 유명한 삼총사는

'진(지니)', '이프리트', '굴' 이다. 진은 보통 천사와 인간의 중간 단계로 인간

과 가장 친하다. 이프리트는 진보다 조금 더 악한 정령으로 인간에게 장난을

쳐서 운명의 구렁텅이에 빠뜨리곤 한다.

　　굴은 가장 악한 정령으로 묘지에서 살며 시신을 먹는다. 셋 다 짐승이나

괴물, 인간의 몸을 빌어 나타나곤 한다.

　　다음에 소개하는 이프리트 이야기는 『아리바바와 40인의 도적』의 아류이

며 우리나라의 전래동화 『흥부와 놀부』를 연상시키기도 한다.

비밀의 궁전을 발견하다

어느 마을에 형과 동생이 살고 있었다. 그런데 형은 무척 부자인 반면 자식이 없고, 동생은 찢어지게 가난한 살림에 아이가 무려 여섯이나 되었다. 동생이 간신히 생계를 이어가니 부자 형이 도와줄 만도 한데 형은 못 들은 척 못본 척하며 제 배불리기에만 바빴다. 그래도 동생은 형을 조금도 원망하지 않고 아이들 자라는 낙에 행복해 하며 살았다.

어느 날 동생이 풀을 베러 사막을 돌아다니다가 신기루처럼 울창한 숲을 만나게 되었다. 그 숲 한가운데는 으리으리한 궁전이 서 있었다.

'사막 한가운데 숲과 궁전이라니…….'

동생은 이상한 생각이 들어서 나무 위에 올라가 지켜보았다. 얼마 지나지 않아 거대한 몸집에 눈이 부리부리하고 귀가 땅까지 늘어지고, 손톱, 발톱이 한 자나 되는 이프리트가 궁전에서 나와 어디론가 사라졌다. 그곳은 바로 악귀 이프리트의 궁전이었던 것이다.

동생은 이프리트가 사라지자 겁도 없이 자신의 당나귀를 끌고 안으로 들어가 보았다. 궁 안으로 들어가자 넓은 홀이 나타나고 사방으로 수십 개의 방들이 늘어서 있었다. 맛있는 냄새에 이끌려 들어간 곳은 부엌이었다. 마침 배가 고팠던 동생은 진귀한 음식들을 이것저것 먹어 치웠다.

배가 부르자 다른 방들을 열어 보았다. 첫 번째 방에는 거꾸로 매달린 동물들의 시체가 가득했고, 두 번째 방에는 역시 거꾸로 매달린 사람 시체가 가득했다. 죽은 사람들 코에는 긴 대롱이 하나씩 꽂혀 있었는데, 이프리트가 목마를 때마다 대롱으로 피를 빨아먹는 모양이었다.

　너무 무서워 그냥 갈까 하다가 세 번째 방을 열어 보니 놀랍게도 거기에는 살아 있는 사람들이 자물쇠가 달린 쇠사슬에 묶여 있었다. 사람들은 동생을 보자 깜짝 놀랐다.

　"아니, 당신은 여기 어떻게 들어왔소? 이프리트에게 발견되면 목숨을 부지하기 힘드니 어서 궁전을 빠져나가시오!"

　하지만 이미 때가 늦었다. 멀리서 이프리트가 돌아오는 발자국 소리가 들렸던 것이다.

이프리트 궁전에서 나오는 이프리트

"어서 다락방으로 피하시오. 거기서 꼼짝 말고 밤을 지샌 뒤 아침에 빠져나가는 게 좋겠소. 당나귀가 소리를 내면 당신은 끝장이오."

이프리트의 궁전을 턴 동생

사람들이 가르쳐 준 대로 동생은 당나귀를 데리고 다락방으로 숨었다. 집으로 들어선 이프리트는 누군가 궁전에 숨어든 것을 눈치채고 이렇게 소리쳤다.

"어이, 맛있는 양고기와 야채가 있으니 저녁 식사를 하세나!"

그러나 다락방에 숨은 동생은 대답하지 않았다. 잠시 후 이프리트가 다시 한 번 똑같이 말했다. 그러나 동생은 당나귀 입을 틀어막은 채 대답하지 않았다. 이프리트는 마지막으로 말했다.

"어이, 맛있는 양고기와 야채가 있으니 저녁 식사를 하세나!"

여전히 아무도 대답하지 않자 이프리트는 자신의 방으로 들어갔다. 동생은 안도의 한숨을 쉬고 거기서 밤을 지새웠다.

다음날 아침, 이프리트가 외출하자마자 동생은 다락방에서 내려와 다른 방들도 모두 열어 보았다. 나머지 방에는 금은보화가 가득 들어 있었다.

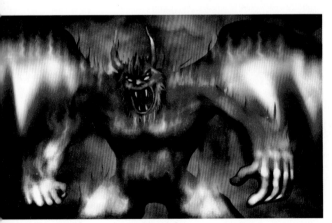
이프리트는 온몸이 불타오르는 거대한 몸을 가지고 있다.

동생은 그 중에서 금을 몇 자루 당나귀 등에 싣고 집으로 돌아왔다.

그가 집에 들어서자 걱정하며 울고 있던 가족들이 달려와 안겼다. 동생은 가족들에게 간밤에 있었던 일을 이야기해 주며 금이 든 자루를 보여 주었다. 가장이 사막의 도둑들에게 잡혀 죽은 줄 알고 슬픔에 잠겼던 가족들은 뜻밖의 행운에 기뻐 어쩔 줄 몰라 했다. 금을 어떻게 세야 할지 고민하던 동생은 딸을 형님 댁에 보내 저울을 빌려 오도록 시켰다.

'가난한 저 집에서 저울을 사용할 일이 뭐가 있을까?'

뭔가 수상하다고 느낀 형수는 저울 접시에 슬쩍 당밀을 바른 뒤 빌려 주었다. 돌려받은 저울 접시를 보니 놀랍게도 금가루가 묻어 있는 게 아닌가. 형은 당장 동생에게 달려가서 추궁했다.

"너 어디서 도둑질한 거지? 아무리 가난해도 그런 짓을 해서는 안 되는 걸 모르느냐? 내 당장 너를 신고할 테다!"

욕심 많은 형의 최후

형의 추궁에 못 이겨 동생은 자신이 갔던 궁전 이야기를 해주었다. 궁전에 있는 시체들과 많은 보물들, 이프리트에게 걸릴 뻔한 이야기들을 하나도 숨김 없이 털어놓았다.

형은 동생의 이야기를 듣자 제정신이 아니었다. 당장 그 궁전 안에 들어가서 보물들을 가져오겠다고 난리였다. 형수도 들떠서 남편에게 당장 떠나라고 했다. 동생은 형을 걱정하며 만류했지만 형이 고집을 꺾지 않자 체념하고 주의 사항을 일러 주었다.

"다락방에 숨어서 절대 소리를 내서는 안 돼요. 이프리트가 말을 걸어도 절대 대답하면 안 돼요. 알겠죠, 형님?"

몇 번이나 반복해서 얘기했지만 형은 듣는 둥 마는 둥했다. 사막 한가운데로 간 형은 이프리트의 궁전으로 몰래 숨어드는 일에 성공했다. 그리고 다락방에 죽은 듯이 숨어서 시간이 가기만을 기다렸다. 밤이 되자 이프리트가 돌아와서 혹시 누군가 들어왔나 살피며 이렇게 소리쳤다.

"어이, 맛있는 양고기와 야채가 있으니 저녁 식사를 하세나!"

형은 쥐죽은 듯 엎드려 있었다. 이프리트가 또 한 번 소리쳤다.

"어이, 맛있는 양고기와 야채가 있으니 저녁 식사를 하세나!"

두 번째까지도 가만히 있던 형은 이프리트가 세 번째로 소리치자 무심결에 이렇게 대답하고 말았다.

"난 괜찮으니 당신이나 많이 드시구랴."

그 소리를 들은 이프리트가 다락방으로 쫓아 들어왔다. 그리고 형과 당나귀를 거꾸로 매달아 피를 빨아 마셨다. 욕심 많은 형은 그렇게 끔찍하게 죽고 말았다.

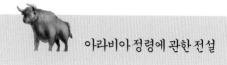
아흐마드와 마녀 누이동생

마녀 누이동생에게 가족을 잃고 복수를 하는 아흐마드 전설은 우리나라 여우누이 전설*과 매우 비슷하다. 다만 용왕의 아들을 구해 주어 세 가지 기적의 구슬을 얻는 우리나라 전설과는 달리 아흐마드는 자신이 기르던 개들의 도움을 받는다.

> **여우누이 전설의 대략의 줄거리**
>
> 아들 셋 있는 부잣집에 여자 아이가 태어났다. 그런데 이 여동생의 정체는 바로 여우가 둔갑한 여우누이였던 것이다. 결국 여우누이는 집안의 살아 있는 것들을 다 먹어치우고 가까스로 살아남은 막내아들이 용왕의 힘을 빌어 여우누이를 퇴치한다는 내용이다.

귀여운 누이동생이 마녀라니!

옛날 어느 왕국에 왕자만 일곱을 둔 왕이 있었다. 아들이 많으니 듬직하기는 했지만 딸의 재롱을 볼 수 없는 것이 늘 아쉬웠다. 왕과 왕비는 예쁜 딸 하나만 점지해 달라고 알라신께 열심히 기도했다. 기도가 하늘에 닿았던 것일까? 얼마 후 왕비가 딸을 낳았고, 온 나라는 기쁨에 싸였다. 공주는 왕과 왕자들의 지극한 사랑과 보살핌 속에서 무럭무럭 자랐다.

그렇게 일 년쯤 지나서부터였다. 왕실의 마구간에서 말이 한 마리씩 사라지는 이상한 일이 벌어졌다. 급기야 가장 아끼던 말이 사라지자 왕은 왕자 중에서 가장 용감한 막내아들 아흐마드를 불렀다.

"아흐마드, 얼마 전부터 마굿간의 말들이 하나씩 사라지고 있다. 오늘 밤은 네가 한 번 지켜보도록 하여라."

아흐마드는 마굿간 후미진 곳에 몸을 숨기고 기다렸다. 한참을 기다려도 아무 일도 일어나지 않았다. 밤이 으슥해지자 졸음이 쏟아지기 시작했다. 눈꺼풀이 막 감기려는 순간, 공주의 처소에서 인기척이 들렸다. 열려진 문틈으로 걸어 나온 것은 다름 아닌 공주였다.

갓 돌을 지난 어린 공주가 아장아장 걸어 나오더니 주위를 두리번거렸다. 그러더니 갑자기 벌떡 일어나 바람처럼 걸어서 마구간으로 들어왔다. 공주의 모습은 어느새 빨간 눈과 날름거리는 혀를 가진 흉측한 마녀로 변해 있었다. 마녀는 마굿간에 있는 말들 중 한 마리를 통째로 꿀꺽 삼켰다.

아흐마드는 너무 놀라 정신을 잃을 지경이었다. 마녀가 또 다른 말을 먹어 치우려는 순간, 재빨리 가로막고 마녀에게 칼을 휘둘렀다. 그러나 마녀는 손만 살짝 스쳤을 뿐 날렵하게 몸을 피해 달아났다.

아침이 되자 아흐마드는 아버지에게 달려가 자신이 본 것을 이야기했다.

여동생이 마녀로 변신해 말을 삼키고 있는 모습을 엿보고 있는 아흐마드

"아버지, 제 두 눈으로 똑똑히 보았습니다. 말들을 잡아먹은 것은 어린 공주
였습니다. 공주는 사람이 아니라 마녀입니다."

왕은 허허 웃으며 말했다.

"막내야, 네가 아무래도 깜빡 졸다가 꿈을 꾼 게로구나. 저렇게 예쁘고 천진
한 공주가 마녀라니. 말도 안 되는 소리."

왕자도 자신이 본 것을 믿을 수가 없었다. 왕비의 품에 안겨 있는 누이동생
을 물끄러미 바라보았다. 그때 동생의 손에 난 상처를 발견했다. 아흐마드는
마치 마녀를 노려보듯이 공주를 노려보았다. 그러자 공주가 사시나무 떨듯 떨
면서 마구 울어대기 시작했다. 왕을 비롯한 다른 가족들은 아흐마드를 나무라
며 나가 있으라 했다.

집에서 쫓겨난 아흐마드

그날 이후로 공주는 아흐마드만 보면 악을 쓰고 울었다. 그런 공주를 아흐마드는 증오의 눈빛으로 바라보았다.

"네가 막내로서 사랑을 독차지하다가 갑자기 누이동생이 생기니 시기하는 마음이 생긴 게로구나. 아무리 그래도 그렇지. 누이동생을 마녀라고 몰아붙이다니. 계속 그렇게 공주를 못살게 굴려거든 궁에서 나가거라!"

결국 왕은 아흐마드를 쫓아냈다. 아흐마드는 억울했지만 아버지의 명령을 어길 수는 없었다. 자신이 아끼는 닐, 잔즈힐, 구스힐 등 세 마리의 개만 데리고 맨 몸으로 왕궁을 나왔다. 아흐마드는 사막을 이리저리 헤매다가 그만 쓰러지고 말았다.

정신을 잃은 아흐마드를 구해 준 것은 앞을 못 보는 두 명의 처녀였다. 아흐마드는 앞 못 보는 두 여인을 도와 농사도 짓고 집도 고쳐 주며 함께 살았다.

몇 년이 흐른 뒤, 아흐마드는 부모님과 형제들이 어떻게 살고 있을지 궁금해졌다. 그동안 연락 한 번 하지 못한 것이 미안하기도 하여 한 번 다녀오기로 했다. 세 마리 개에게 처녀들을 잘 보살피라 당부한 뒤 말을 달려 왕궁으로 갔다.

오랜만에 돌아온 왕궁은 마치 아무도 살지 않는 것처럼 잡초가 우거지고 적막한 기운이 감돌았다.

"아버지! 어머니! 형들!"

목이 메어 부모님을 불렀지만 어디에도 인기척이라고는 없었다. 왕궁 여기저기를 둘러보고 있는데 갑자기 어디선가 공주가 툭 뛰어나왔다. 그동안 훌쩍 자라 있었지만 공주가 틀림없었다.

개의 도움으로 누이동생을 물리치다

"막내 오라버니, 어디 갔다 이제 오세요?"

누이동생은 반색을 하며 아흐마드를 붙잡았다. 아흐마드의 곁에 선 말을 본 누이동생의 눈이 반짝 빛났다.

"말먹이를 줘야겠네요. 제가 마구간에 데려다 주고 올게요."

마구간 얘기를 듣자 갑자기 여러 해 전에 누이동생을 보았던 밤이 생각났다.

'그래, 틀림없이 저 마녀가 아버님과 어머님, 형들, 왕실의 모든 사람들을 잡아먹었을 거야. 안 되겠다. 도망쳐야지!'

아흐마드는 돌아서 뛰기 시작했다. 그러나 어느새 말을 먹어 치운 마녀가 뒤쫓아왔다.

"으흐흐, 내 너를 얼마나 기다렸는 줄 아느냐! 거기 서지 못해!"

아흐마드는 죽을 힘을 다해 도망쳤지만 마녀는 성큼성큼 거리를 좁혀 왔다. 아흐마드는 더 이상 달릴 수 없자 나무 위로 올라갔다. 그리고 있는 힘을 다해 자신의 개 이름을 불렀다.

"닐! 잔즈힐! 구스힐!"

아흐마드의 외침은 멀리멀리 퍼져 사막 한가운데 있던 세 마리의 개들에게

도망치는 아흐마드와 뒤쫓아가는 마녀

닿았다. 그 소리를 듣자마자 개들은 일제히 내달리기 시작했다.

마녀가 나무에 올라 아흐마드의 다리를 낚아채려는 순간, 닐과 잔즈힐, 구스힐은 쏜살같이 달려와 마녀에게 달려들었다. 그리고 마녀를 갈기갈기 물어 뜯어 놓았다. 사악한 마녀는 처절한 비명을 지르며 사라졌다.

세 마리의 영리한 개들 덕분에 목숨을 건진 아흐마드는 부모님과 형제들의 명복을 위해 정성을 다해 기도했다. 그리고 사막에서 두 처녀를 데리고 와서 개들과 함께 왕궁에서 오래도록 평화롭게 살았다.

칼럼 이집트·아라비아의 전설

아라비아 설화의 원전이 궁금하다?

『천일야화』 사산 왕조의 샤푸리 야르 왕에게 신부 세헤라자데가 들려 주는 이야기를 모은 설화집으로 『아라비안나이트』라고도 불린다. 여자에게 배신당한 앙갚음으로 결혼 첫날밤 신부를 죽이곤 했던 샤푸리 왕은 천 일 동안 이어지는 왕비의 이야기를 통해 마음을 치유 받는다.

6세기경 페르시아에서 모으기 시작한 설화로 구성되어 만들어진 『천일야화』는 이집트는 물론 인도, 리비아, 이라크, 예멘 등 여러 나라의 설화가 혼합되어 만들어졌다.

『슈카사프타티』 12세기 이전에 산스크리트어로 쓰여진 인도 설화집인데 14세기에 페르시아어로 처음 번역되어 『투티나메』라는 이름으로 소개되었고 이후 터키어, 그리스어, 말레이어 등으로 번역·번안되어 『천일야화』, 『데카메론』에도 영향을 주었다.

한 상인이 장사를 하기 위해 먼 나라로 떠나면서 앵무새에게 아내를 부탁한다. 아내는 호시탐탐 왕의 동생과 바람을 피우러 나가려 하지만 매일 밤 앵무새가 들려주는 재미있고 기지 넘치는 얘기를 듣느라 번번이 주저앉았고, 마침내 무사히 70일이 지나면서 순결한 몸으로 남편을 맞이하게 된다는 이야기다.

ChaPter **08** 아프리카의 전설 여행

거미 아난시 – 아샨티 부족 | 독수리 – 요루바 부족
먼 곳의 불 – 에티오피아 | 귀신과 결혼한 소녀 – 케냐

아프리카인들은 그들 나름대로의 생각이나 믿음, 느낌을 여러 가지 예술을 통해 표현하려고 애썼다.

아프리카의 전설은 나름대로 정립한 세계관과 신에 대한 개념, 인간에 대한 희망의 기록들로 이루어졌으며 대부분 구전으로 전해졌다. 또한 동물 설화가 많은데, 동물들을 인간의 감성으로 이야기한 특성으로 보아 그들의 생활이 자연과 밀접했음을 알 수 있다.

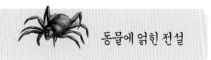 동물에 얽힌 전설

거미 아난시 – 아샨티 부족

거미 아난시 이야기는 여러 가지 형태로 전해지고 있는데 그 이유는 아마도 이야기가 재미있고 신기하기 때문인 듯하다.

아샨티족(Ashanti)
가나 남부에 사는 종족으로 주로 농업으로 생활을 이어간다.

숫양을 죽인 아난시

옛날 아난시라는 남자가 살고 있었다.

그곳은 왕이 통치하고 있었는데, 왕은 다른 것들보다 크고 화려한 숫양을 가지고 있었다. 왕은 이 숫양을 퍽 아꼈다.

"숫양이 무얼 먹고 어떤 짓을 하든지 간에 숫양을 만지는 사람은 사형에 처하겠다."

왕은 아무도 함부로 숫양을 해코지하지 못하게 단단히 못을 박았다.

어느 날 아난시는 자신의 훌륭한 농장이 망가져 있는 것을 보았다. 그는 커다란 농장을 가지고 있었으며 옥수수를 여물게 키워 놓았었는데 낭패를 당한 셈이었다. 아난시가 주위를 둘러보니 밭 중앙에서 숫양이 옥수수를 우적우적 씹어 먹고 있었다. 그 모습을 본 아난시는 화가 나서 옆에 있던 돌을 던져 숫양을 때려 죽이고 말았다.

그러나 시원한 감정은 잠시뿐 왕의 명령을 알고 있던 아난시는 걱정이 되어 어찌할 바를 모르고 나무 아래에 서 있었다.

그때 머리 위로 나무 열매가 툭 떨어졌다.

죄를 뒤집어씌우다

아난시는 발밑에 떨어진 열매를 주워 먹었다. 또 열매가 머리 위로 떨어졌다. 순간적으로 아난시의 머릿속에 좋은 생각이 떠올랐다.

아난시는 숫양을 떠메고 나무 위로 올라가 나뭇가지에 매달았다. 그리고 친구인 큰 거미를 부르러 갔다.

"이보게. 훌륭한 열매를 발견했다네. 그 열매가 있는 곳을 가르쳐 주겠네."

큰 거미는 아난시를 따라나섰다.

아난시는 친구인 큰 거미를 데리고 숫양을 매달아 놓은 나무 밑으로 가서 말했다.

큰 거미 친구를 꾀어 나무에서 숫양을 떨어뜨리고 있는 아난시

"나무를 세게 흔들면 열매가 많이 떨어지겠는 걸."

이 말에 큰 거미는 나무를 세게 흔들었다. 그러자 나무에서 많은 열매와 함께 숫양이 툭 떨어졌다.

아난시는 친구 큰 거미에게 호들갑스럽게 말했다.

"아니, 이것은 왕의 숫양이 아닌가. 이걸 죽였으니 큰일이군. 이제 왕에게 가서 죄를 고백하고 왕의 기분이 좋아지길 기다리는 수밖에 없겠는 걸."

친구 큰 거미의 얼굴이 두려움으로 창백해졌다.

큰 거미는 숫양을 들쳐 메고 왕에게 가는 도중에 다시는 아내를 만나지 못할 거란 생각이 들어 아내를 찾아갔다. 아난시는 밖에서 큰 거미를 기다리고 있었다.

모든 이야기를 들은 큰 거미의 아내는 이렇게 말했다.

"당신은 속은 거예요. 숫양이 나무에 기어올라 가는 것은 본 일이 없어요. 혼자서 왕을 만나고 돌아오되 아난시에게는 모든 일이 잘되고 있다고만 말하세요."

큰 거미는 아내가 시키는 대로 왕에게 갔다가 돌아왔다.

큰 거미가 집으로 돌아오자 아난시가 물었다.

"별일 없었는가? 왕이 노여워하지는 않았나?"

"무슨 소리. 왕은 너그러운 분이시던 걸."

"정말인가?"

"나에게 솔직하게 말하는 용기를 갖추었다고 칭찬했다네. 그뿐 아니라 양고기까지 먹으라고 하셨어."

아난시는 얼굴을 일그러뜨리며 울부짖었다.

"그건 정말 공정치 못해. 숫양을 죽인 건 나란 말이야. 그러니 양고기를 나누어 가져야 해."

그러자 큰 거미와 아내가 갑자기 아난시를 양쪽에서 붙잡아 왕에게 데리고 갔다.

왕은 숫양이 죽은 것을 알고 불같이 화를 냈다. 왕은 몹시 화가 나서 아난시를 세게 걷어차 버렸다. 그 바람에 아난시는 수없이 많은 조각으로 부서져 거미가 되어 버렸다.

왕이 걷어차는 바람에 거미로 변해 버린 아난시

거북이를 놀리다

어느 날 지치고 먼지투성이가 된 거북이가 아난시의 집에 도착했다. 해질녘이어서 거북이는 몹시 배가 고팠다. 아난시의 집에서는 생선과 감자 냄새가 솔솔 풍겼다.

거북이가 문을 두드렸는데 아난시가 문을 홱 열어젖혔다. 아난시는 행색이 초라한 거북이를 보고 성가시다는 생각이 들었지만 겉으로 내색하지는 않았다.

"들어와요. 같이 저녁이나 듭시다."

거북이가 들어와 생선 접시에 앞발을 대자 아난시는 놀란 목소리로 외쳤다.

"식사 전에는 깨끗이 씻는 것이 예의랍니다."

거북이는 언덕을 뒤뚱거리며 내려가 냇가에서 얼굴과 손을 씻었다. 씻고 올라와 다시 식탁에 앉자 접시에 있던 고기의 반이 비워져 있었다. 거북이는 먹을 것을 집으려고 앞발로 접시를 잡았다.

그러자 아난시가 손사레를 치며 제지했다.

"아직도 앞발이 더럽군요. 다시 씻고 오세요."

"이것은 언덕을 올라오느라 묻은 겁니다."

허기진 거북이는 말은 그렇게 했지만 얻어먹는 입장인지라 또다시 서둘러 냇가를 다녀왔다. 올라올 때는 앞발에 흙을 묻히지 않으려고 길옆의 풀로만 발을 디뎠다. 그러나 거북이가 도착했을 때는 이미 아난시가 접시에 있던 음식을 모두 먹고 난 뒤였다. 아난시는 접시에 있는 국물을 싹싹 핥으며 말했다.

"참 맛있게 먹었다."

"당신께서 베푼 환대는 결코 잊지 않겠습니다. 언제 한 번 저희 집에도 들러주세요."

거북이는 화를 내며 집으로 돌아갔다.

거북이, 아난시를 초대하다

몇 달이 지난 어느 날 아난시는 거북이를 방문했다. 하루 종일 수풀 속을 기어 다니던 아난시는 꼬박꼬박 졸고 있던 거북이를 만난 것이다.

거북이는 아난시를 보자 외쳤다.

"어서 와요. 저와 함께 저녁을 하려고 온 거군요. 내가 먼저 물속에 있는 집으로 내려가 음식을 준비할 테니 천천히 오세요."

거북이는 곧장 아래로 내려가 음식을 장만했다.

아난시는 배가 고파 강가를 서성거렸다. 속으로는 의심쩍은 생각이 들었지만 거북이가 다시 나타나기를 기다렸다. 거북이가 물 위로 올라와 외쳤다.

"식사가 준비되었소. 어서 내려와요."

아난시는 머리를 물속에 담갔지만 조금 후에 다시 물 위로 떠올랐다. 가늘고 긴 팔과 다리를 휘두르며 배를 흔들어 보았지만 강바닥에 닿을 수 없었던 것이다.

하지만 꾀 많은 아난시는 금방 좋은 생각이 떠올랐다. 아난시는 입고 있던 외투의 주머니에 작은 조약돌을 잔뜩 채워 넣었다. 그러자 쿵 소리를 내며 거북이의 식탁 앞에 제대로 앉을 수 있었다.

아난시 앞에는 바다의 온갖 진수성찬이 차려져 있었다. 굴, 조개, 홍합, 장어, 그리고 가운데에는 물 냉이로 장식한 분홍 새우가 있었다. 아난시의 눈은 기쁨으로 커다랗게 벌어지고 배에서는 꼬르륵 소리가 나기 시작했다.

그러나 이미 장어 한 조각을 먹은 거북이가 아난시를 보며 말했다.

"아난시, 외투를 입은 채 식사를 하는 것은 예의가 아니랍니다."

아난시는 아주 천천히 외투를 벗었다. 그러자 아난시는 아주 천천히 식탁에서 멀어져 물 위로 곧장 떠올랐다.

아난시는 거북이를 골탕 먹인 일을 후회했지만 소용없는 일이었다.

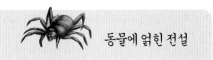

독수리 – 요루바 부족

오니, 부츠를 신고 태어나다

요루바족(Yoruba)
나이지리아 남부에 거주하는 종족으로 주로 농업으로 생활을 이어간다.

옛날 태어날 때 부츠를 신고 태어난 아이가 있었다. 그 아이의 이름은 오니였는데 자랄수록 부츠도 같이 자랐다.

오니가 열여덟 살이 되었을 때 오니의 마을은 이웃 마을과 전쟁을 벌였다. 이때 사람들은 오니가 평범한 사람이 아니라는 것을 알아챘다. 날아오는 화살이 몸을 관통했는데도 오니는 죽지 않았던 것이다.

그 이후부터 사람들은 오니를 두려워하기 시작했다. 몇몇 사람들은 갖은 방법을 써서 오니를 죽이려고 했지만 실패하고 말았다. 그러자 사람들은 오니에게 누명을 씌워 마을에서 내쫓았다.

오니는 오랫동안 떠돌다가 어느 강에서 빈 배 한 척을 타고 하류로 떠내려

갔다. 저녁 무렵에 어느 마을에 도착하자 배를 끌어 올려놓고 그곳에서 쉬기
로 했다.

그런데 마을에서 갑자기 시끄러운 종소리가 울려댔다. 마을 사람들이 모두
몹시 서두르는 것처럼 보였다. 오니는 강 옆에 있던 노인에게 물었다.

"안녕하세요. 저는 오니라고 하는데요. 마을에 무슨 일이 생겼나요?"

"어서 서두르자고. 오늘은 우리 집에서 묵게나."

독수리, 아도노

노인의 집에 도착하자 식구들이 초조하게 기다리고 있었다. 노인과 오니가
집 안으로 들어서자 식구들이 문을 단단하게 잠갔다.

그제야 노인은 입을 열었다.

"이 마을은 아조라고 불리는데 매일 밤
거대한 독수리가 나타나 사람들을
괴롭힌다네. 어두워질 무렵 나타
나 새벽 무렵에야 사라지는데 이
때 밖에 있던 사람들은 독수리에게 화
를 당하고 마네. 독수리의 이름은 아
도노인데 어디서 와서 어디로 사라
지는지 아무도 몰라."

아프리카 독수리

오니는 노인이 말을 마치기도 전에 독수리가 커다란 날개를 퍼드덕거리는 소리를 들었다. 그것은 거센 바람처럼 창틀과 문틀을 덜컹거리게 만들었다. 오니는 독수리가 끊임없이 날아다니는 소리에 통 잠을 이룰 수가 없었다.

다음날 아침 독수리가 사라지자 오니는 노인에게 인사하고 마을의 왕을 찾아갔다.

"저는 오니라고 하는데 어제 처음 이 마을에 왔습니다. 제가 독수리 아도노를 처치해 드리겠습니다."

"자네는 무얼 믿고 그렇게 자신이 넘치는가? 이미 많은 사람들이 희생당했다네."

"저에게는 특별한 힘과 액을 막아주는 부적이 있습니다."

"다른 사람들도 모두 그랬었지. 이제 아무도 아도노를 죽이려 하지 않는다네."

"그 새를 처치하는 사람에게 보상으로 주는 것이 있습니까?"

"아무렴. 아도노를 처치하면 내 왕국의 반을 떼어 주겠네."

"그렇다면 제가 오늘 밤 한 번 해보겠습니다."

오니는 노인의 집으로 돌아와 노인에게 사실을 말했다. 노인은 깜짝 놀라며 생각을 바꾸라고 거듭 말했다. 그렇지만 오니는 전혀 겁나지 않았다. 오히려 그날 밤 오니는 종이 울리기까지 기다리는 시간이 몇 백 년이나 되는 것처럼 길게 느껴졌다. 노인은 오니를 걱정했고 노인의 식구들은 오니가 화를 부른다며 못마땅해 했다.

독수리 아도노와 오니의 혈투

얼마 지나지 않아 종소리가 울렸다. 오니는 독수리가 머리 위로 날아오자 노래를 불렀다.

오늘 밤, 갈고리 칼끝보다 날카로운 독수리 아도노가

오니와 한바탕 싸움을 시작할 것이라네.

자연의 칼과 사람이 맞선다네.

그러나 오니의 칼도 예리하므로

결코 지지 않을 것이라네.

독수리 아도노는 마을을 선회하다 도전의 노래를 듣고 노인의 집 위로 천천히 내려와 응답했다.

"웬 행운인가! 지난 몇 달 동안 사냥감 하나 없었는데 드디어 오늘 먹이를 찾아냈네. 감히 도전하는 자, 날카로운 발톱과 부리의 맛을 보라! 그대를 단숨에 찢어 주리라. 어서 나오라."

노인의 식구들은 해코지를 당할까 겁이 나서 오니를 집 밖으로 내던졌다. 오니가 집 밖으로 나오자 아도노가 잽싸게 발톱으로 낚아채 하늘로 날아올랐다. 그러자 오니가 칼로 아도노의 가슴을 깊숙이 찔렀다.

독수리는 날카로운 비명을 지르며 오니를 땅바닥에 내팽개쳤다. 땅으로 떨어지며 오니는 잠깐 정신을 잃고 말았다. 그때 독수리가 다시 한 번 자신을 향

독수리 아도노의 가슴을 찌르는 용감한 오니

해 내려오는 것을 보았다. 오니는 재빨리 정신을 차리고 독수리에게 화살을 두 번 쏘았다. 독수리 아도노는 천천히 날개를 퍼드덕거리다가 마지막으로 오니를 공격하기 위해 달려들었다. 무시무시한 소리를 내며 굉장한 속도로 오니를 향해 다가왔다.

오니는 계속 화살을 쏘아댔지만 결국 둘은 충돌하고 말았다.

독수리 아도노와 오니는 서로 뒤엉켜 땅바닥에서 굴렀다. 오니는 눈앞에서 수많은 빛이 춤을 추다 까만 암흑으로 변하며 나락으로 떨어지는 것을 느꼈다. 의식을 잃은 오니는 독수리가 이미 죽은 것을 알지 못했다. 독수리의 날개가 오니를 치고 땅바닥에 처박아 버렸기 때문이다.

깨어났을 때 오니는 너무 힘이 없어서 나뭇잎 더미를 빠져나오기도 힘이 들었다. 이때 태어날 때부터 신겨져 있던 오니의 부츠가 벗겨졌다.

오니는 비틀거리며 강가로 가서 물을 마시고 다시 정신을 잃었다.

다음날 마을 사람들이 밖으로 나와 보니 독수리 아도노가 죽어 있었다.

사람들이 북을 울리며 환호할 때 왕이 신하들을 데리고 나타났다.

"아도노를 죽인 위대한 자가 누구인가?"

왕의 사냥꾼 하나가 자신이 그 위업을 달성했노라 거짓을 고했다.

"이제 이 왕국의 절반은 그대의 것이다."

사람들은 사냥꾼을 궁전으로 데리고 가서 잔치를 열었다.

이때 행색이 초라한 한 사람이 나타났다. 옷은 갈기갈기 찢기고 부츠 한 짝은 벗겨져 버린 오니였다. 왕이 오니를 보고 말했다.

"아, 오니라고 했지. 너무 늦었군. 독수리가 벌써 죽었다네."

"제가 죽인 것입니다. 이자는 사기꾼입니다. 독수리의 몸 아래 제 부츠가 있으니 그걸 보면 아실 텐데요. 제가 독수리와 싸우다가 잃어버린 것입니다."

잠시 후 신하의 손에 부츠가 들려 왔다. 왕은 부츠를 사냥꾼에게 신어 보라고 했다. 부츠는 오니의 발에만 맞는 것이었다. 왕은 사냥꾼을 사형시키고 오니에게 왕국의 절반을 주었다. 그날 밤, 아조의 마을에는 여러 사람들을 공포에 떨게 하던 종이 울리지 않았다.

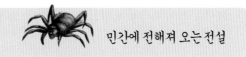

먼 곳의 불 – 에티오피아

무료한 부자의 제안

에티오피아(Ethiopia)
아프리카 북동부에 있는 나라로 1944년에 독립하여 현재는 아디스아바바를 수도로 한 민주공화국으로 발전을 거듭하고 있다.

옛날 에티오피아*에 아르하라는 젊은이가 살았다. 아르하는 열심히 일한 덕분에 아주 부유한 상인 합톰의 하인이 되었다. 합톰은 아주 부자였기 때문에 돈으로 살 수 있는 모든 것에 염증을 느꼈으며 딱히 할 일도 없었기 때문에 하루하루를 지겨워하며 지냈다.

어느 추운 날 밤, 합톰은 산에서 차가운 바람이 불어오자 아르하를 시켜 장작불을 피우게 했다. 그러다가 문득 이렇게 중얼거렸다.

"사람은 추위를 얼마나 견딜 수 있을까? 매서운 바람이 몰아치는 인토토 산의 높은 봉우리에서 담요나 옷도 없이 하룻밤을 보낼 수 있을까?"

"글쎄요. 하지만 어리석은 짓 아닐까요?"

"맞아. 미친 짓이겠지. 나는 그렇게 할 수 없다는 쪽에 걸겠어."

"저는 용기 있는 사람이라면 산에서 하룻밤을 보내고도 죽지 않을 거라 생각해요. 하지만 저는 내기에 걸 만한 것이 없으니 상관없는 일이지요."

"좋아. 그렇다면 자네와 내기를 하지. 만약 자네가 인토토 산에서 음식과 물, 담요와 옷 없이 하룻밤을 보낼 수 있다면 자네에게 집과 가축, 땅을 주겠네."

"주인님, 정말이신가요?"

아르하는 믿을 수 없다는 듯 눈을 동그랗게 떴다. 합톰은 놀라는 아르하에게 단호하게 말했다.

"난 약속을 지키는 사람이야."

"내일 당장 산에 오르겠어요. 드디어 저도 제 땅을 가지게 되었네요."

아르하는 약속을 했지만 무척 걱정이 되어 자기 부족의 한 노인을 찾아갔다. 노인에게 주인과의 약속을 이야기하며 걱정했다.

"제가 오늘 밤 무서운 추위를 이겨 낼 수 있을지 알 수 없어요."

노인은 아르하의 말을 조용히 다 듣고 사려 깊게 말했다.

"내가 도와주지. 인토토 산의 계곡 너머에 낮에만 보이는 바위가 있네. 해가 지고 나면 봉우리 정상에 서 있는 자네의 눈에 보이도록 내가 바위에서 불을 피우겠네. 자네는 내가 피운 불빛을 바라보고 있게. 불빛을 바라보며 온기를 느낀다면 자네는 살아날 수 있을 거네."

"정말 고맙습니다."

아르하는 노인에게 인사하고 돌아가 합톰에게 준비가 되었다고 말했다.

인토토 산을 오르는 아르하

합톰은 다른 하인들을 딸려 아르하를 산꼭대기로 보냈다. 산꼭대기에 밤이 찾아들자 아르하는 옷을 다 벗고 매서운 바람을 온몸으로 맞으며 서 있었다. 합톰의 다른 하인들은 아르하를 안타까운 눈으로 바라보다 돌아갔다.

아르하는 칠흑 같은 어둠 속에 홀로 덜덜 떨며 먼 곳에서 노인이 피워 놓은 불빛을 보았다. 바람은 점점 더 거세고 차가워졌으며, 살 속으로 파고들어 뼈마저 얼려 놓는 듯했다. 점점 더 추워지는 시간 속에서 아르하는 정신마저 놓을 지경이었다. 하지만 먼 곳에서 자신을 위해 타오르는 불빛에 눈을 고정시키고 이를 악물었다. 아르하는 코를 훌쩍거리며 기침을 해 댔다.

인토토 산에서 벌거벗은 채 먼 불빛을 보며 추위를 이겨 내고 있는 아르하

아르하는 결국 자그마한 불빛에 의지하여 밤을 이겨 내고 새벽이 되어 산을 내려왔다. 합톰은 아르하가 무사히 돌아오자 놀라며 지난밤의 일을 물었다.

"아무것도 먹지 않고 옷도 입지 않은 채 견뎠단 말이냐? 정말 대단한 사람이군. 도대체 어떻게 그럴 수 있지?"

"단지 멀리 보이는 언덕의 불빛을 보았을 뿐입니다."

"뭐라고? 불빛을 보았다고? 자네는 규칙을 어겼으니 계속 내 하인으로 남아 있어야 하고, 땅은 물론이고 아무것도 줄 수 없네."

"그렇지만 몸을 덥히기에 그 불빛은 너무 멀리 떨어져 있었는 걸요."

"어쨌든 약속을 지키지 않았네."

아르하는 몹시 슬퍼서 노인을 다시 찾아갔더니 재판관을 찾아가 보라 했다. 아르하는 재판관을 찾아가 불만을 얘기했다. 재판관은 합톰과 하인들이 하는 이야기를 듣고 판결을 내렸다.

"자네가 진 거야. 합톰의 조건은 불이 없어야 한다는 것이었으니까."

아르하는 다시 노인을 찾아가 재판관의 판결을 말하며 흐느꼈다.

"산에서 죽다 살아났는데도 제 운명은 하인으로 살 팔자인가 봅니다."

"너무 걱정 말게. 고원에 사는 하일루라는 야인이 도와줄 거야."

노인은 하일루를 찾아가 합톰과 아르하 사이의 일을 이야기하며 좋은 방법을 알려 달라고 했다. 하일루는 잠시 생각하더니 노인에게 말했다.

"내가 알아서 할 테니 너무 걱정 말게."

며칠이 지나자 하일루는 도시에 사는 많은 사람들에게 잔치를 열 테니 와 달라는 초청장을 보냈다. 초대받은 손님 중에는 도시의 재판관과 합톰도 끼어 있었다. 합톰은 화려한 장식을 한 노새를 타고 하인들이 드리운 비단 양산을 쓰고 나타났다.

손님들은 융단 위에 앉아 대화를 나누었고, 부엌에서는 맛있는 냄새가 솔솔 풍겨 왔다. 염소구이, 옥수수볶음, 팬케이크, 갖가지 양념 냄새가 손님들의 식욕을 당겼다.

그러나 한참이 지나도 냄새만 진동할 뿐 요리가 전혀 나오지 않았다. 저녁이 되어도 요리는 나오지 않았다. 그 자리에 있던 손님들이 수군거리기 시작했다.

마침내 손님 중의 한 사람이 하일루에게 물었다.

"하일루, 어째서 우리를 잔치에 초대해 놓고 음식을 내오지 않습니까?"

"음식 냄새가 나지 않습니까?"

"냄새를 아무리 맡아 봤자 먹는 것은 아니지 않습니까?"

"그렇다면 거의 볼 수도 없을 정도로 먼 거리에 떨어져 있는 불빛에는 아무런 온기도 없는 것 아니겠소? 인토토 산에 있는 동안 아르하가 먼 곳에 있는 불빛으로 몸이 따뜻해진 것이라면 여러분들도 내 부엌에서 풍겨 오는 냄새만으로도 충분히 배가 부를 수 있지 않소?"

손님들은 모두 하일루의 말에 고개를 끄덕였고 재판관과 합톰은 실수를 깨닫고 창피해 했다. 그 후 합톰은 약속대로 아르하에게 집과 땅, 가축을 주었다.

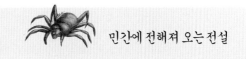
귀신과 결혼한 소녀 – 케냐

결혼하기 싫어하는 소녀

옛날 한 소녀가 부모가 정해 준 어떤 남자와도 결혼하지 않으려고 고집을 피웠다. 소녀는 잘생긴 사람하고 결혼하고 싶었던 것이다. 소녀의 아버지는 굉장히 화가 나서 소녀에게 으름장을 놓았다.

"누구든지 남자가 나타나면 그 남자와 결혼을 시켜 버리겠다."

그로부터 얼마 지나지 않아 다른 마을에서 큰 무도회가 열려 가족들은 모두 무도회에 참석했다.

그곳에 키가 크고 잘생긴 청년이 하나 나타났는데 머리에 링을 끼고 있었다. 사람들은 잘생긴 청년을 바라보며 관심을 기울였다.

그곳에 모인 처녀들은 앞다투어 그 청년을 쫓아다녔는데 소녀도 마찬가지

케냐(Kenya)

아프리카 동부에 있는 나라로 1963년 독립하여 케냐공화국(Republic of Kenya)이 되었다. 수도는 나이로비(Nairobi)이며, 야생동물이 많기로 유명하다.

로 졸졸 따라다녔다. 무도회는 며칠 동안 계속되었고 소녀는 그 청년과 춤을 추며 사랑에 빠졌다. 소녀의 오빠는 청년을 자세히 바라보다 뒤통수에 입이 하나 더 있는 것을 보고 식구들에게 경고했다.

"어머니, 그 사람은 몹시 위험합니다. 뒤통수에 입이 하나 더 있어요."

"말도 안 돼. 그 사람이 인기가 있으니 질투하는 게 분명해."

식구들은 깔깔거리며 소녀의 오빠를 놀려댔다.

잘생긴 청년의 청혼

무도회 마지막 날에 그 청년은 소녀의 부모를 찾아와 청혼했고, 소녀의 부모는 아주 잘된 일이라며 무척 기뻐했다.

며칠 후 소녀와 청년은 결혼식을 올리고 청년의 집으로 가기 위해 집을 나섰다. 소녀의 오빠가 거리를 두고 둘을 따라나섰다. 오빠는 괴물이 자신의 여동생을 해칠까 봐 무척 두려웠다.

얼마쯤 지나자 잘생긴 청년이 아내가 된 소녀에게 물었다.

"당신 집에서 연기가 나는 것이 보여?"

"보여요."

얼마쯤 더 걸어간 뒤, 잘생긴 청년은 소녀에게 다시 물었다.

"당신 집 뒤 언덕들이 보여?"

"아니요. 잘 보이지 않아요."

마침내 언덕들이 보이지 않게 되자 잘생긴 청년은 걸음을 멈추었다.

잘생긴 청년은 소녀에게 자신의 입을 다 드러내며 말했다.

"그동안 너를 먹고 싶은 것을 참느라 힘들었다."

소녀는 갑작스레 변한 청년을 보며 몸을 벌벌 떨었다.

"왜 이러세요? 살려 주세요."

청년은 껄껄 웃으며 말했다.

"이제 마지막이니 마지막으로 어리석은 너를 위한 눈물이나 흘려."

이때 소녀의 오빠가 나타나서 독화살로 잘생긴 괴물 청년을 쏴 죽였다.

소녀는 오빠 덕분에 무사히 목숨을 구할 수 있었다.

독화살로 괴물 청년을 죽여 여동생을 구하는 오빠

칼럼 아프리카 전설

노예와 상아의 산지로 유럽 열강들이 탐내던 땅, 아프리카

아프리카 미술가들은 화려한 색채를 이용해 그림을 그렸는데, 그림에는 원색적이고 주술적인 느낌이 녹아 있으며 문자 없이 수천 년 동안 축적된 철학적 의미가 정교하게 표현돼 있다.

아프리카인들은 건기가 끝나고 경작을 시작하기 전에 새, 나비, 태양, 비 등을 상징하는 가면을 착용하고 신에게 풍작을 기원할 때 정열적인 춤을 추었다. 이는 조형 예술과 공연의 모습이 조화롭게 어우러지는 아름다운 정경이라고 할 수 있다.

검은 영혼의 신비로 대표되는 아프리카 예술을 보여 주는 조각은 돌 내면에 비친 자기 모습을 표현한 여인상과 아이들의 천진난만한 동심을 표현한 작품들이 주를 이룬다.

조각가들은 돌 속에 영혼이 있다고 믿었으며 영혼의 인도에 따라 조각을 하는데, 그렇기 때문에 특별한 스케치를 하지 않고 시작한다. 돌 조각 속에 표현된 아프리카는 미지의 세계라기보다 친숙하고 평범한 세계로 보이기도 하는데, 이는 돌의 사실적 표현보다는 내면의 세계를 표현했기 때문인 듯하다.

보이는 사실이 아닌 이면 세계를 표현한 아프리카 예술은 현대 미술가 마티스와 피카소에게 많은 영감을 주었다.

– YTN, 2009년 3월 28일 기사 참조 –

상식으로 꼭 알아야 할

세계의 전설(동양편)

저 자	아침나무
발행인	신재석
발행일	1판 1쇄 발행 2009년 9월 10일
	1판 2쇄 발행 2010년 10월 11일
총괄진행	김미경
기 획	신은영 · 이경윤
표지 · 디자인	김윤정
편 집	박현정
그 림	이창윤

펴낸곳	(주)삼양미디어
등록번호	제 10-2285호
주 소	서울시 마포구 서교동 394-67
전 화	02 335 3030
팩 스	02 335 2070
홈페이지	www.samyang𝓂.com

ISBN | 978-89-5897-174-0(03300)

잘못 만들어진 책은 구입하신 서점에서 바꾸어 드립니다.